“十四五”职业培训规划教材

# 职业技能等级认定培训教程

# 电子商务师

## （网商）（四级）

中国就业培训技术指导中心
人力资源和社会保障部职业技能鉴定中心 组织编写

中国劳动社会保障出版社

**图书在版编目（CIP）数据**

电子商务师．网商：四级 / 中国就业培训技术指导中心，人力资源和社会保障部职业技能鉴定中心组织编写．北京：中国劳动社会保障出版社，2024. --（职业技能等级认定培训教程）. -- ISBN 978-7-5167-6392-6

Ⅰ. F713.36

中国国家版本馆 CIP 数据核字第 2024N4A150 号

**中国劳动社会保障出版社出版发行**

（北京市惠新东街 1 号　邮政编码：100029）

*

北京市科星印刷有限责任公司印刷装订　　新华书店经销

787 毫米 ×1092 毫米　16 开本　16.5 印张　270 千字

2024 年 8 月第 1 版　　2025 年 8 月第 4 次印刷

**定价：50.00 元**

营销中心电话：400-606-6496

出版社网址：http://www.class.com.cn

版权专有　　　侵权必究

如有印装差错，请与本社联系调换：（010）81211666

**我社将与版权执法机关配合，大力打击盗印、销售和使用盗版图书活动，敬请广大读者协助举报，经查实将给予举报者奖励。**

**举报电话：（010）64954652**

# 编审委员会

**主　任**　吴礼舵　张　斌　韩智力

**副主任**　葛恒双　葛　玮

**委　员**　李　克　朱　兵　赵　欢　王小兵　贾成千　吕红文
　　　　　瞿伟洁　高　文　郑丽媛　陆照亮　刘维伟

# 本书编审人员

**主　编**　孙常学　李　瑶

**副主编**　梅　琪　梁一帆　崔　良

**编　者**　李　越　何明军　杜爱平　梁　艳　韩　曾　张明勇
　　　　　宋　莹　于　芳　徐晓峰　卢元风

**主　审**　董红祥

**审　稿**　陈仕爱　廖姣娣

# 前　言

为加快建立劳动者终身职业技能培训制度，全面推行职业技能等级制度，推进技能人才评价制度改革，进一步规范培训管理，提高培训质量，中国就业培训技术指导中心、人力资源和社会保障部职业技能鉴定中心组织有关专家在《电子商务师国家职业技能标准（2022 年版）》（以下简称《标准》）制定工作基础上，编写了电子商务师职业技能等级认定培训教程（以下简称等级教程）。

电子商务师等级教程紧贴《标准》要求编写，内容上突出职业能力优先的编写原则，结构上按照职业功能模块分级别编写。该等级教程共包括《电子商务师（基础知识）》《电子商务师（网商）（五级）》《电子商务师（跨境电子商务师）（五级）》《电子商务师（网商）（四级）》《电子商务师（跨境电子商务师）（四级）》《电子商务师（网商）（三级）》《电子商务师（跨境电子商务师）（三级）》《电子商务师（二级 一级）》8 本。《电子商务师（基础知识）》是各级别电子商务师均需掌握的基础知识，其他各级别教程内容分别包括各级别电子商务师应掌握的理论知识和操作技能。

本书是电子商务师等级教程中的一本，是职业技能等级认定推荐教程，也是职业技能等级认定题库开发的重要依据，适用于职业技能等级认定培训和中短期职业技能培训。

本书由威海职业学院孙常学、北京信息职业技术学院李瑶担任主编，广州南洋理工职业学院梅琪、广州市花都区乡村振兴发展中心梁一帆、威海市公共就业和人才服务中心崔良担任副主编，安徽省竞争力企业管理咨询有限公司董红祥担任主审。具体分工为：成都农业科技职业学院何明军编写了职业模块 1，武汉职业技术学院张明勇、武汉城市职业学院宋莹编写了职业模块 2，广州市花都区乡村振兴发展中心梁一帆、广西商业学校梁艳编写了职业模块 3，湖北国土资源职业学院韩曾、北京市昌平职业学校于芳编写了职业模块 4，山西省财政税务专科学校李越、威海职业学院徐晓峰编写了职业模块5，山东商务职业学院杜爱平、青岛西海岸新区职业中等专业学校卢元风编写了职业模块6。

本书在编写过程中得到现代职业教育研究院、北京联合大学电子商务行业与教育研究所等单位的大力支持与协助，在此一并表示衷心感谢。

中国就业培训技术指导中心

人力资源和社会保障部职业技能鉴定中心

# 目　录 CONTENTS


**职业模块 1　产品及服务信息管理** …… 1

培训课程 1　文字资料采编 …… 3

学习单元 1　采集产品及服务的文字信息 …… 3

学习单元 2　撰写产品及服务的文字信息 …… 11

培训课程 2　图片拍摄与处理 …… 14

学习单元 1　产品及服务图片拍摄 …… 14

学习单元 2　委托拍摄产品及服务图片 …… 23

培训课程 3　视频拍摄与处理 …… 28

学习单元 1　产品及服务视频拍摄 …… 28

学习单元 2　委托拍摄产品及服务视频 …… 38

**职业模块 2　线上店铺设计与装修** …… 41

培训课程 1　装修元素制作 …… 43

学习单元 1　网店文案制作 …… 43

学习单元 2　常规店铺图片制作 …… 47

学习单元 3　网店推广图制作 …… 60

学习单元 4　网店视频制作 …… 69

培训课程 2　用户页面装修 …… 73

学习单元 1　网店首页装修 …… 73

学习单元 2　网店详情页装修 …… 80

学习单元 3　网店自定义页装修 …… 87

**职业模块 3　营销推广** …… 93

培训课程 1　网店促销 …… 95

学习单元 1　网络促销策划与实施 …… 95

学习单元 2　网络促销信息收集和整理 …… 103

培训课程 2　电商平台活动实施 …… 109
学习单元 1　平台活动选择 …… 109
学习单元 2　平台活动报名 …… 114
学习单元 3　平台活动营销管理工具设置 …… 120
培训课程 3　网络直播推广 …… 134
学习单元 1　直播活动策划 …… 134
学习单元 2　产品卖点挖掘 …… 146
学习单元 3　直播活动脚本撰写 …… 151

**职业模块 4　业务处理** …… 159
培训课程 1　商品管理 …… 161
培训课程 2　订单管理 …… 174
学习单元 1　发货订单处理 …… 174
学习单元 2　退货订单处理 …… 180
学习单元 3　换货订单处理 …… 184

**职业模块 5　客户服务** …… 187
培训课程 1　智能客服训练 …… 189
学习单元 1　网店智能客服配置 …… 189
学习单元 2　智能客服知识库搭建 …… 196
学习单元 3　智能客服应答测试 …… 201
培训课程 2　客户关系维护 …… 205
学习单元 1　客户信息收集 …… 205
学习单元 2　客户分类 …… 208
学习单元 3　差异化营销服务及方法 …… 215

**职业模块 6　商务数据分析** …… 219
培训课程 1　电子商务数据采集 …… 221
培训课程 2　电子商务数据清洗 …… 232
学习单元 1　空值和缺失值的处理 …… 232
学习单元 2　重复值处理 …… 238

学习单元 3　异常值处理 …… 244
学习单元 4　修改数据类型 …… 249

# 职业模块 1 产品及服务信息管理


培训课程 1　文字资料采编

学习单元 1　采集产品及服务的文字信息

学习单元 2　撰写产品及服务的文字信息

培训课程 2　图片拍摄与处理

学习单元 1　产品及服务图片拍摄

学习单元 2　委托拍摄产品及服务图片

培训课程 3　视频拍摄与处理

学习单元 1　产品及服务视频拍摄

学习单元 2　委托拍摄产品及服务视频

# 培训课程 1 文字资料采编

## 学习单元 1 采集产品及服务的文字信息

### 一、产品及服务文字信息采集的内容

消费者在实体店和网店购物的最大差别就是购物体验，在实体店可以真实地感触、体验产品，而在网店主要通过文字、图片和视频等方式了解产品。消费者在购物前希望通过网店更全面快捷地了解到真实的产品信息，这就要求商家在发布产品时，采集产品的文字信息。

**1. 采集产品属性**

属性用于描述产品的某一类特性，品牌、颜色、型号、尺码、保质期、功能、产地、材质等统称为产品属性。产品属性包括属性名和属性值。属性名就是产品的特性，如品牌、颜色、型号、尺码、功能等。属性值是属性的具体内容，如颜色属性值可以是红色、白色、黑色、绿色等。

市场上琳琅满目的产品被各电商平台划分成不同的类目，不同类目的产品其属性不同，采集的文字信息内容则根据产品属性的不同而变化。表 1–1–1 和表 1–1–2 分别为美妆类产品和女鞋类产品的常用属性。

表 1–1–1 美妆类产品的常用属性

| 序号 | 属性名 | 项目属性值 |
|---|---|---|
| 1 | 品牌 | …… |
| 2 | 名称 | …… |

续表

| 序号 | 属性名 | 项目属性值 |
| --- | --- | --- |
| 3 | 功能 | 美白、补水、抗痘、除皱、祛斑、抗氧化…… |
| 4 | 规格类型 | 套装、小样、常规单品…… |
| 5 | 适用肤质 | 干性、混油性、敏感性…… |
| 6 | 质地 | 面霜、乳液、啫喱…… |
| 7 | 产地 | 中国、日本、法国、英国…… |
| 8 | 生产日期 | …… |
| 9 | 功效成分 | 4- 丁基间苯二酚、C12-16 烷基葡糖苷…… |
| 10 | 保质期 | 12 个月、18 个月、24 个月…… |
| 11 | 适用人群 | 儿童、成人、孕妇…… |

表 1-1-2　女鞋类产品的常用属性

| 序号 | 属性名 | 项目属性值 |
| --- | --- | --- |
| 1 | 品牌 | …… |
| 2 | 名称 | …… |
| 3 | 鞋面材质 | 头层牛皮、二层牛皮、帆布、麻、棉…… |
| 4 | 鞋底材质 | 橡胶、PVC、PU…… |
| 5 | 后跟高 | 平跟、低跟、中跟…… |
| 6 | 鞋码 | 35、36、37…… |
| 7 | 闭合方式 | 套脚、系带、魔术贴…… |
| 8 | 风格 | 甜美、英伦、休闲、复古…… |
| 9 | 款式 | 乐福鞋、渔夫鞋、玛丽珍鞋…… |
| 10 | 上市时节 | 2023 年春、2022 年冬…… |
| 11 | 制作工艺 | 粘胶、模压、缝制…… |
| 12 | 内里材质 | 二层牛皮、头层猪皮、羊皮…… |
| 13 | 跟底款式 | 内增高、方根、坡跟…… |
| 14 | 适用人群 | 儿童、青少年、中年…… |
| 15 | 适用场合 | 日常、办公室、宴会…… |
| 16 | 流行元素 | 蝴蝶结、流苏、铆钉…… |

**2. 采集详情页文字信息**

主营类目不同，店铺详情页也会有所不同，店铺想要拥有较高的转化率，详情页就要有自己的风格。产品详情页的文字信息一般需要包含产品参数、产品优势、产品卖点等，让消费者可以通过详情页更具体、更全面地了解商品的基本信息。

## 典型案例

### 茶叶类产品的详情页文字信息

产品参数包括品名、口感、等级、净含量、产地、保存、规格、保质期和冲泡方法等信息，如图 1-1-1 所示。

**产品参数**

PRODUCT PARAMETERS

| | |
|---|---|
| 品名：蒙顶甘露 | 口感：鲜嫩回甘 |
| 等级：特级 | 净含量：50克 |
| 产地：四川.雅安 | 保存：密封、低温、干燥、避光 |
| 规格：50克×1袋 | 保质期：18个月 |

冲泡方法：取3~6克茶叶投入杯中，注入水温为85~90 ℃的水150~240毫升,茶水比例约1:50，稍等1~3分钟后即可品饮。茶水比例可根据个人口感调整。

图 1-1-1　蒙顶甘露产品参数

产品优势：产地、工艺、包装等，如图 1-1-2 所示。

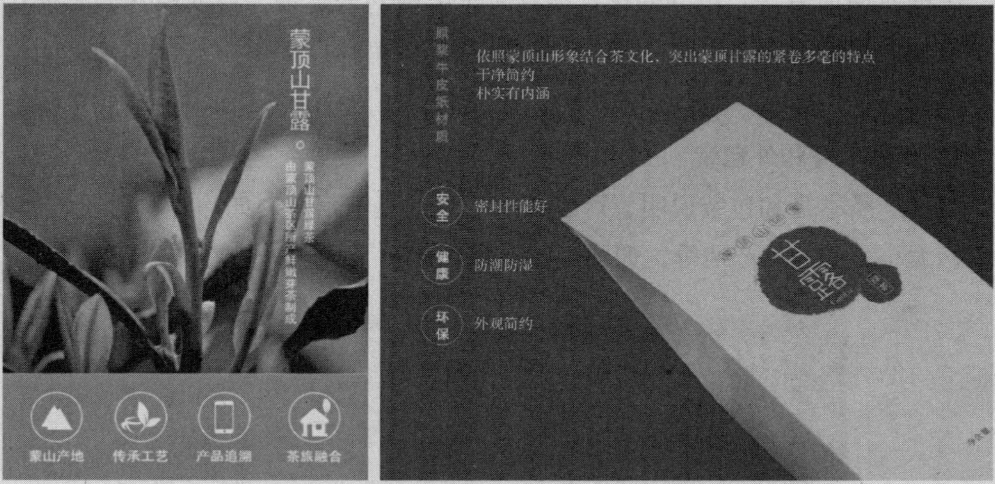


图 1-1-2　蒙顶甘露产品优势信息

产品卖点：产品品质，如图 1-1-3 所示。

图 1–1–3　蒙顶甘露产品品质信息

## 二、产品及服务文字信息采集的途径

店铺要增加流量、提升转化率就需要了解消费者需求，根据消费者需求在详情页介绍产品基本信息，用文字对产品进行具体描述。采集产品文字信息的主要途径包括以下几种。

### 1. 产品本身和外包装

通过产品本身和包装说明，可以获取产品的基本信息，如品牌、材质、规格、颜色、大小、成分、产地等，如图 1–1–4 所示。

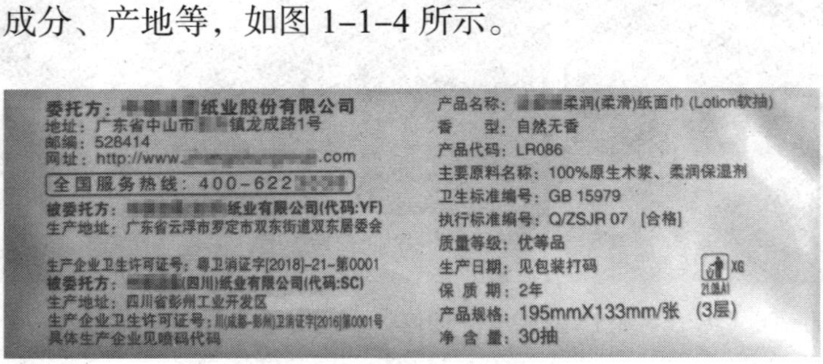


图 1–1–4　产品外包装信息

### 2. 产品说明书

产品说明书可以比较全面、明确地介绍产品名称、用途、性质、性能、原理、构造、规格、使用方法、保养维护方法及注意事项等内容，如图 1–1–5 所示。

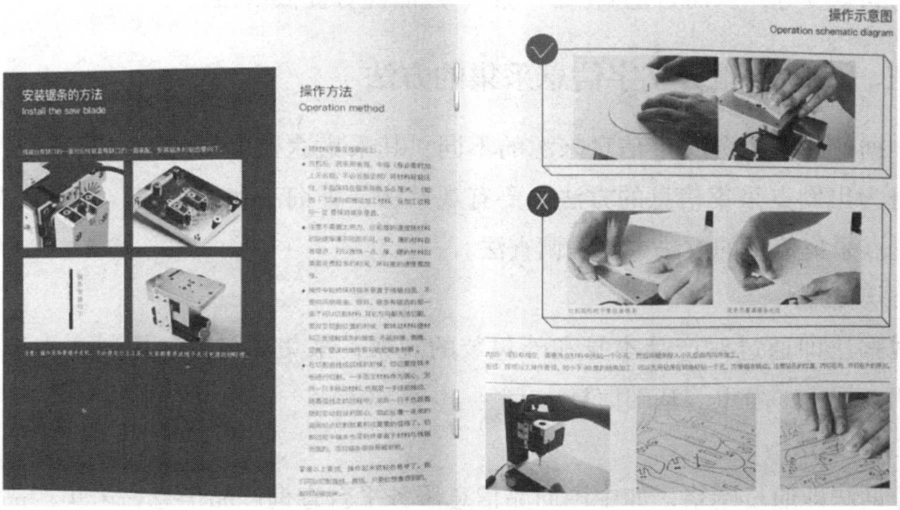


图 1–1–5　产品说明书

### 3. 中国商品信息服务平台

通过查询中国商品信息服务平台（www.gds.org.cn），可以获得产品的数字化档案内容，如产品尺寸及重量、产品描述信息、生产商信息、产品特征属性、产品成分表、产品使用说明等，如图 1–1–6 所示。

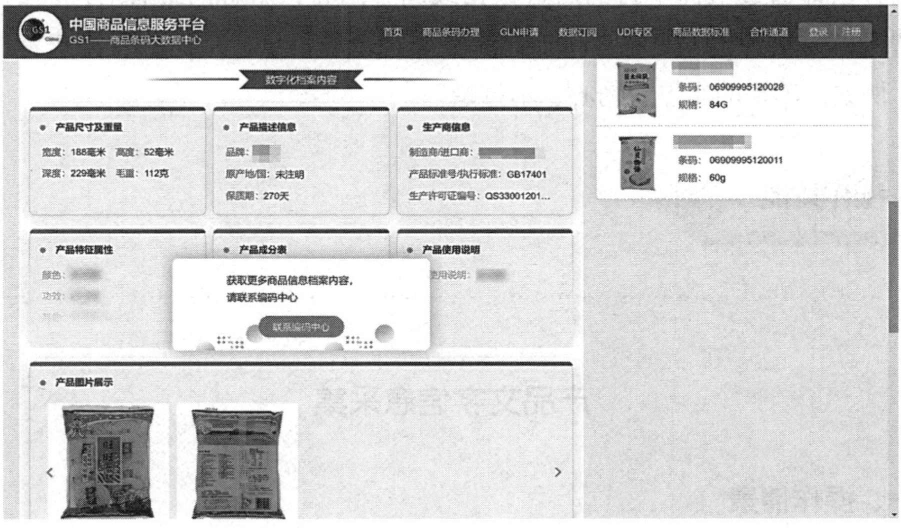


图 1–1–6　中国商品信息服务平台产品数字化档案内容

#### 4. 产品评价

电商平台为买家提供了评价功能，买家可以对产品的质量、价格、服务等方面进行评价。通过分析消费者的评价内容，可以知悉消费者的需求，了解消费者的购物满意度等，从而为挖掘产品卖点、产品优势提供依据。

## 三、产品及服务文字信息采集的方法

根据产品及服务文字信息来源的不同，其采集途径也不同。一般来说，以产品本身为出发点采集信息的方法主要有观察法、查询法和体验法，以消费者需求为出发点采集信息的方法主要是调查法。

#### 1. 观察法

观察法即通过对产品本身和外包装的观察，采集如名称、原料、生产日期、保质期、规格、净重等基础信息。

#### 2. 查询法

查询法即通过网络，如中国商品信息服务平台查询产品信息，采集产品名称、尺寸、品牌、生产商、成分等基础信息。

#### 3. 体验法

消费者在线上购物是缺乏体验感的，店铺可以通过自身的体验把感受用文字的方式传递给消费者。例如，对茶汤的口感和香味的描述“醇甜香滑”。

#### 4. 调查法

调查法即通过电商平台的后台数据或调查问卷，了解消费者对产品的需求，以消费者的需求为出发点来提炼产品卖点和特色等信息，从而激发消费者的购买欲望。例如，苹果的卖点“糖心、不打蜡”。

## 操作技能

# 产品文字信息采集

## 一、操作情景

小红的团队在某电商平台注册了网店，打算销售美妆类产品。当前需要上架一款洗面奶，需要采集产品的属性和详情页文字信息。

## 二、操作步骤

步骤 1　登录电商平台卖家版

打开电商平台网页，输入用户名、密码，登录平台。

步骤 2　采集产品属性值

（1）点击“选择分类”。

（2）选择产品所属类目，如图 1-1-7 所示。

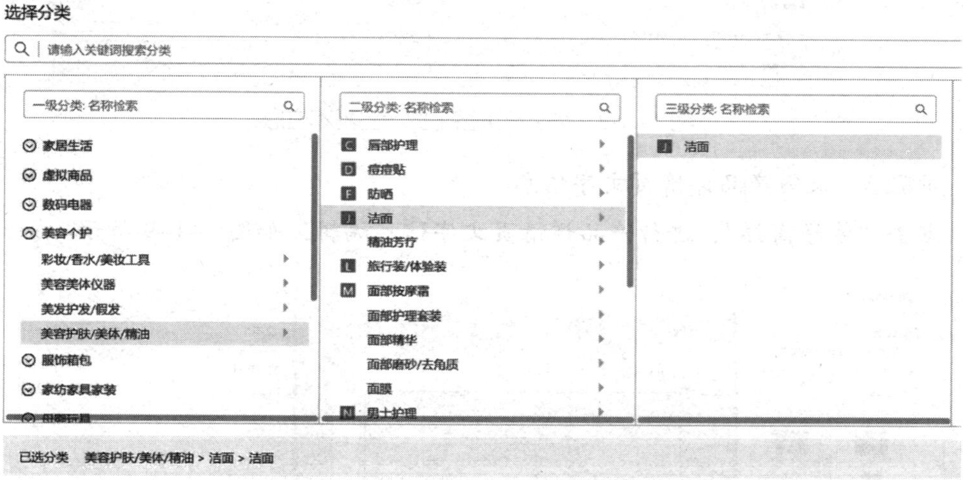


图 1-1-7　电商平台后台三级类目

### 小贴士

电商平台的产品文字信息采集一般在后台输入，在前台（客户端）展示。后台采集文字信息时，首先需要选择产品所属类目。目前大多数平台采用三级类目。电商界有一个公认的“漏斗模型”定律，即类目层级越深，流失量越大，就像漏斗一样越往下口径越小，因此类目层级不宜过多。

采集产品文字信息输入属性值，创建完类目后，对类目进行产品文字信息采集，设置必填项和非必填项，如图 1-1-8 所示。在设置属性值时，需保留一定的扩展性，部分允许自定义属性。属性值录入包括列表选项、多行文本和手工录入三种方式。

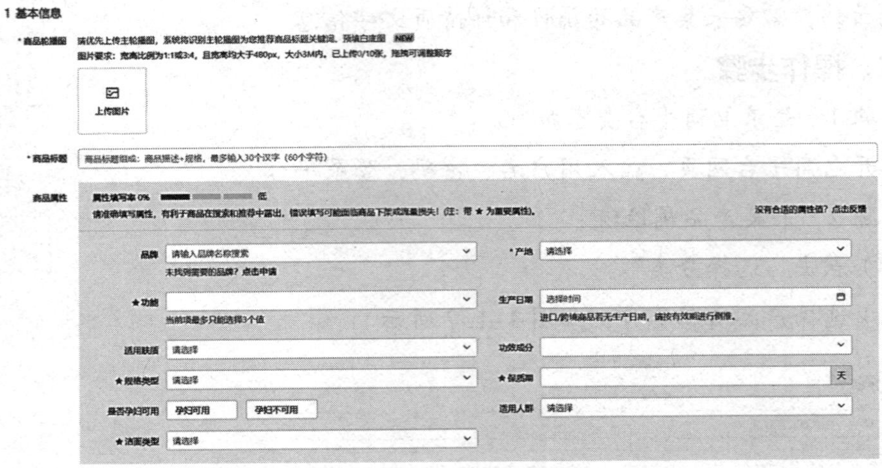


图 1-1-8　某平台美容个护产品基本信息

步骤 3　采集产品详情页文字信息

点击“装修商详”，进行产品详情页文字信息编辑，如图 1-1-9 所示。

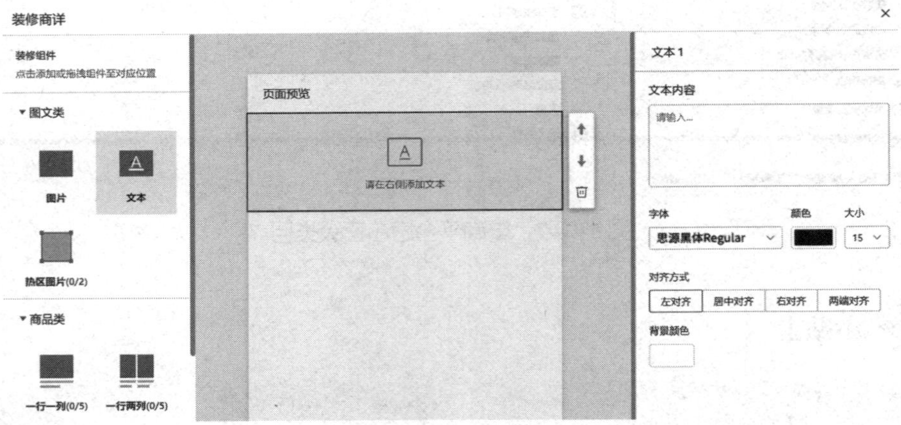


图 1-1-9　某平台文字信息编辑页面

## 相关链接

### 某平台文字组件的编辑方法

可以在文字组件中对商品进行详细介绍和描述。选中文字组件后，可以在右侧文本框内编辑内容。限制长度是 250 个汉字。文字组件在页面中出现的位置，可以通过点击选中组件后中间编辑区域右侧出现的箭头调整上下顺序。文字组件支持换行和空格。可利用换行和空格简单调整文字排版。

# 学习单元 2　撰写产品及服务的文字信息

## 一、产品及服务文字信息的撰写规范

产品文字信息是用来对商品进行具体描述的，这些描述可以是产品特色介绍、产品功能介绍、商品使用后的感想与好评等。文字信息撰写要符合产品的实际情况。在撰写产品文字信息时，不能有违规的情况出现，要充分遵守平台的规则。总体来讲，撰写文字信息时应当遵循以下规范。

### 1. 内容真实准确

撰写产品文字信息的过程是卖家对顾客进行商品属性承诺的过程，准确的文字描述可以很大程度地避免顾客对商品属性的主观判断，从而减少交易纠纷。

### 2. 内容丰富并与产品紧密相关

只有消费者对产品的各方面都比较了解，才更有购买的决心。网店卖家与顾客之间的沟通无法做到准确全面，需要利用丰富的文字对产品的部分基础属性进行说明。但应注意的是，内容丰富是指产品介绍越详细越好，并不是越长越好。

### 3. 不使用极限词

撰写产品文字信息时，不能使用极限词。例如，“最”“最佳”“第一”“国家级”“世界级”等系列极限词。

### 4. 不使用贬低用语进行恶意竞争

不能为了突出自身产品优势与其他产品进行对比，并使用贬低性文字诋毁竞争者。可以与自身产品进行比较，突出升级后的区别和优势。

## 二、产品及服务文字信息的撰写技巧

### 1. 介绍产品具体信息，让客户多了解产品基本情况

产品文字描述是为了介绍产品，需要描述产品的功能、用途、材质、外观等，

让消费者对产品有一定的了解，以便后续购买。

**2. 突出产品亮点**

线上店铺有很多，类似的产品数不胜数。在产品同质的情况下，若想提升转化率，产品的亮点展示尤为重要。

**3. 许下承诺，打消买家的顾虑**

若在网店购买的产品出现问题，退换货是一个比较烦琐的过程。所以很多买家在购买产品时，会有一定的疑惑和担忧。

为了打消买家的顾虑，卖家的承诺就很重要。可以在产品描述后增加“正版官网查询”“假一罚十”“免费运输保险”等承诺。

**4. 文字信息不宜过长**

文字信息应尽量简洁，让买家容易了解产品的具体信息和内容，密密麻麻的文字信息是产品描述的一大禁忌，很有可能影响买家的阅读兴趣和耐心。

**典型案例**

## 撰写生鲜类产品（褚橙）文字信息

品牌：××褚橙

价格：101～200元

产地：中国大陆

省份：云南省

城市：玉溪市

是否为有机食品：否

同城服务：同城24小时物流送货上门

包装方式：食用农产品

售卖方式：单品

特产品类：玉溪冰糖橙

水果种类：褚橙

热卖时间：1月、2月、10月、11月、12月

净含量：5千克

储存温度：0～8 ℃

果径：75 mm（含）～80 mm（不含）、65 mm（含）～75 mm（不含）

产品卖点：励志传承，匠心品质

产品优势：褚橙皮薄圆润，口感甘甜，有云南优质水果之称！

# 培训课程 2 图片拍摄与处理

## 学习单元 1 产品及服务图片拍摄

### 一、产品及服务图片拍摄方式

在电商平台购物，无法真实地感受产品，因此除了文字描述，还需要产品图片去展现产品，让用户通过产品图片来了解其结构、性能等特点。商家根据产品的拍摄难度、便利性等因素，可选择自己拍摄产品图片或委托专业产品摄影公司拍摄。两种方式各有利弊，商家可结合自身情况综合考虑后进行选择。

**1. 商家自己拍摄**

商家自己拍摄产品图片，灵活度高、实效性强，当对产品的拍摄效果不满意时，可以及时调整优化进行再次拍摄。商家更了解产品的基本信息，更清楚想呈现的产品视觉效果，省去了与拍摄公司的沟通环节。这种方式尤其适合更新换代较频繁的产品和上新速度较快的产品，以及对应季性要求较强的产品。

**2. 产品摄影公司拍摄**

商家团队不具备拍摄能力或拍摄的产品视觉效果不理想，又或商品的上新速度较快等情况，可以委托产品摄影公司进行产品拍摄。商家可以委托距离较近的摄影公司进行拍摄，便于沟通和服务。部分电商平台也提供第三方产品摄影公司，可供商家选择。例如，京东商家可通过“商家后台”“京麦服务市场”“视觉服务”“平面摄影”等渠道找到提供产品拍摄和主图设计、商品详情页设计等一站式服务的产品摄影服务公司，如图 1–2–1 所示。

图 1-2-1 “京麦服务市场”界面

## 二、产品及服务图片拍摄器材

电商展示产品主要靠图片，产品图片视觉效果尤为重要。“工欲善其事，必先利其器”，电商对图片要求不同，对所需的设备要求就不同。要拍出有质感、高标准的产品图片，专业的产品拍摄设备是必不可少的。

**1. 相机**

一般的单反相机和微单相机都可用于产品图片拍摄。如果对图片标准要求不是太高，有些手机也可以用来拍摄产品，但手机拍出来的图片整体效果和专业数码相机相比存在一定差距。

想要拍出高标准的图片，一台专业的单反相机是必不可少的。单反相机大体分为入门、中端、高端三个级别。入门级相机价格较便宜，但拍摄效果不及中高端相机，高端相机拍摄效果优良但价格昂贵，中端相机价格和拍摄效果介于二者之间。一般的入门级单反相机，在机身、镜头和软件方面，基本能够满足日常产品的拍摄需求。

可根据产品图片要求以及经济情况选择适当价位的专业单反相机。建议尽量考虑带有引闪器接口的、储存卡容量大的和读取速度较快的相机，这样使用起来会更加得心应手。

目前，摄影服务机构以及个人工作室使用较多的单反相机主要是佳能、尼康和索尼等品牌，它们有着各自的特点。佳能相机的优势体现在成像柔和、自动对焦功能强大、色彩还原度高等方面，可避免不必要的后期调整。佳能相机简单易上手，操控性非常好。尼康相机的优势体现在成像锐度高、动态范围高、后期空间大、画质细节和层次更高等方面。索尼相机的优势体现在对焦速度优于同级别相机、画质表现优秀、视频性能强劲等方面，但色彩表现上不如佳能相机和尼康相机，对后期的调色要求比较高，但是作为平面和视频拍摄兼顾的机器，索尼相机是性价比较高的选择。

**小贴士**

产品图片的质量更多取决于摄影师而非摄影器材，恰当的布光和拍摄环境的搭建是优秀图片的关键。对于经验丰富的摄影师，即使是一台入门级的单反相机，也能拍出不错的产品图片。

**2. 镜头**

选择镜头最注重的是焦距，类型主要包括广角镜头、中焦镜头、长焦镜头、鱼眼镜头等，但是很多镜头并不适合拍摄产品，如广角镜头，其拍摄的产品会变形，不能很好地还原产品形态。

适合拍摄产品的焦段是 50～100 mm，这个焦段拍摄的产品不会出现严重变形等问题。所以不管使用哪种镜头，都需要符合 50～100 mm 这个焦段，如图 1–2–2 所示，才能进行产品拍摄。

图 1–2–2　50～100 mm 焦段的镜头

### 3. 闪光灯

闪光灯是一种补光设备，是产品摄影和人像摄影的光源，如图 1–2–3 所示。在昏暗情况下，使用闪光灯辅助拍摄可以保证画面清晰明亮；在户外拍摄时，闪光灯可用作辅助光源，用以强调色调；还可以根据摄影师的要求布置特殊效果。不管是产品拍摄还是人像拍摄，想要获得精致的细节质感，闪光灯是必备的器材之一。

图 1–2–3　不同型号的闪光灯

选择闪光灯的主要考虑因素是光源。光源充足与否可以根据闪光指数判断，闪光指数也称 GN 值。GN 值代表光线输出的强弱，数值越大说明闪光能量越强，光线越充足。一般来说，GN 值越大越好，能够提供的光照越强，可调节的范围也越大，但同时价格也越贵。

选购闪光灯，主要根据拍摄场景和拍摄产品图片的需求，判断所需闪光灯的型号和 GN 值。

### 4. 三脚架

三脚架是用来固定相机、防止相机抖动的。三脚架有很多种，主要分为手机三脚架、相机三脚架和短三脚架，如图 1–2–4 所示。产品拍摄主要选用短三脚架或相机三脚架。当拍摄在桌面上的内容时，如写字、绘画、手工制作等，可以选择短三脚架。

a)　b)　c)

图 1–2–4　不同类型的三脚架

a）手机三脚架　b）相机三脚架　c）短三脚架

选择三脚架时主要关注云台，摄影云台一般分为两种，一种是球形云台，另一种是三维云台，如图 1–2–5 所示。球形云台使用过程中调整角度更加灵活，可以随意停在任何位置，而三维云台横平竖直更加精准，具体可根据拍摄情况和个人的使用习惯进行选择。

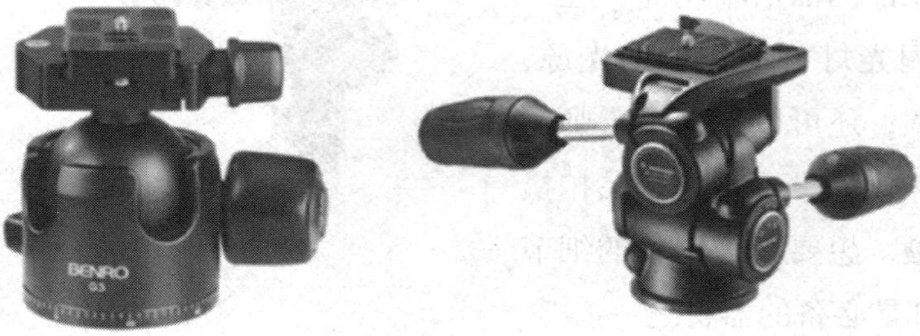


a）　　　　　　　　　　b）

图 1–2–5　云台

a）球形云台　b）三维云台

## 三、图片处理工具

产品的原始图片可能因为各种原因存在瑕疵，有些产品图片背景需要替换，有些需要进行抠取和合成，有些需要进行文字内容编辑等。图片处理工具可以帮助使用者按需求调整图片，使图片更具艺术性。

随着科技的发展，图片处理工具也越来越多。本部分内容主要就 PC 端常用的图片处理工具进行介绍。

### 1. PC 端图片处理工具

（1）Photoshop

Photoshop（Ps）是由 Adobe（奥多比系统公司）开发和发行的一款 PC 端常用的图像处理软件，也是目前主流的数字图像处理软件之一，如图 1–2–6 所示。Photoshop 支持多种图画格局和色彩形式，还提供了 100 多种滤镜以供切换。使用 Ps 的编修与绘图工具，可以有效地进行图片编辑和创造工作，达到产品图片的视觉要求。

（2）Lightroom

Lightroom Classic（LrC）同样是 Adobe 研发的一款后期处理工具，如图 1–2–7 所示。LrC 和 Ps 的定位有所不同，两款产品能提供不同层次的服务。LrC 具备强大的校正功能和组织功能，对修复画笔进行了升级，对照片的瑕疵能精确处理。

图 1-2-6 Photoshop 软件界面

它还具备垂直工具、径向型渐变工具、智能预览、写真集制作等多个功能。简单来说，LrC 主要对照片本身的对比度、色彩、颗粒感、锐化程度等进行调节，在调色方面做得比 Ps 好。

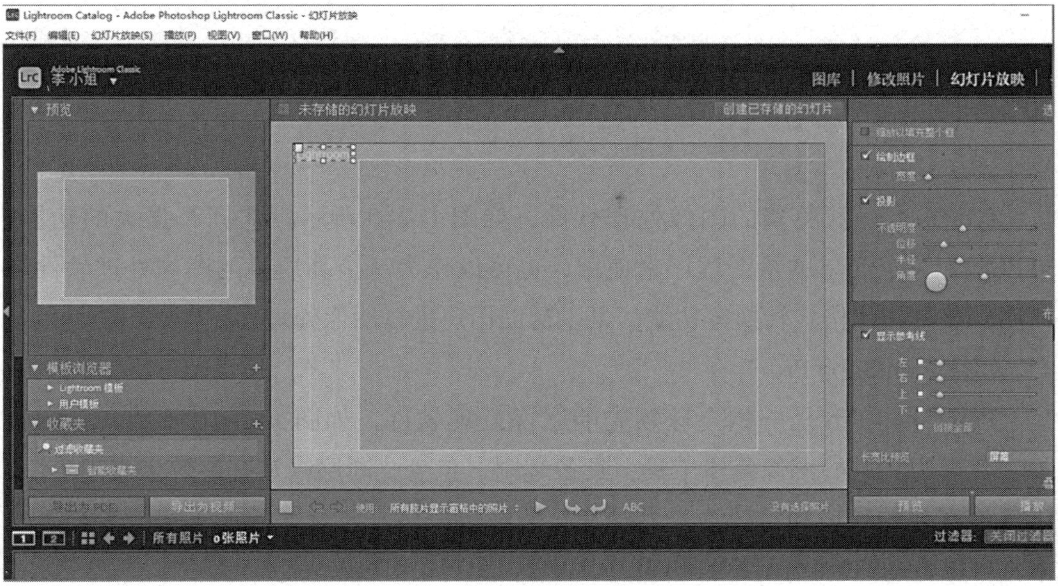


图 1-2-7 Lightroom Classic 软件界面

（3）CorelDRAW

CorelDRAW 是加拿大 Corel（科立尔）公司研发的平面设计软件，是一款专业的图形处理软件，如图 1–2–8 所示。可以用来创建各种图形，如漫画、矢量图、图片等。

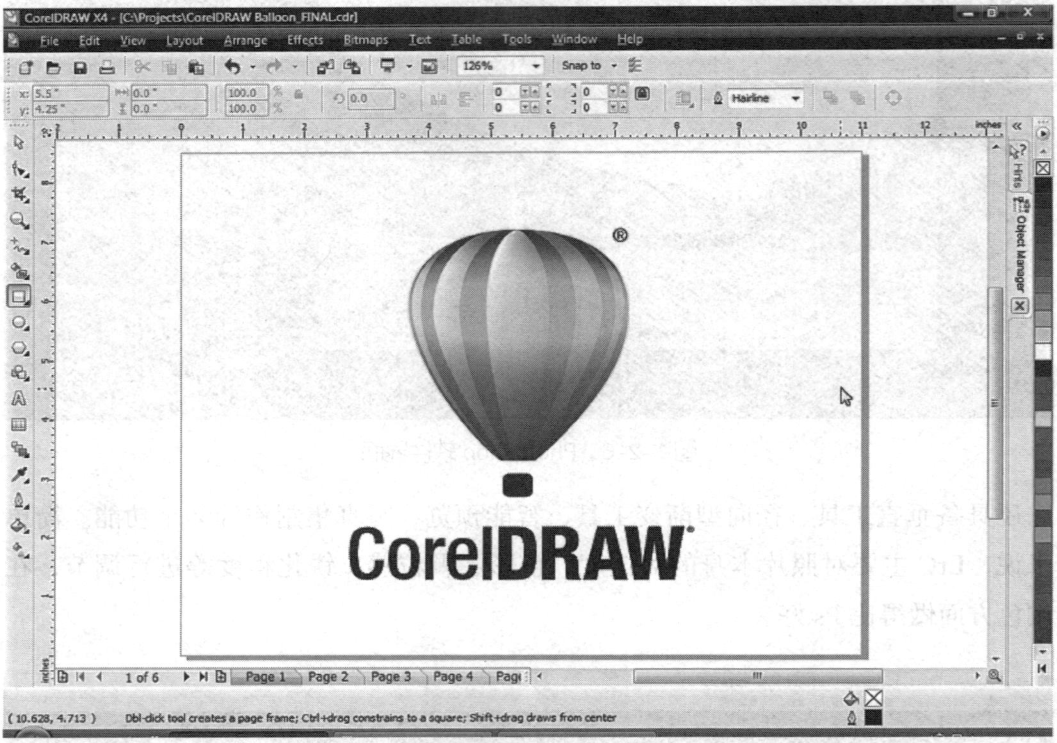


图 1–2–8　CorelDRAW 软件界面

（4）GIMP

GIMP 是一款免费的图像处理软件，如图 1–2–9 所示。它拥有强大的功能，可以作为一个简单的绘图程序来使用，也可以作为一个高质量的图像处理软件来使用，兼具图像格式转换等功能，可以帮助用户进行图像处理。

（5）PaintShop Pro

PaintShop Pro 是一款全球领先的图像处理软件，如图 1–2–10 所示。它内置了一套极为先进的图像编辑工具，具备笔刷、色盘、渐层以及其他效果表现手法，以各种有趣的滤镜和特效为产品图片打造独特风格。它具备的人工智能（AI）技术，可以自动进行产品图片处理。

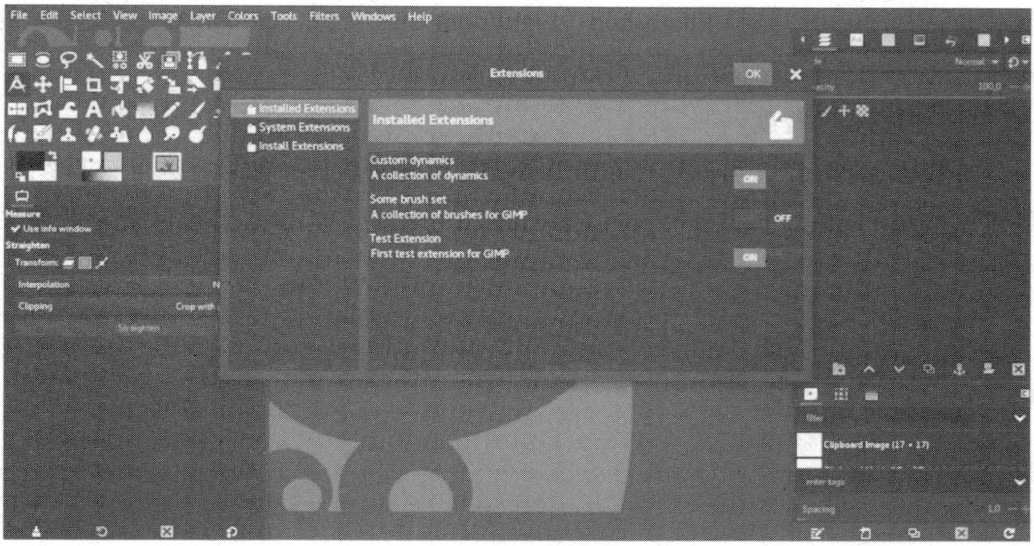


图 1-2-9　GIMP 软件界面

图 1-2-10　PaintShop Pro 软件界面

## 2. PC 端图片处理工具的选择

随着技术的快速发展，各种 PC 端图片处理工具层出不穷，选择依据如下。

（1）根据需求

如果对拍摄的产品图片色彩不满意，要进行调色，建议选择 Lightroom Classic 或 Photoshop 软件；如果要调整滤镜，可以选择 Photoshop 或 PaintShop Pro 软件。

（2）根据技术水平

如果是修图新手，技术水平较低，可以选择 GIMP 或 PaintShop Pro 软件，这些软件的操作方法更简单，可以帮助用户快速完成修图任务；如果是专业人士，技术水平较高，可以选择 Photoshop、Lightroom Classic 或 CorelDRAW 这类专业的软件，这些软件有更多的功能，可以满足更高的修图要求。

（3）根据难易程度

如果是简单修图，可以选择 GIMP 等类型的免费软件；如果要进行专业修图，则建议选择 Photoshop、Lightroom Classic 或 CorelDRAW 等类型的付费专业修图软件。

## 操作技能

# 制定产品拍摄方案

### 一、确定拍摄产品

拍摄产品为汉源苹果。

### 二、挖掘产品卖点

了解产品的特点，挖掘汉源苹果卖点为“糖心”。

### 三、确定拍摄地点

汉源苹果生长环境拍摄地点为室外，苹果细节拍摄地点为室内。

### 四、准备拍摄器材

拍摄前，根据需要选择拍摄器材（包括辅助配件）并进行检查。根据拍摄场所（室内或室外）选择照明设备。进行室外拍摄时需要多准备几个反光板，进行室内拍摄时，需要准备好柔光箱和反射伞等辅助配件。

### 五、拍摄

1. 先多角度对产品整体进行拍摄，包括苹果的生长环境，全面展示，让消费者深入地了解产品，然后近距离拍摄产品局部细节。

2. 对产品的包装进行拍摄，然后将产品和包装组合进行拍摄。通过包装的展示，体现出产品的品质和运输中的安全性。

3. 多件产品组合拍摄。

### 六、制订拍摄计划

在正式拍摄前，制订拍摄计划，见表 1–2–1。这样比较清晰明确，方便拍摄，有利于沟通和掌握拍摄进度。

表 1-2-1 产品图片拍摄计划表

<table>
<tr><td>产品名称</td><td>汉源苹果</td><td>交稿时间</td><td></td><td>拍摄时间</td><td></td></tr>
<tr><td>拍摄要求</td><td colspan="5">表现出苹果原生态和令人垂涎欲滴的样子</td></tr>
<tr><td>拍摄部位</td><td colspan="3">拍摄要点</td><td>拍摄环境</td><td>张数</td></tr>
<tr><td>整体大图</td><td colspan="3">苹果生长环境拍摄</td><td>室外平拍</td><td>2</td></tr>
<tr><td>模特图</td><td colspan="3">无</td><td></td><td></td></tr>
<tr><td>多角度图</td><td colspan="3">无</td><td></td><td></td></tr>
<tr><td rowspan="3">细节图</td><td colspan="3">苹果外表拍摄</td><td rowspan="3">静物台俯拍</td><td>1</td></tr>
<tr><td colspan="3">切开苹果拍摄果肉“糖心”</td><td>1</td></tr>
<tr><td colspan="3">切开苹果拍摄果肉令人垂涎欲滴的样子</td><td>2</td></tr>
<tr><td rowspan="2">包装图</td><td colspan="3">包装纸盒</td><td rowspan="2">静物台俯拍</td><td>1</td></tr>
<tr><td colspan="3">产品和包装组合拍摄</td><td>1</td></tr>
</table>

# 学习单元 2 委托拍摄产品及服务图片

## 一、产品及服务图片拍摄受托方的选择

当网店不具备拍摄条件，或店铺转化率不高，或产品图片视觉效果不理想，又或产品上新速度太快时，可以通过开设网店的平台或者在当地寻找能提供图片拍摄的服务商进行委托拍摄。在选择受托方时需要注意以下几点。

**1. 受托方的专业性**

专业的产品摄影公司可以快速捕捉市场上的流行元素，并结合客户的需求，把握住产品的特点，打造独特的视觉效果。可结合公司实力、工作态度和团队进行综合评价。

**2. 拍摄团队的创新性**

市场上的产品同质化程度高，在客户基本需求一致的情况下，产品图片的新颖性就显得尤为重要。拍摄的图片应能突破固有限制，在满足客户需求的同时，

其最终效果能够给客户带来独特的感受，如图 1-2-11 所示。

图 1-2-11　洗衣机功能介绍的创新

**3. 受托方管理是否制度化**

产品从计划拍摄到拍摄再到后期制作，委托方与受托方需要保持沟通。制度化管理的公司更能做好工作安排，面临问题时可以及时沟通、处理得当。关注拍摄公司在持续沟通、相互沟通、调整和完善等方面是否形成制度，从而确保沟通顺畅和产品图片质量。

**4. 明确自身需求**

明确自身需求才能找到更合适的受托方。一方面，判断受托方拍摄图片是否满足店铺需求；另一方面，考虑投入产品拍摄的资金，匹配合适的摄影公司，在预算内选择性价比较高的受托方。

## 二、图片拍摄与处理委托合同

当店铺寻找到满意的受托方后，可签订委托拍摄合同，通过合同来约束双方的权利和义务。

**1. 签订委托拍摄合同的流程**

（1）草拟合同

当事人双方在签订正式合同前，就合同内容进行意见交换，起草合同。

（2）修改合同

对合同的约定条款进行洽谈协商、修改，达成一致。

（3）签订合同

当事人双方签字盖章或按指印。

**小贴士**

当事人采用合同书形式订立合同的，自当事人均签字、盖章或者按指印时起，合同成立。在签字、盖章或者按指印之前，当事人一方已经履行主要义务，对方接受时，该合同成立。当事人未采用书面形式但是一方已经履行主要义务，对方接受时，该合同成立。

### 2. 签订委托拍摄合同的注意事项

合同是民事主体之间基于平等地位签订的表达当事人真实意愿的约定，双方达成一致后就需要遵守约定。在签订合同时，应当注意以下几项内容。

（1）明确合同主体，必须对对方的主体资格进行审查。

（2）合同的内容必须齐备。

（3）必须明确合同履行方式和期限以及验收方式。

**相关链接**

《中华人民共和国民法典》第四百七十条　合同的内容由当事人约定，一般包括下列条款：

（一）当事人的姓名或者名称和住所；

（二）标的；

（三）数量；

（四）质量；

（五）价款或者报酬；

（六）履行期限、地点和方式；

（七）违约责任；

（八）解决争议的方法。

## 三、协调产品及服务图片拍摄工作

签订产品图片委托拍摄合同后，受托方启动产品图片拍摄工作，双方的沟通贯穿整个拍摄过程。协调好受托方的拍摄工作，有利于获得满意度更高的成片。

**1. 拍摄策划阶段的协调**

（1）让受托方尽可能多地了解产品和店铺想呈现的视觉效果，拍摄出的产品图片才能更符合店铺需求。

（2）参与受托方的拍摄计划，准备好拍摄时所需的产品及辅助设备，主动配合受托方的拍摄工作。

**2. 拍摄过程阶段的协调**

参与拍摄场景的搭建和产品拍摄过程，能够方便及时调整不满意的方面，避免因场景搭建、产品摆放、细节拍摄等原因造成返工。

**3. 后期制作阶段的协调**

图片拍摄完毕后，需要进行后期制作。后期制作过程中应及时反馈图片存在的问题和需要修改的地方，以确保在规定时间内取得满意的成片。由于拍摄的产品图片不止一张，为了清楚地反馈意见，可以制作表格，见表 1–2–2。

表 1–2–2　产品图片反馈意见表

| 序号 | 图片名称 | 反馈意见 | 备注 |
|---|---|---|---|
| 1 | | | |
| 2 | | | |
| 3 | | | |
| 4 | | | |
| … | | | |

**操作技能**

## 寻找产品图片拍摄受托方

### 一、操作情景

小红团队的网店已注册成功，店铺急于上架一批产品，由于网店刚成立，不具备拍摄条件，想要在本地委托一家专门拍摄产品图片的公司帮助他们拍摄产品图片并进行后期制作。

## 二、操作步骤

步骤 1　初步寻找合适的产品图片拍摄受托方

（1）可以通过搜索引擎或者生活服务类 App 查找服务提供商。

（2）列出店铺自身对产品图片的需求表。

（3）筛选出符合要求的产品图片拍摄公司。

步骤 2　实地调查

（1）对筛选出来的产品图片拍摄公司进行实地调查。

（2）对比调查数据。

步骤 3　选择受托方

（1）根据综合数据选择性价比较高的受托方。

（2）订立合同。

# 培训课程 3 视频拍摄与处理

## 学习单元 1 产品及服务视频拍摄

### 一、产品及服务视频拍摄方式

随着技术的进步，短视频走进我们的生活，2018 年，电商平台开始加注主图短视频。自此，产品介绍从图文的单调感官体验直接转化为具备影视音效和使用场景的代入式感官体验。视频是一种高效率、形象化的传播方式，能够增加用户的购买体验，展现图片没有办法展现的内容。消费者通过观看视频的方式来了解产品，更能促进转化，提升交易额，因此越来越多的商家开始加注产品视频。商家根据产品的拍摄难度、创意性、便利性等方面因素，可选择自己拍摄产品视频或委托专业摄影公司进行拍摄。

**1. 商家自己拍摄**

商家自己拍摄产品视频，灵活度高、实效性强，当对产品的拍摄效果不满意时，可以及时调整优化进行再次拍摄。商家更了解产品的基本信息，更清楚想呈现的产品视觉效果，省去了与拍摄公司的沟通环节。但商家自己拍摄的视频往往缺乏专业性，视觉效果不理想。

**2. 产品摄影公司拍摄**

专业摄影师具备良好的画面构图能力和运镜手法，比较容易产出精美作品，从而增加视频作品的曝光度。商家的团队不具备拍摄能力时，建议委托摄影公司进行产品视频拍摄。商家可以委托距离较近的摄影公司进行拍摄，便于沟通和服务。部分电商平台也提供第三方产品摄影公司，可供商家选择。例如，淘宝商家可通过“淘宝服务市场”“内容建设”“视频制作”“短视频制作”等渠道找到提供商品拍摄、短视频制作、内容运营等一站式服务的摄影服务公司，如图 1–3–1 所示。

图 1–3–1 “淘宝服务市场”界面

## 二、产品及服务视频拍摄器材

### 1. 摄像机

产品视频拍摄初学者可以选择智能手机，如图 1–3–2 所示。随着科技的持续发展，手机的性能大大提升，当下的主流手机有很多标签：光学变焦、光学防抖、超广角、弱光摄影等。选择拍摄像素比较高的手机进行拍摄，能满足店铺大多数产品的视频拍摄需求，但不适合长期作为拍摄的主要方式使用。

图 1–3–2 智能手机拍摄

摄像机主要分为两种类型，一种是业务级摄像机，如图 1–3–3 所示，具备较高的分辨率和专业的视频性能，适用于新闻采访、影视摄影等行业。另一种是家庭 DV 摄像机，清晰度和稳定性比业务级摄像机弱一些，但小巧方便，操作简单，可以满足很多非专业人士的拍摄需求。

图 1–3–3　业务级摄像机

由于摄像机的价格比较昂贵，因此在进行视频拍摄的过程中，使用单反相机更具性价比。大部分店铺在拍摄产品视频的过程中，更倾向于选择微单或单反相机，如图 1–3–4 所示。选择视频拍摄相机的主要考虑因素为：第一，分辨率，分辨率越高，所拍摄的视频画面清晰度就越高；第二，视频的帧率，帧率越高的视频播放起来会越流畅；第三，光圈，相机的光圈值在不同的场景下是不一样的，选择合适的光圈值可以获得更好的成像效果。

图 1–3–4　单反相机拍摄

若在产品视频拍摄过程中有特殊需求，可以考虑运动相机或者无人机。如在拍摄剧烈运动场景或新奇视角时，可以选择运动相机，如图 1–3–5 所示；在拍摄风景或者大场面时，可以选择无人机。口袋云台相机，如图 1–3–6 所示，兼顾了运动相机的轻便和云台防抖功能，是记录生活的“神器”，适合用来拍摄日常式的短视频。

图 1–3–5　运动相机

图 1–3–6　口袋云台相机

**2. 滑轨**

长期使用固定的画面拍摄视频会显得死板。拍摄时使用滑轨，如图 1–3–7 所示，可以通过对拍摄器材的平移、前推、后推等操作，使画面更有动感。滑轨的选择主要取决于拍摄视频的需求，当要表现舞蹈或运动的场景时，可以考虑使用滑轨拍摄。虽然手动滑轨更便宜，但建议选择电动滑轨，因为其相较于手动滑轨会更加匀速、自然、无卡顿。

图 1–3–7　单反相机滑轨

镜头、闪光灯、三脚架等内容在“图片拍摄与处理”中已做详细介绍，此处省略。

## 三、视频处理工具

大部分视频都需要进行后期制作才可以最终成片。PC 端和手机端的视频编辑软件种类繁多，这里介绍几款常见的 PC 端视频编辑软件。

### 1. PC 端视频处理工具

（1）Adobe Premiere Pro

Adobe Premiere Pro（Pr），如图 1–3–8 所示，由 Adobe 开发，是一款常用的视频编辑软件，支持 Windows 系统和 Mac 系统。Pr 是视频编辑爱好者和专业人士必不可少的视频编辑工具，拥有很高的市场占有率，是目前使用人数最多的专业视频剪辑软件。

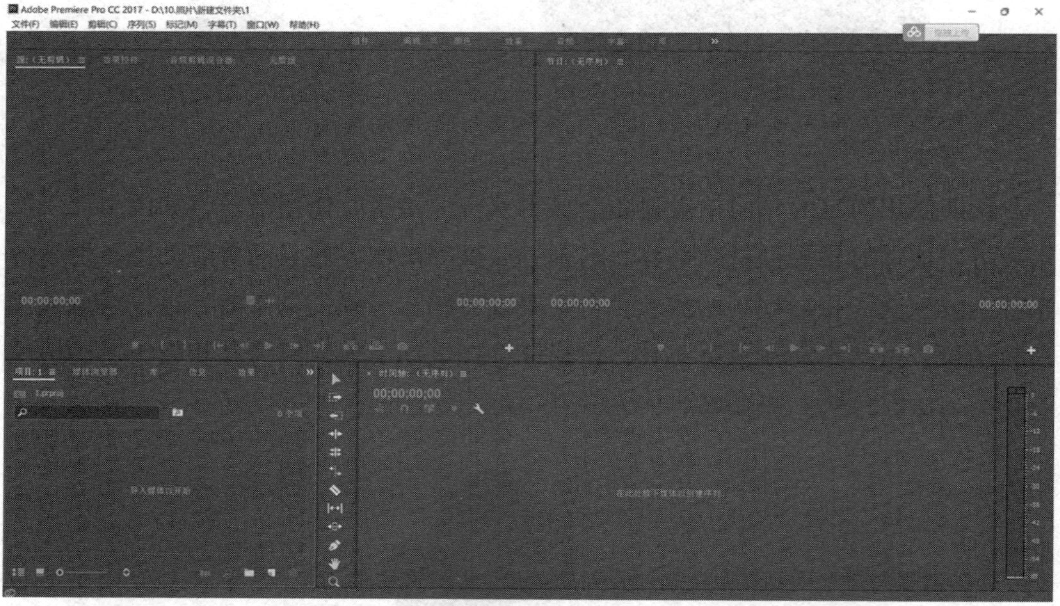

图 1–3–8　Adobe Premiere Pro 软件界面

（2）Final Cut Pro

Final Cut Pro 是苹果公司推出的官方剪辑软件，如图 1–3–9 所示，仅支持 Mac 系统。其界面设计精良，上手简单，功能强大，配套的插件非常丰富，很多电影或纪录片都会使用 Final Cut Pro 进行后期剪辑，对于使用 Mac 系统工作的人来说，Final Cut Pro 是相当好的视频编辑工具。

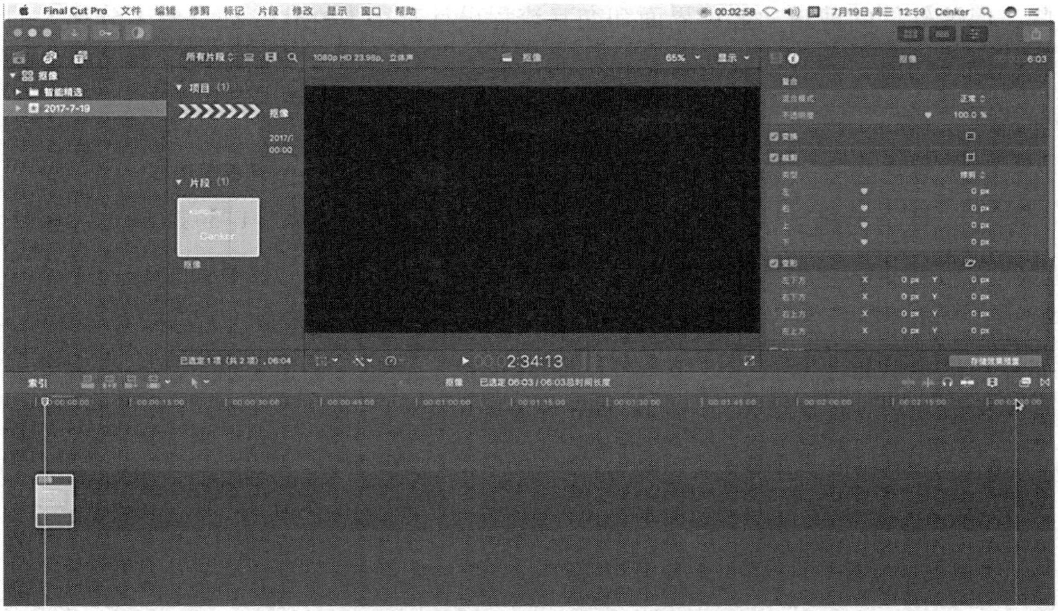


图 1–3–9　Final Cut Pro 软件界面

（3）DaVinci Resolve Studio

DaVinci Resolve Studio（达芬奇调色软件），是 Blackmagic Design 公司推出的视频剪辑软件，如图 1–3–10 所示。它的市场占有率比 Pr 和 Final Cut Pro 略低一

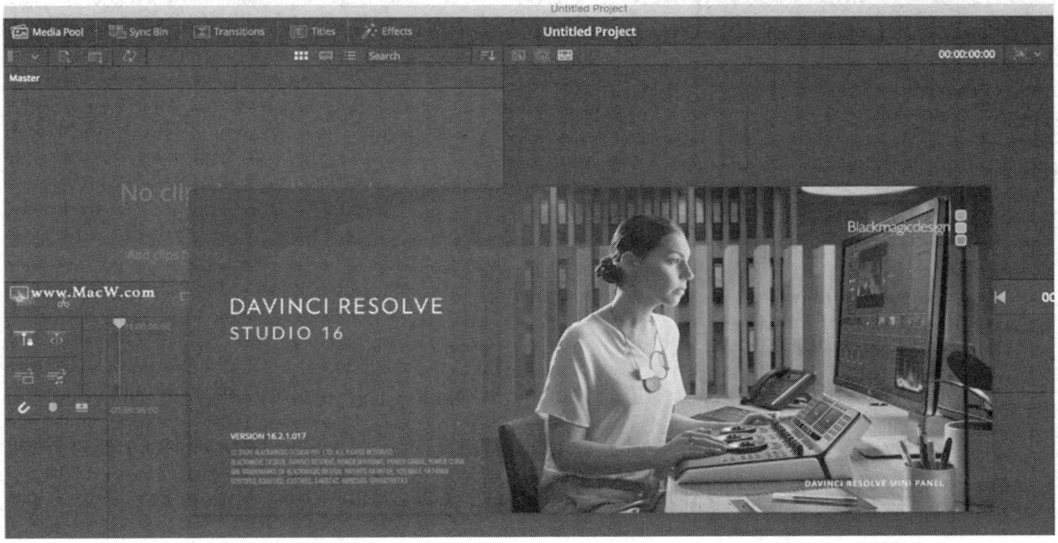


图 1–3–10　DaVinci Resolve Studio 软件界面

些，但该软件的剪辑功能、界面和交互流程设计都很人性化，拥有着十分强大的视频调色功能。该软件有免费和付费两个版本，针对普通视频编辑，免费版已基本够用。

（4）剪映

剪映是字节跳动公司推出的跨平台视频剪辑软件，如图 1–3–11 所示。相比前面介绍的几款视频编辑软件，剪映更倾向服务于短视频创作者，操作简单、模板多，有丰富的字幕贴纸效果，还有好用的字幕自动生成功能和丰富的音频资源。如果想做一些日常短视频，该软件的编辑功能完全可以满足需求，还有很多模板可以直接套用，支持手机端和 PC 端等全终端操作。

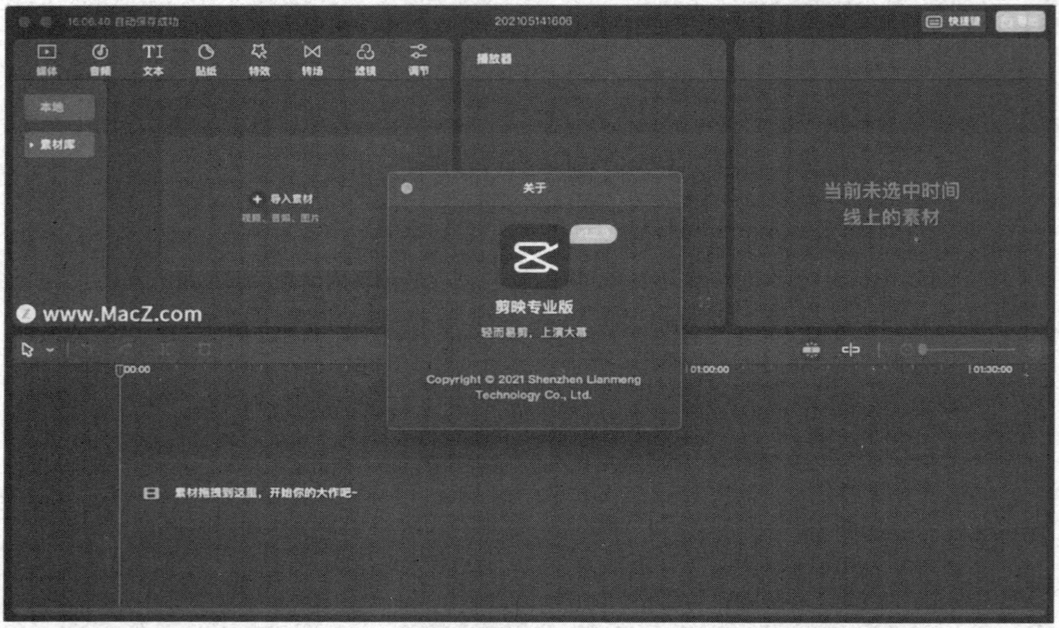


图 1–3–11　剪映软件界面

（5）Adobe After Effects

Adobe After Effects（Ae），也是 Adobe 公司推出的一款图像视频处理软件，如图 1–3–12 所示。该软件适用于从事设计和视频特技制作的机构，可以高效且精确地创建引人注目的动态图形和震撼人心的视觉效果。

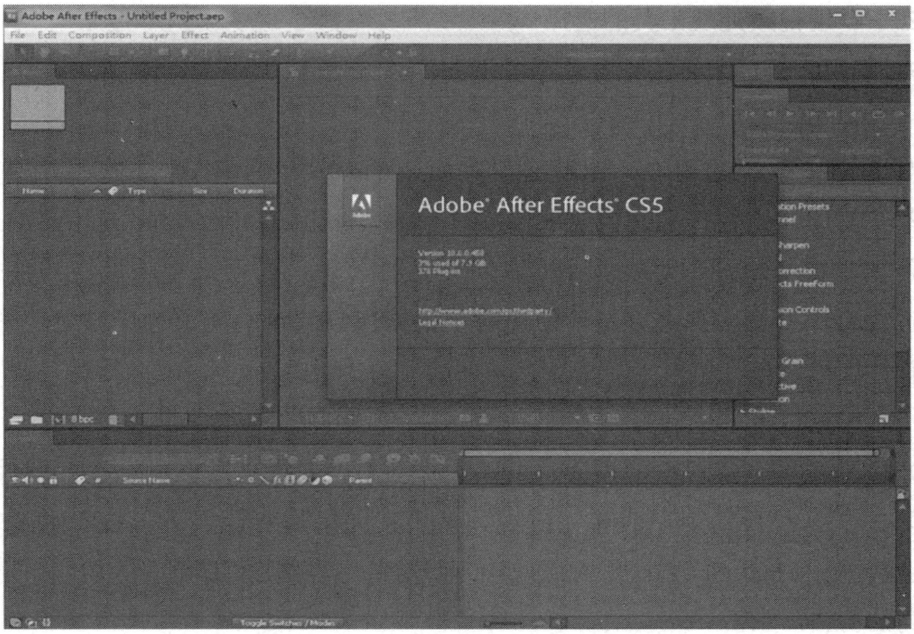


图 1-3-12　Adobe After Effects 软件界面

（6）Corel Video Studio

Corel Video Studio（会声会影）是加拿大 Corel 公司制作的一款功能强大的视频编辑软件，如图 1-3-13 所示。适合非专业人士使用，具有符合家庭或个人所需的影片剪辑功能，操作简单，界面简洁明快。其成批转换功能与捕获格式功能，让影片剪辑更快、更高效；画面特写镜头与对象创意覆叠，可随意创作出新奇百变的创意效果。

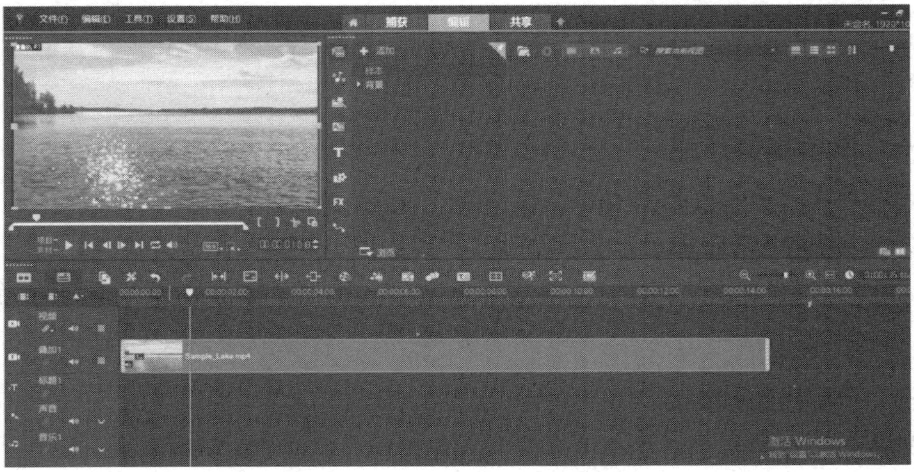


图 1-3-13　Corel Video Studio 软件界面

### 2. PC 端视频处理工具的选择

PC 端视频处理工具的选择依据如下。

（1）根据需求

对于 Mac 系统的用户，比较建议其使用 Final Cut Pro；对于 PC 端用户，优先推荐其使用 Pr；对作品调色要求很高时，DaVinci Resolve Studio 是不错的选择；视频需要上传至电商、短视频平台，可以选择剪映；需要批量转换视频格式时，可以选择会声会影。总之，具体使用时，根据视频编辑的需求选择与之功能相匹配的软件即可。

（2）根据技术水平

如果是新手，技术水平较低，可以选择会声会影或剪映软件，这些软件的操作更简单，可以帮助用户快速完成视频剪辑；如果是专业人士，技术水平较高，可以选择 Pr、Final Cut Pro 或 Ae 这类专业软件，这些软件有更多的功能，可以满足更高的剪辑需求。

（3）根据难易程度

如果是普通剪辑，可以选择剪映或 DaVinci Resolve Studio 等软件的免费版；如果要进行专业的视频剪辑，则建议选择 Pr、Final Cut Pro 或 Ae 这类专业软件。

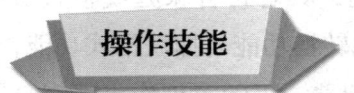

## 操作技能

## 制定产品视频拍摄方案

### 一、确定拍摄产品

拍摄产品为某品牌剃须刀。

### 二、挖掘产品卖点

了解产品的特点，挖掘产品卖点：智能护理中心，一键杀菌，让剃须刀每日如新。

### 三、确定拍摄地点

拍摄地点为棚拍，搭建拍摄背景，准备静物台，联系好模特。

## 四、准备拍摄器材

拍摄前，根据需要选择微单相机（包括辅助配件）并进行检查。根据拍摄场所（室内或室外）选择照明设备，需要准备好柔光箱和反射伞等辅助配件。

## 五、拍摄

（1）品牌介绍。

（2）引入场景，场景引入推荐表见表 1–3–1。

表 1–3–1　场景引入推荐表

| 引入场景 | 期待收到的正向反馈 | 卖点视觉化 | 信服的理由 | 产品 / 外包装 |
|---|---|---|---|---|
| 我比较介意男友每天使用的剃须刀不是我送的 | 男友对剃须刀非常满意（展现浪漫甜蜜，搭配背景音乐） | 电量持久、剃须高效、剃得干净 | 德系精工 | 展示精美礼盒以及开箱画面；展示刀头的精工设计 |
| 我的男友外表邋遢，我会很尴尬 | 男友被别人夸帅气（展现高光时刻，搭配背景音乐） | | | |
| 我看到男友拼命工作而变得憔悴时，我很在乎 | 男友看起来精神抖擞（展现高光时刻，搭配背景音乐） | | | |

（3）卖点拍摄，卖点拍摄推荐表见表 1–3–2。

表 1–3–2　卖点拍摄推荐表

| 性质 | 卖点 | 拍摄参考 |
|---|---|---|
| 必须沟通 | 智能护理中心，一键杀菌、清洁、润滑、干燥刀头 | 将剃须刀插入底座，按下开关键后灯亮表示开始运作 |
| 选择性沟通 | 高端系列，全机身进口，由 350 个左右的零件组成，其内部结构的精密让每一剃干净利落 | 清晰呈现剃出一条"跑道" |
| 选择性沟通 | 磁力动能导入头，将护肤品有效成分注入肌肤深层，让肌肤状态更紧致。受试者认为，能够达到 1.2 倍紧致、1.3 倍保湿、2.1 倍控油的效果 | 涂上护肤品，一键开启剃须刀（磁力动能导入科技），将护肤品用导入头推开 |

## 六、拍摄要点

（1）正向反馈

选择性沟通以下几点内容：①男友或长辈收到礼物的高兴表情；②展示对方

很喜欢这份礼物，甜蜜拥抱；③展示别人对男友颜值高的夸赞以及女生获得她人羡慕后的喜悦心情；④夸张效果，凸显刮胡子后帅气的高光时刻（背景音乐/滤镜/特效）。

（2）刀头拍摄要点

拍摄刀头的特点，用手指拨动刀头可以看到刀面元件的起伏。

（3）一剃即净拍摄要点

斜向上仰头 30°，在侧脸处从上往下刮出一条“跑道”来展示剃得干净。

（4）包装拍摄要点

1）如室内环境比较暗，请务必打光。

2）黑色礼盒选择浅色背景，白色礼盒选择深色背景，忌背景杂乱。

3）品牌 logo 要清晰露出。

（5）包装开盒拍摄要点

1）礼盒内衬是黑色，请务必打光。

2）选择简约浅色背景拍摄，忌杂乱。

3）品牌 logo 要清晰露出。

# 学习单元 2　委托拍摄产品及服务视频

## 一、产品及服务视频拍摄受托方的选择

产品的视频广泛运用于主图视频和详情页，主图视频能增加店铺的搜索率，制作精良的主图视频可以很大程度地提高产品转化率，帮助卖家提高产品销量。当店铺不具备拍摄视频的条件时，可以委托视频拍摄公司进行拍摄。在选择受托方时需要注意以下几点。

### 1. 综合设施

拥有完善、专业的硬件设施是完成高质量视频制作的基本条件，高端的装备与拍摄的效果、质量成正比。在选择受托方时，应了解视频拍摄公司是否配置了专业的硬件设备和配套综合设施。

### 2. 经验和业绩

作品是视频拍摄公司实力最直接的体现。拍摄经验是否丰富，拍摄工作做得好与坏，通过作品就能体现出来。判断视频拍摄公司是否有丰富的经验和优秀的业绩可以关注公司的作品、官方网站和视频拍摄过程等。

### 3. 团队专业能力

产品视频制作包括创意、策划、摄影、剪辑、配音等环节，想要让视频更好地吸引消费者和提升商品转化率，就需要选择具有较强专业能力的拍摄团队。可以关注拍摄团队以及团队成员是否明确分工，能否把握产品的特点，是否具备视频后期制作的能力等。

### 4. 服务与报价

产品视频拍摄从前期调研、拍摄策划到后期制作等需要进行多个环节的沟通协调和服务。顺畅的沟通才可能得到满意的结果，所以选择时应重点关注拍摄公司的服务能力和服务模式等。另外，关注拍摄公司能否根据产品视频拍摄的需求提供合适的报价方案以及后期修改条件。

## 二、视频拍摄与处理委托合同

当店铺寻找到满意的受托方后，可签订委托拍摄合同，通过合同来约束双方的权利和义务。

签订委托拍摄合同的流程及注意事项等内容在“图片拍摄与处理”中已做详细介绍，此处省略。

## 三、协调产品及服务视频拍摄工作

拍摄策划阶段、过程阶段、制作阶段的协调工作等内容，在“图片拍摄与处理”中已做详细介绍，此处省略。

由于产品视频具有时长，为了清晰地指出起止时间段并反馈意见，可以制作表格，见表 1–3–3。

表 1–3–3　产品视频反馈意见表

| 序号 | 产品名称 | 起止时间段 | | 视频内容 | 修改意见 | 备注 |
|---|---|---|---|---|---|---|
| | | 起 | 止 | | | |
| 1 | | | | | | |

续表

| 序号 | 产品名称 | 起止时间段 | | 视频内容 | 修改意见 | 备注 |
|---|---|---|---|---|---|---|
| | | 起 | 止 | | | |
| 2 | | | | | | |
| … | | | | | | |

## 操作技能

### 协调产品视频拍摄工作

#### 一、操作情景

小红团队与受托方签订了产品视频拍摄合同，现有关人员需协调进行产品视频拍摄。

#### 二、操作步骤

步骤 1　拍摄准备

（1）介绍产品的详细信息。

（2）准备产品的样品及附件。

（3）参与乙方的拍摄计划活动并提出店铺的需求。

（4）参与拍摄背景的搭建。

步骤 2　拍摄过程

（1）参与拍摄过程。

（2）与拍摄团队沟通并给出指导性意见。

步骤 3　拍摄结束

（1）查阅成片。

（2）给出反馈意见，指导后期制作团队修改。

（3）收到满意的成片。

# 职业模块 2 线上店铺设计与装修


**培训课程 1　装修元素制作**

学习单元 1　网店文案制作

学习单元 2　常规店铺图片制作

学习单元 3　网店推广图制作

学习单元 4　网店视频制作

**培训课程 2　用户页面装修**

学习单元 1　网店首页装修

学习单元 2　网店详情页装修

学习单元 3　网店自定义页装修

# 培训课程 1 装修元素制作

## 学习单元 1 网店文案制作

### 一、网店文案制作原则

#### 1. 突出卖点

网店是靠图片与文案来说明产品的。没有文案的图片无法完整表达商品的特点与卖点，而没有图片的文案则无法吸引买家，图片和文案缺一不可。

#### 2. 精确抓住买家的购买心理

优秀的文案能够有效地吸引买家，并能精准抓住买家的购买心理，促进产品销售。好的文案不仅能很好地介绍产品，还能减少买家的顾虑。

#### 3. 增强品牌的力度

品牌和文案是相辅相成的，通过文案可以让更多用户了解并熟悉品牌，提高品牌的知名度，帮助店铺拓展市场。

### 二、网店文案制作要点

#### 1. 明确定位，增强消费信心

编辑文案时，单纯说质量好或品牌好，购买者不一定买账，还应添加一些有激励作用的文字，如月销 5 000 件，这样不但说明了产品销量好，还从侧面体现了产品的品质。

#### 2. 运用对比，突显细节和专业性

在同类型产品中，若需要体现自己店铺产品的优点，则应从细节和专业性两

个方面考虑。与同类型产品对比细节，告诉买家我更优质，从专业角度与同类型产品进行对比，展示产品优势。

**3. 低价产品，强调品质**

对于低价产品，卖家最怕的就是假货、质量问题，这时除了使用图片展现，文案也要重点突出品质。

**4. 高价产品，强调价值**

如果与同类型产品相比，某产品价格高，此时应强调产品的价值，从各方面体现出价格高的原因，如产品本身的材质、做工、品牌文化和卖点等。

## 三、网店文案制作方法与技巧

在网店的视觉营销设计中，字体的布局对于画面的空间、结构、韵律等都很重要。

**1. 字体的选用与变化**

选择几种匹配度高的字体有助于呈现最佳视觉效果。通过加粗、变细、拉长或调整行间距来变化字体可以产生丰富的视觉效果。

**2. 文字的统一性**

在进行文字的编排时，需要把握文字的统一性，即文字的字体、粗细、大小与颜色在搭配组合上要有关联感，如图 2–1–1 所示。

**3. 文字的层次布局**

文案的显示不是简单的堆砌，而是有层次的，通常按重要程度设置文字的显示级别，引导买家浏览文案的顺序。在进行文字的编排时，可利用字体、粗细、大小与颜色的对比来设计文字的显示级别，如图 2–1–2 所示。

图 2–1–1　文字的统一性

图 2–1–2　文字的层次布局

### 小贴士

除了常见的倾斜、加粗、更改字体颜色，还可为文字设置描边、发光效果、投影效果，以及叠加颜色或图案等。

## 操作技能

# 茶花随手杯海报文案制作

## 一、操作情景

此次海报任务是为新品茶花随手杯（见图 2–1–3）制作海报文案。茶花随手杯杯身的材质是无铅玻璃，密封圈是两层，材质是硅胶，特点是防烫且倒立不漏。

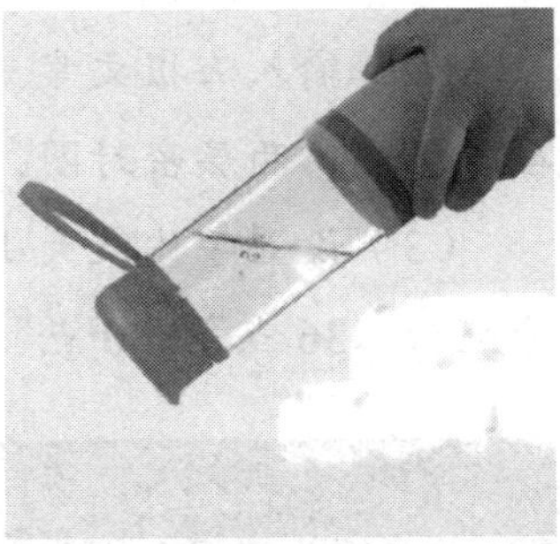

图 2–1–3 茶花随手杯

## 二、操作步骤

步骤 1 了解产品的基本信息，确定海报主题

了解茶花随手杯的特性，分析该产品的消费人群，确定海报主题。

步骤 2 撰写海报文案

根据调研及对操作情景的分析，得出以下结论。

（1）新店开张，推出新品，让消费者记住这家店铺。

（2）针对这款水杯，挖掘消费者的痛点：外出时，水杯放在包中可能漏水，塑料材质的水杯存在食品安全卫生问题。

（3）随手杯的密封圈设计，安全无侧漏且倒立不漏，玻璃材质安全无毒。

根据以上结论确定了海报文案的主标题“倒立不漏”；副标题“无铅玻璃，硅胶防烫”；正文“两层密封圈，安全无侧漏，居家出行必备水杯”。

步骤 3 制作海报文案（简版）

（1）在 Photoshop 主界面点击“文件”菜单，选择“新建图像”，大小如

图 2–1–4 所示。

图 2–1–4　新建图像

（2）输入海报文案。点击工具栏文字按钮，输入文字“倒立不漏；无铅玻璃，硅胶防烫；两层密封圈，安全无侧漏，居家出行必备水杯”。

（3）设置字体及大小。双击文字缩略体，设置字体为“微软雅黑”，字体大小分别为“36 点”“30 点”“20 点”，如图 2–1–5 所示。

图 2–1–5　输入海报文案且设置字体和大小

（4）设置文字颜色，分别为“f27224”“aab416”“1a6895”，如图 2–1–6 所示。

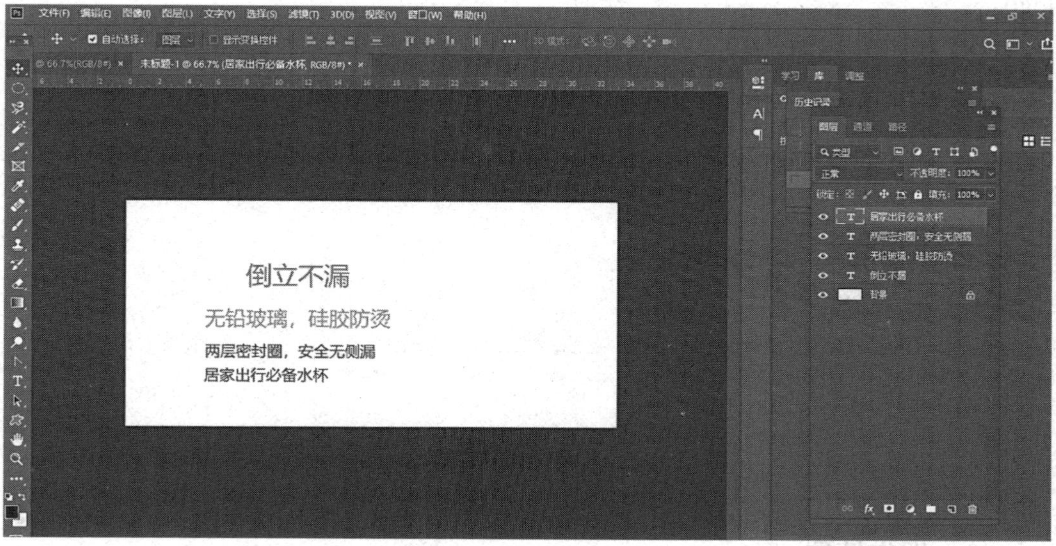


图 2–1–6　设置文字颜色

# 学习单元 2　常规店铺图片制作

## 一、logo 制作

### 1. logo 的定义

logo 意为徽标或商标，有识别和推广的作用，通过形象的 logo 可以让消费者记住店铺或产品。

### 2. logo 的类型

随着消费者审美心理的变化，logo 设计日益趋向多元化、个性化。随着数字化、网络化的实现，logo 设计在更广阔的视觉领域内起到了宣传和树立品牌形象的作用。从视觉上，logo 总体可以分为文字 logo、图形 logo 和图文结合型 logo 三种。

（1）文字 logo 是指基于品牌文字的 logo，其设计方式通常是将品牌的名称、缩写或是抽取个别有趣的文字，通过排列、扭曲、颜色变化等方式设计成logo。

（2）图形 logo 通常以具体的图形来表现品牌的名称或商品的属性，相较于文字 logo，图形 logo 表达的含义更为直观，也更具有感染力。

（3）图文结合型 logo 通常是以具象或抽象的图形，结合品牌名称制作而成。

**操作技能 1**

## logo 制作

### 一、操作情景

某网店经营女装和女包，店名为“棉花糖”。现已设置好网店首页模板和首页布局，需要设计店标 logo，使店铺在被搜索展示时突出店名和经营风格。考虑到图形 logo 和图文结合型 logo 比较复杂，而文字 logo 通常使用变形艺术字体，对于初学者有一定难度，所以选择“中文＋拼音”混合型店标。确定使用浅粉色背景搭配酒红色文字，营造和谐甜美的氛围。成品如图 2–1–7 所示。

图 2–1–7　logo 成品

### 二、操作步骤

步骤 1　新建文件

打开 Photoshop 软件，点击“文件”，选择“新建”“新建 RGB 文件”，设定分辨率为 100 px，尺寸为宽 100 px× 高 100 px。填充底色为浅粉色（RGB：254，188，216）。

步骤 2　输入文字“棉花糖”

输入文字“棉花糖”，字体设置如图 2–1–8 所示。

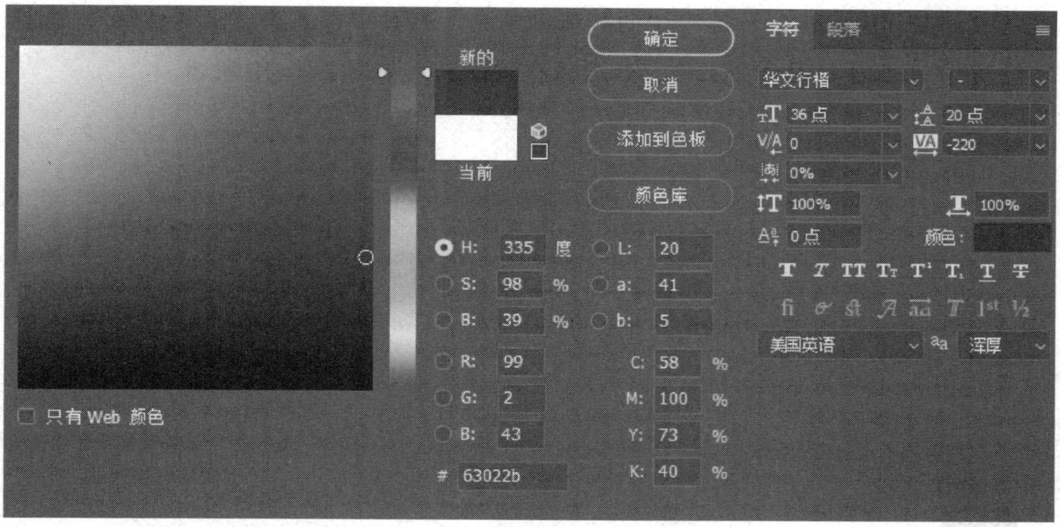

图 2–1–8 “棉花糖”字体设置

步骤 3 输入拼音“mianhuatang”

输入拼音“mianhuatang”，字体设置如图 2–1–9 所示。

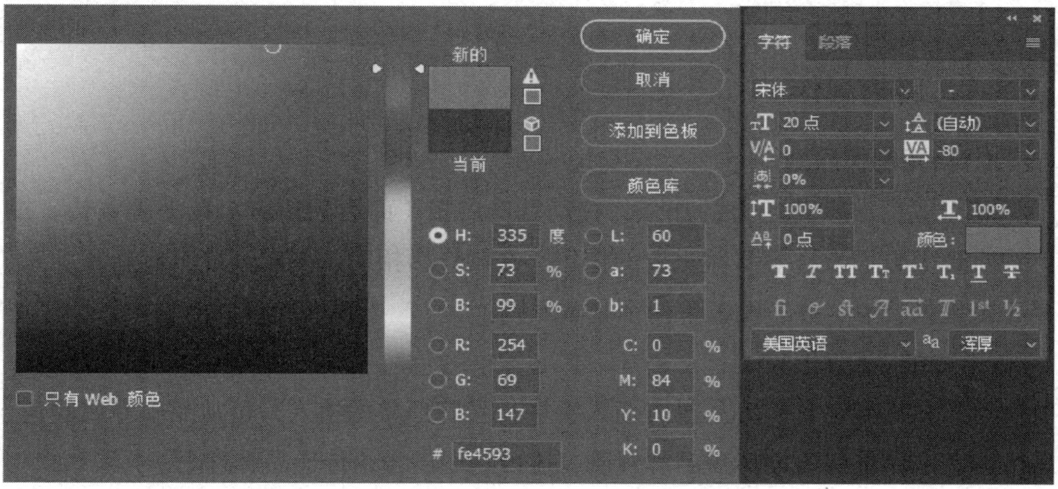

图 2–1–9 “mianhuatang”字体设置

步骤 4 制作完成并保存

将两行文字居中对齐，调整好位置，保存为 JPEG 格式。

步骤 5 在“淘宝店铺”选项卡中上传制作完成的 logo 文件

（1）打开淘宝网，进入“卖家中心”。在“店铺管理”下拉菜单中选择“店铺基本设置”。

（2）在“淘宝店铺”选项卡的“基础信息”栏目中，点击“上传图标”。选择已经制作好的 logo 图片并上传，然后保存该设置，如图 2–1–10 所示。

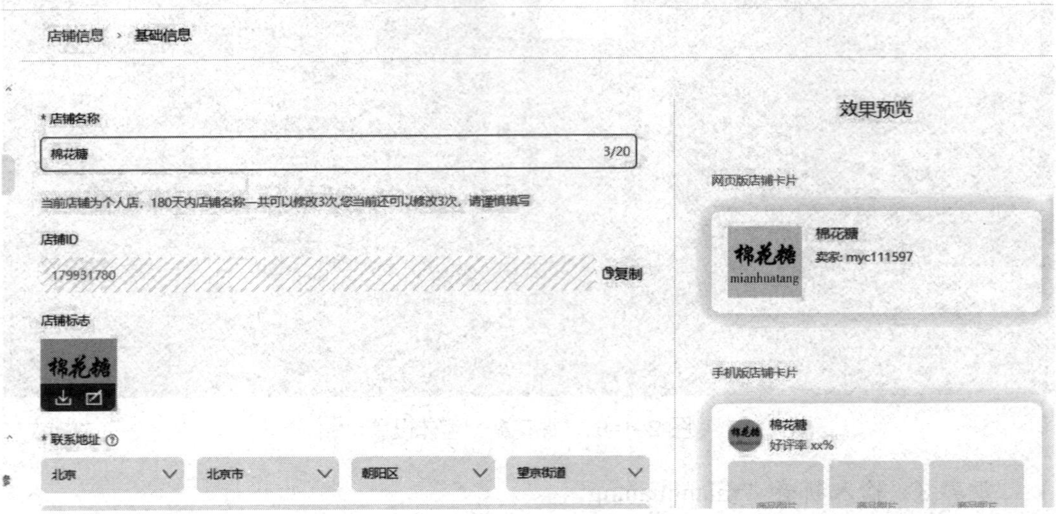


图 2–1–10　上传 logo 图片并保存

## 二、店招制作

### 1. 店招制作原则

随着电商移动化趋势的加强，移动端的店招（商店的招牌）在品牌宣传、提升视觉形象方面发挥着日益重要的作用。在制作店招时，要求其应具有新颖别致、易于传播的特点，并遵循以下两个基本原则。

（1）植入品牌形象

可以从店铺名称、logo 等方面入手进行品牌形象的植入，可从品牌专属颜色、logo 颜色和字体等方面体现品牌气质，还可利用广告语传递品牌理念。

（2）抓住产品定位

精准的产品定位可以让消费者准确地判断店铺商品是否适合自己，快速吸引目标消费者进入店铺。

### 2. 店招制作要求

不同平台对店招的尺寸要求有所不同，通常淘宝 PC 端和跨境端电商店铺默认店招尺寸为宽 950 px × 高 120 px。店招主要传递品牌信息、产品信息及优惠信息、营销推广信息。在制作时要注意简洁，突出重点。

**小贴士**

- 店招的视觉重点不宜过多，1～2 个即可；
- 店招配色尽量少于 3 种色彩，保持店招的简洁、明了；
- 适当、适度使用设计素材、造型以及流行色彩进行搭配；
- 店招设计要做到与众不同、标新立异。

## 操作技能 2

### “赏音阁”网店的店招制作

#### 一、操作情景

“赏音阁”是一家专营耳机的网店，现需要为这家网店制作店招。

#### 二、操作步骤

步骤 1　新建文件

打开 Photoshop 软件，点击“文件”，选择“新建”“新建 RGB 文件”，设定分辨率为 72 px，尺寸为宽 950 px × 高 120 px，背景颜色为白色。

步骤 2　绘制形状

点击“图层”面板，选择“新建图层”“添加选区”，然后按组合快捷键“Ctrl+T”变换选区，点击鼠标右键选择“描边”，绘制形状如图 2–1–11 所示。

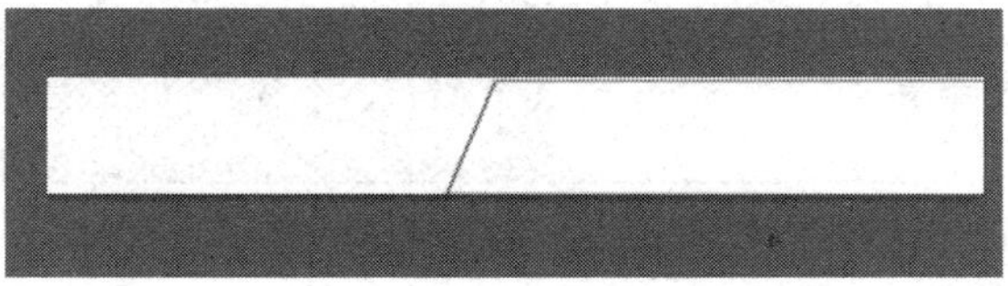

图 2–1–11　绘制形状效果

步骤 3　设置渐变

打开渐变编辑器，设置渐变，如图 2–1–12 所示。

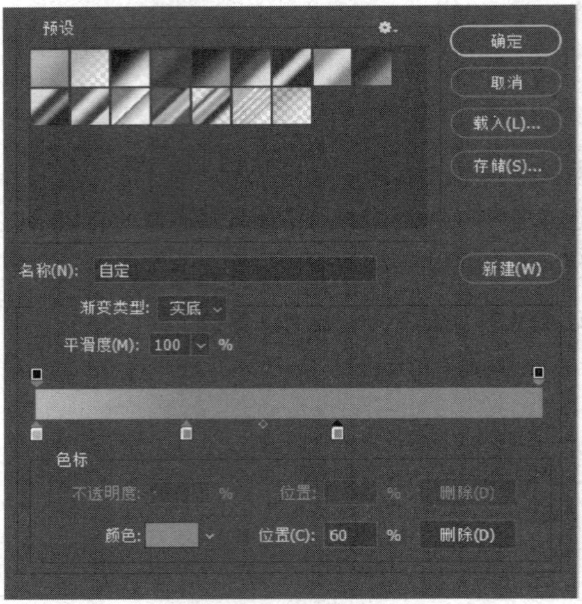


图 2–1–12　设置渐变

步骤 4　为形状填充渐变

点击工具栏中的“渐变”按钮，对所选区域进行渐变填充，如图 2–1–13 所示。

图 2–1–13　渐变填充效果

步骤 5　输入文字

点击工具栏中的“横排文字”按钮，输入文字“赏音阁”，字体“微软雅黑”，字体大小“40 点”，颜色“4ca1e2”；输入拼音“SHANGYINGE”，字体“宋体”，字体大小“24 点”，颜色“4ca1e2”，效果如图 2–1–14 所示。

图 2–1–14　输入文字效果 1

步骤 6　绘制直线

点击工具栏中的“形状”按钮，选择直线工具，绘制直线，如图 2–1–15 所示。

步骤 7 输入文字

点击工具栏中的“横排文字”按钮，输入文字“品牌耳机专卖店”，字体“微软雅黑”，颜色“黑色”，字体大小“30 点”，效果如图 2-1-16 所示。

图 2-1-15 绘制直线效果

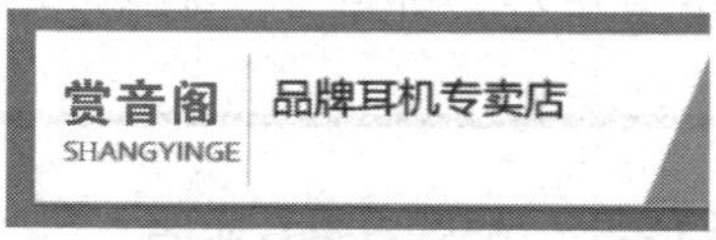


图 2-1-16 输入文字效果 2

步骤 8 添加素材

打开收集来的配套素材，将素材添加到如图 2-1-17 所示位置。

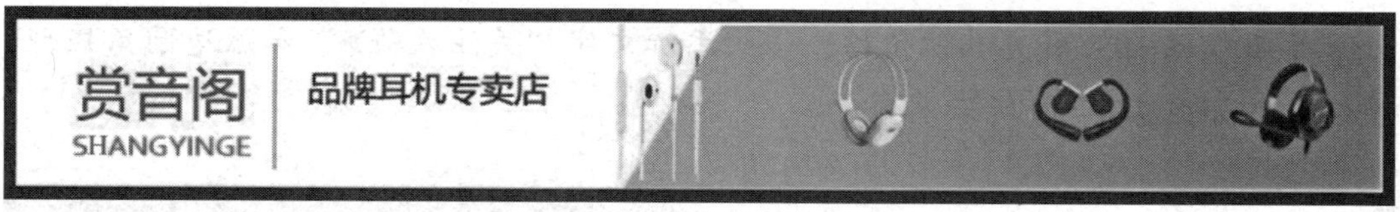


图 2-1-17 添加素材效果

步骤 9 添加投影

双击“素材”图层，打开“图层样式”编辑器，设置投影，如图 2-1-18 所示。

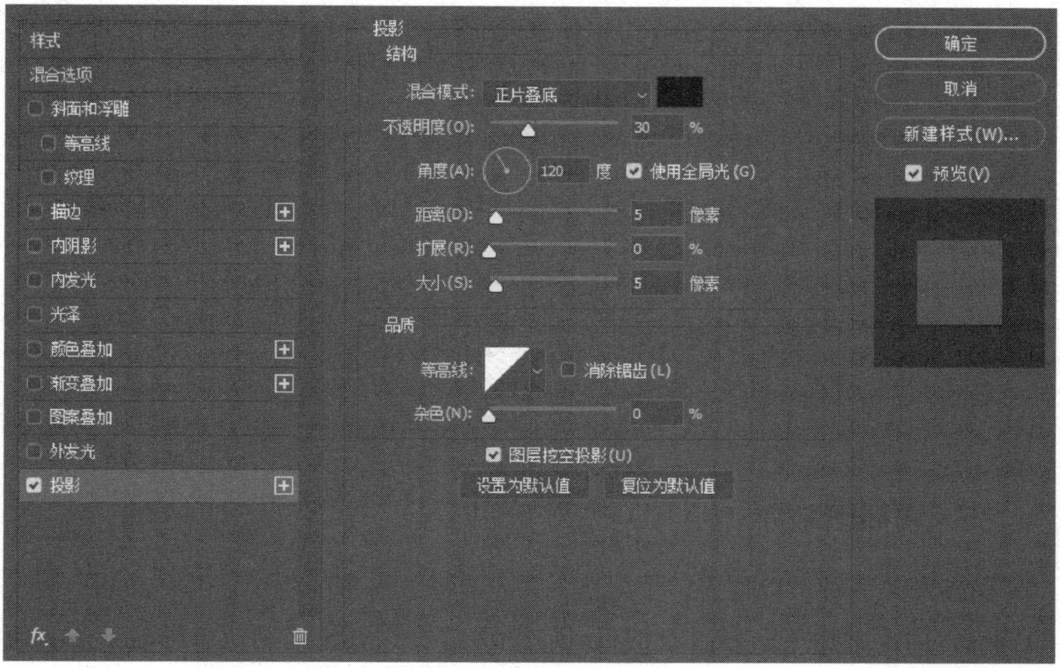


图 2-1-18 设置投影

步骤 10　输入文本并绘制矩形

（1）输入文字“¥99”，字体“微软雅黑”，颜色“红色”，字体大小“16 点”。

（2）输入文字“抢购”，字体“微软雅黑”，颜色“黑色”，字体大小“8 点”。

（3）绘制矩形，并置于“抢购”文字图层下方，如图 2-1-19 所示。

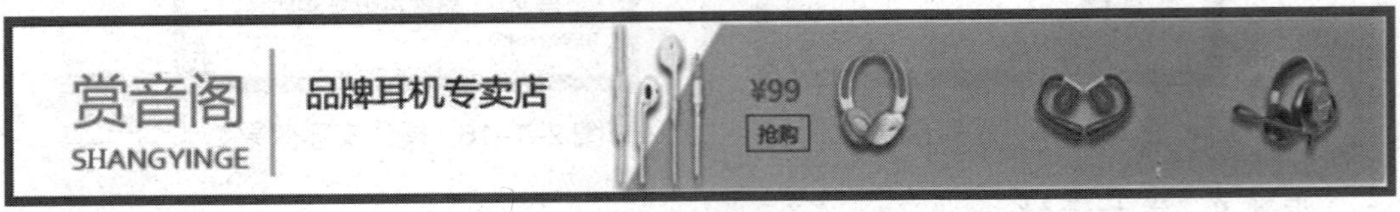


图 2-1-19　输入文本并绘制矩形

步骤 11　最终效果

参照步骤 10，补充其他价格，依次添加文字“关注收藏➤”和弧边圆角矩形，最终效果如图 2-1-20 所示。

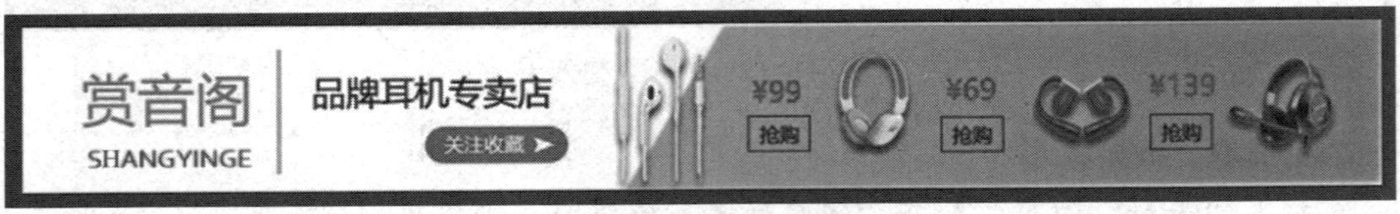


图 2-1-20　最终效果

步骤 12　保存成品

将制作成品保存为 JPEG 格式。

**小贴士**

淘宝首页手机端店招设置已取消，全局设置可以用多热区切图。目前手机端淘宝详情页店招可以装修，但仅限天猫的预约商家。

## 三、轮播图制作

轮播图是一种可以覆盖整个屏幕，并轮流播放海报的模块，具有高端、大气的特点，因此常用于店铺首页的设计。全屏首页焦点轮播图位于导航下方，所占面积较大。轮播图具有震撼的视觉效果，一般用于展示店铺的活动与促销信息。

**1. 轮播图的尺寸要求**

PC 端轮播图主要分为全屏轮播图和常规轮播图。全屏轮播图一般显示在店铺首页，占据整个屏幕或者页面的主要部分，具有视觉冲击力。全屏轮播图的尺寸与店铺的布局紧密相关，通常宽度为 1 920 px，高度在 400 px～800 px。常规轮播图通过自动循环播放的方式展示商品或促销信息。这些图片通常以横向排列，并且会在一定时间间隔内切换显示，以吸引顾客的注意。根据官方要求，常规轮播图宽度主要分为 190 px、750 px、950 px 三种，高度在 100 px～600 px，具体大小根据页面布局进行设计，以确保图片显示效果最佳。

**2. 轮播图制作要点**

在轮播图的制作过程中，要注重构图技巧、配色方式、文本排版等，做到目标明确、主题突出、风格统一、形式美观、布局合理。

制作轮播图时要注意相关内容对齐、聚拢；使用对比突出的原则，适当留白；把握画面的平衡性，保持画面的和谐统一。

## 操作技能 3

# 网店手机端轮播图制作

## 一、操作情景

现要求为某生活日用百货店铺制作移动端轮播海报，进一步将店铺的促销信息和新产品推荐给广大消费者。

## 二、操作步骤

步骤 1　新建文件

打开 Photoshop 软件，点击“文件”，选择“新建”“新建 RGB 文件”，设定分辨率为 72 px，尺寸为宽 1 200 px × 高 600 px，背景颜色为白色。

步骤 2　打开文档，添加素材

打开文字文档并添加素材，制作手机轮播海报，效果如图 2–1–21 所示。

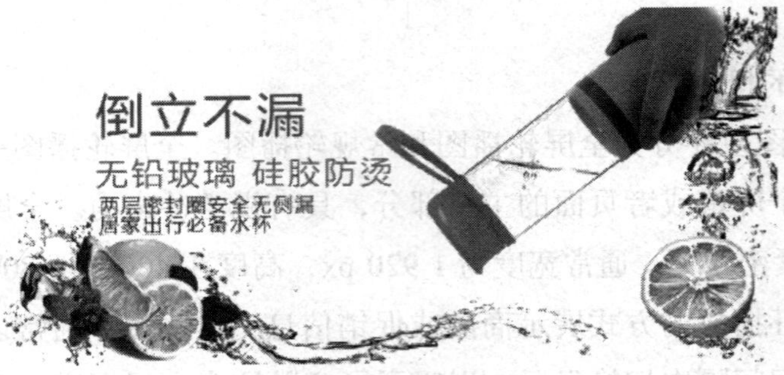


图 2-1-21　手机轮播海报效果图

步骤 3　依次再制作 3 张手机轮播海报

按照步骤 2，依次制作 3 张不同内容的手机轮播海报，并上传至淘宝店铺图片空间。

步骤 4　进入店铺装修页面

打开淘宝，进入“店铺管理”，点击“手机店铺装修”，打开店铺装修页面。

步骤 5　添加轮播图海报

在页面装修图文类模块里，选中“轮播图海报”，长按鼠标左键，将“轮播图海报”拖拽至装修页面，如图 2-1-22 所示。

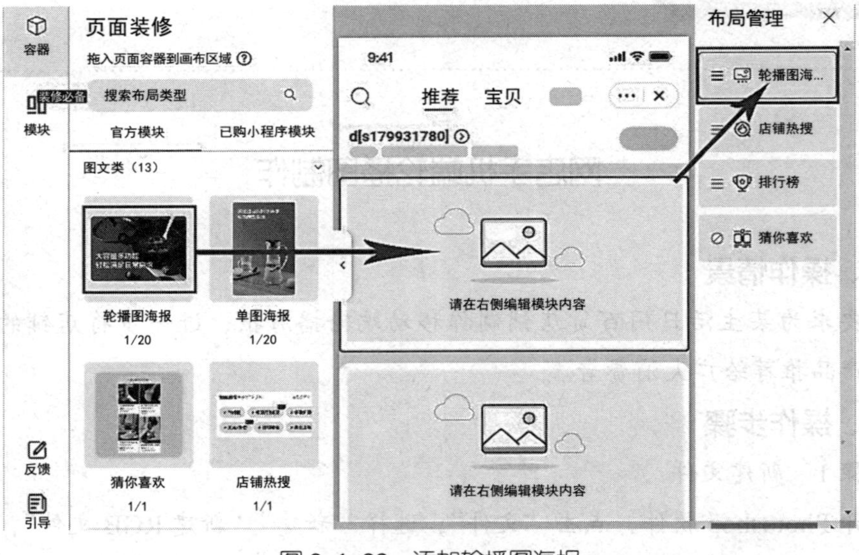


图 2-1-22　添加轮播图海报

步骤 6　上传轮播图海报

在右侧“轮播图海报”界面中（见图 2-1-23），依次添加淘宝店铺图片空间里的图片。

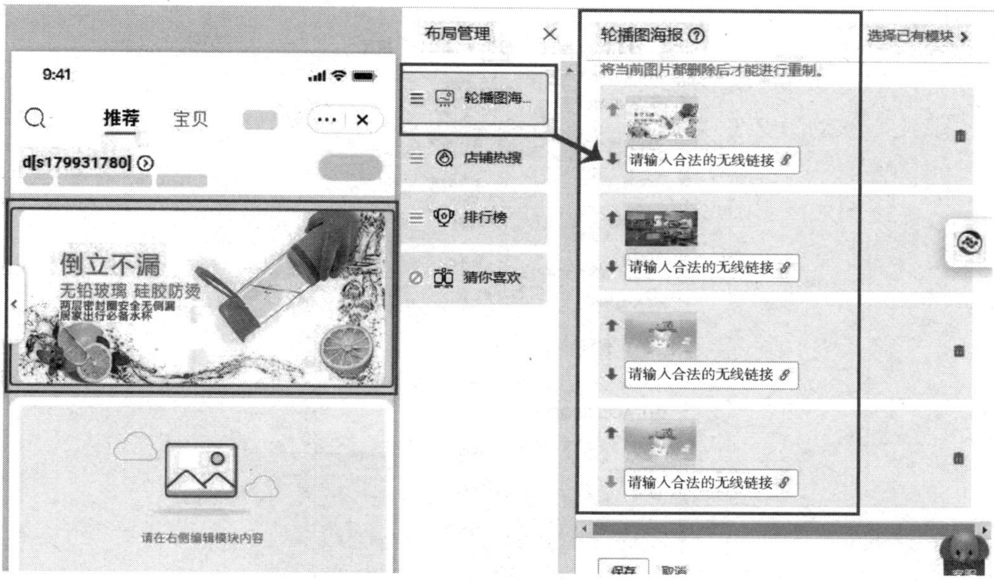


图 2-1-23 上传轮播图海报

步骤 7 保存设置

**小贴士**

当图片空间的海报图片宽大于 1 200 px、高大于 600 px 时，在上传淘宝手机端轮播图海报时，会对图片进行裁切。但海报图片不可以小于这个数值，否则图片呈现效果欠佳。

## 四、快速导航条制作

导航条位于店招下方，主要为了方便买家从一个页面跳转到另一个页面，查看店铺各类商品及信息。常规店招中的导航条内容只需要在店铺的分类管理中进行设置即可。

快速导航模块一般位于店铺页面的左侧或右侧，浏览页面时，快速导航模块不会随着滚动条移动，会始终显示在页面中，方便买家快速跳转到相应的位置。一个优秀的店铺快速导航模块，可以让顾客更方便地找到所需商品，减少寻找时间，提升购物体验，促进交易转化。快速导航模块如图 2-1-24 所示。

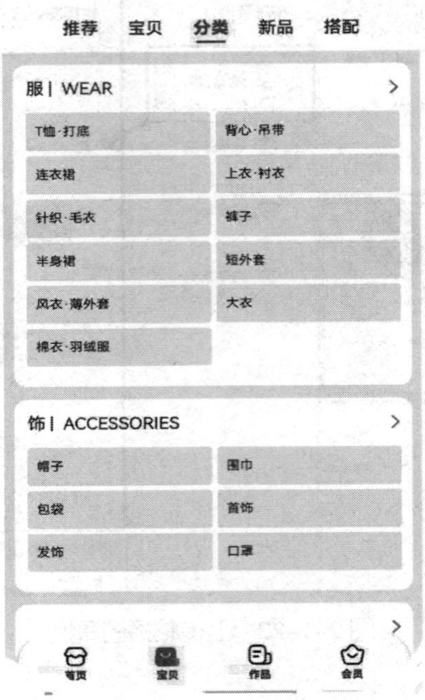


图 2–1–24　快速导航模块

## 操作技能 4

# 网店导航条制作

## 一、操作情景

某网店 logo 及店招都已制作完毕。为了方便顾客浏览网店和快速找到自己想要的商品，现需要设置好导航条。

## 二、操作步骤

步骤 1　进入“宝贝分类管理”页面

打开淘宝网页，依次点击“卖家中心”“店铺管理”“宝贝分类管理”。

步骤 2　添加手工分类

点击“添加手工分类”，根据店铺宝贝属性添加分类。点击“保存更改”保存设置，如图 2–1–25 所示。

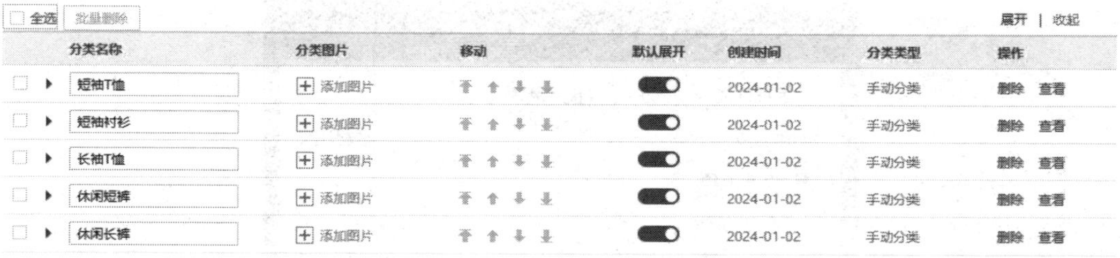


图 2–1–25　添加手工分类

步骤 3　进入“店铺装修”页面

依次点击“卖家中心”“店铺管理”“店铺装修”。

步骤 4　编辑导航条

（1）点击导航条左上方的“页面编辑”，然后点击导航条右上角的“编辑”按钮，编辑导航条，如图 2–1–26 所示。

图 2–1–26　编辑导航条

（2）打开“导航”对话框，如图 2–1–27 所示。点击“导航设置”选项卡中的“添加”按钮，打开“添加导航内容”对话框，如图 2–1–28 所示，在其中勾选需要添加到导航条中的产品分类。点击“确定”按钮，返回“导航”对话框，再点击“确定”按钮，返回“店铺装修”页面，即可查看添加分类的效果。

图 2–1–27　“导航”对话框

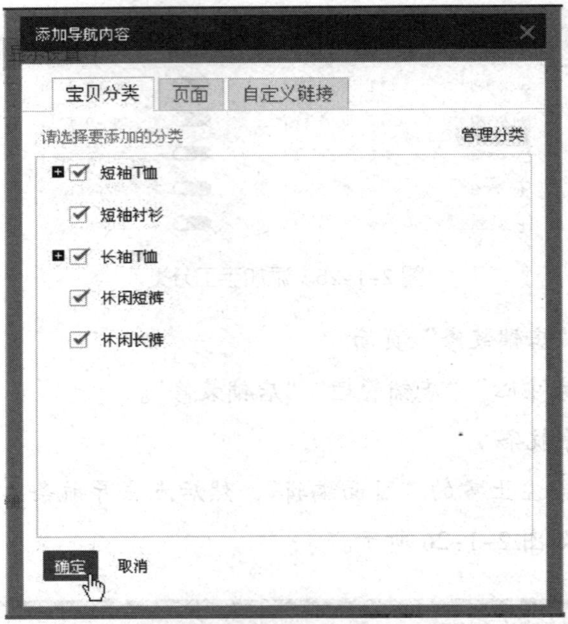


图 2-1-28 “添加导航内容”对话框

# 学习单元 3　网店推广图制作

## 一、主图设计

商品主图是指在电子商务平台上展示的商品的核心图片，通常位于搜索结果页面的显著位置，当买家搜索商品时，首先看到的就是商品主图。商品主图的作用是吸引买家的注意，提高商品的点击率。它应该具有高度的视觉吸引力，能够直观地展示商品的外观、颜色、款式等特征，在电子商务平台上，商品主图要求是正方形，以符合平台的视觉标准。商品主图一般为 5 张，除第一张主图外，详情页面中的主图可以展示商品的更多细节或角度（见图 2-1-29）。

商品主图的尺寸要求通常为 800 px × 800 px；图片格式为 JPG、JPEG、PNG，不支持 GIF 格式；图片大小最好不超过 5 MB；图片要保证清晰、高质量，以展示商品的细节和特色。

图 2–1–29　商品主图（查看细节）

1. **主图制作要点**

（1）背景

主图背景颜色常使用可以凸显商品的纯色背景，切记不要用过于繁杂的颜色搭配。一般分为纯色背景主图（见图 2–1–30）和场景图主图（见图 2–1–31）。

图 2–1–30　纯色背景主图

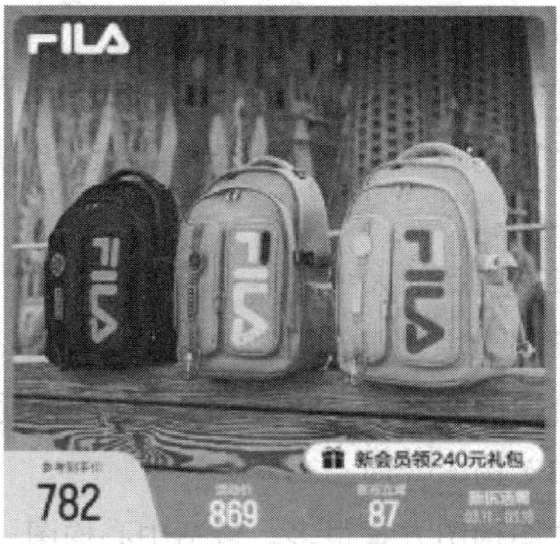


图 2–1–31　场景图主图

（2）商品

需要控制主图中商品的大小，商品太小不方便查看，商品太大又影响文案排版，一般商品高度应控制在背景高度的 2/3～4/5。

（3）文案

在编辑促销文案时，内容要尽量简单，字体风格要统一，避免出现文案排版混乱、喧宾夺主等情况。商品搭配文案的主图效果如图 2–1–32 所示。

图 2-1-32　精简主图

**2. 主图制作原则**

好的主图能够提高点击率，从而达到引流的目的。买家在浏览主图时速度一般较快，如何让主图在搜索页的众多主图中脱颖而出，是制作优质主图的关键。

（1）卖点清晰有创意

卖点清晰是指让买家即使目光一扫而过，也能快速了解商品的优势，以及与其他卖家的区别。一个主图的卖点不需要多，但要能够直击要害，以直接的方式打动买家。

（2）商品的大小适中

商品过大则显得臃肿；过小不利于表达细节，不利于突出商品的主体地位。大小合适的商品能提升买家浏览时的视觉舒适感，从而提升点击率。

（3）构图合理

主图构图方式很多，包括中心构图、三角构图、斜角构图、黄金比例构图等，但总体上要求符合从左到右、从上到下、先中间后两边的视觉流程，图文搭配比例要适当，颜色的搭配要和谐。应用文本时，要求文本的排列方式、行距、字体颜色、样式等要整齐统一，并通过改变字体大小或者颜色等方式来呈现信息主次。

（4）宜简不宜繁

由于顾客搜索主图时浏览的速度较快，因此传递的信息越简单、明确就越容易被接受。产品放置杂乱、产品数量多、文案信息多、背景太杂、水印夸张等，都会阻碍信息的传递。

（5）丰富细节

通过放大细节可以提高主图的点击率，也可以在主图上添加除标题文本外的补充文本，如商品名称、特点与特色、包邮、特价等卖家想要传递的内容，丰富主图细节。

（6）其他

品牌 logo 一般放在主图左上角，比例固定，宽度不宜超过图片宽度的 2/5，高度不宜超过图片高度的 1/5。主图图片不得拼接，不得出现多个主体，不宜设计边框。图片主体不得引用杂志图、其他品牌同类型商品图、影视片截图等。

根据职业模块 1 中的内容，优质的网店图片可以通过委托专业图片拍摄制作公司来完成。但作为一名电子商务师，也需掌握简单的图片处理方法。

## 操作技能 1

### 网店商品主图制作

#### 一、操作情景

现需为茶花随手杯制作主图，要求：构图简单、清晰，能有效进行品牌宣传；可以有一定的场景表现；能勾起买家的点击欲。

#### 二、操作步骤

步骤 1　整理素材，选取主图

在现有的茶花随手杯图片中选取搜索页主图。经过对比，选取图 2–1–33 所示的第一张为搜索页主图。

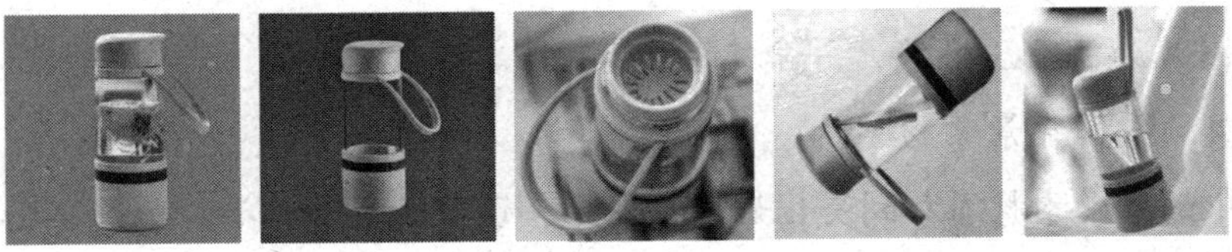

图 2–1–33　茶花随手杯图片素材

步骤 2　美化主图

（1）打开主图图片，调整色阶中的白场，如图 2–1–34 所示。

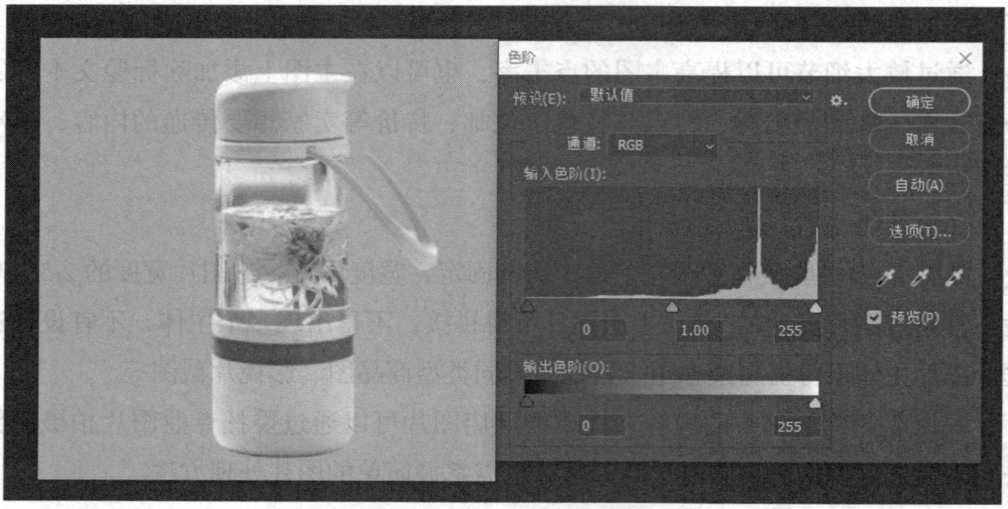


图 2–1–34　调整色阶

（2）调整图片的色相 / 饱和度，如图 2–1–35 所示。

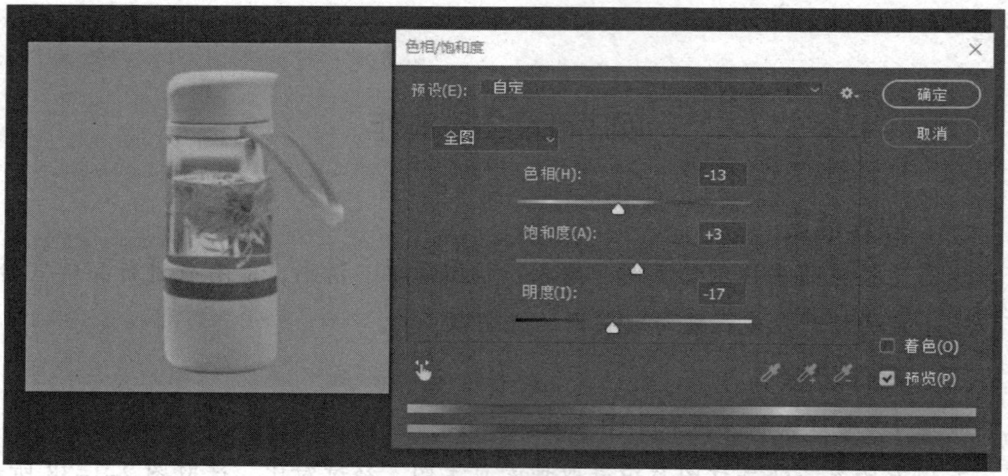


图 2–1–35　调整色相 / 饱和度

步骤 3　保存图片

保存图片为 JPEG 格式，并命名为“主图”。

步骤 4　添加背景素材

将选中的背景素材添加到美化好的主图中，调整位置和大小，如图 2–1–36 所示。

步骤 5　文字排版配色

输入文案，调整字体大小、颜色和位置等，注意将商品特点和价格突出，效果如图 2–1–37 所示。

图 2–1–36　添加背景素材

图 2–1–37　主图效果

## 二、直通车图片设计

直通车是淘宝卖家提升店铺流量常用的营销工具之一，一般出现在搜索页面的右侧和页面底部，消费者点击直通车图片即可进入卖家的店铺，为店铺带来更多的流量。直通车的付费模式是按点击量付费。在淘宝网页搜索商品属性词，点击“搜索”按钮进入搜索结果页面，页面右侧提供了十余个“掌柜热卖”推广位置，如图 2–1–38 所示。

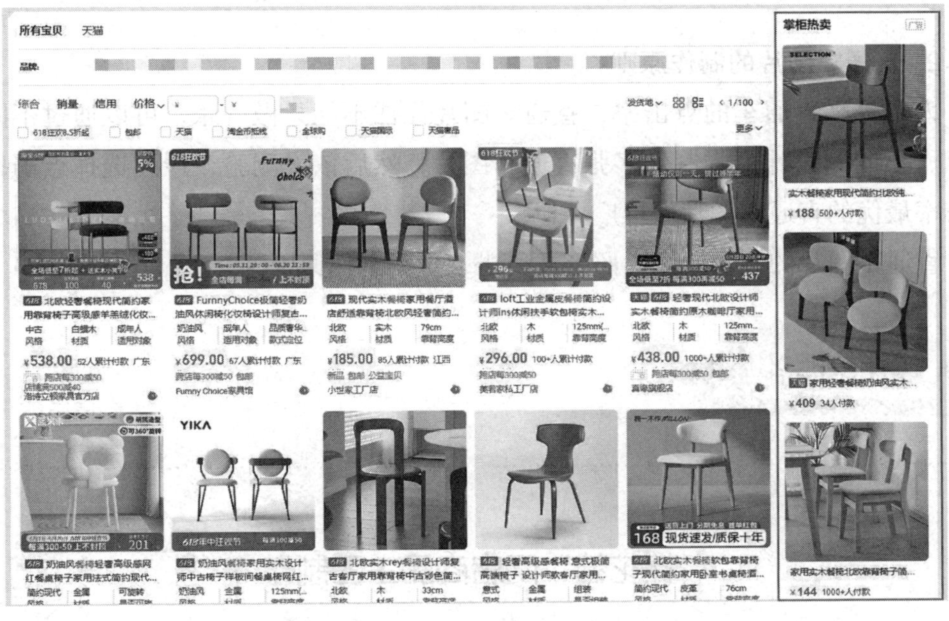


图 2–1–38　直通车推广图（掌柜热卖）

### 1. 直通车图片的类型

（1）单品推广图片

单品推广通过“掌柜热卖”栏目实现，其配套图片设计规格为商品主图的规格，一般直接从商品主图中选择，侧重于单个商品的信息传递或是销售诉求，以销售转化为最终目的。

（2）店铺推广图片

店铺推广通过“店家精选”栏目实现，是淘宝、天猫直通车的一种通用推广方式。店铺推广更侧重于品牌传递，通过集中引流再分流的方式，实现流量的价值最大化。所以，店铺推广图一般会以主题促销、活动或类目专场等方式呈现。店铺推广配套图片的尺寸为 210 px × 315 px，大小限制在 100 KB 以内，一般需要卖家自己设计（后台卖家中心）。

**小贴士**

目前，店铺申请加入淘宝直通车需要满足信用等级高于两颗心、店铺动态评分各项大于 4.4 分。若所经营类目需要加入“消费者保障服务”，则需要先加入消费者保障服务并缴纳保证金。

**2. 直通车图片的制作原则**

为了提高直通车的点击率，直通车图片往往不能只做一张，可以通过不同的卖点、不同的设计形式制作多张直通车图片，然后依次测验，最终选择点击率与转换率最优的直通车图片做推广。

直通车图片的制作原则参照上文所讲“主图制作原则”。

## 操作技能 2

## “棉花糖”网店商品主图制作

### 一、操作情景

某网店经营女装和女包，店名为“棉花糖”。现计划为某款女士手提包制作直通车推广图，以帮助店铺引入更多流量。

## 二、操作步骤

步骤 1　创建矩形，填充红色

在 Photoshop 软件中打开照片素材，新建图层，按下组合快捷键“Ctrl+A”全选图片选区，点击工具栏中的“编辑”，选择“描边”。取消选区后，新建一个矩形选区，填充红色（RGB：202,2,2），效果如图 2–1–39 所示。

图 2–1–39　创建矩形，填充红色

步骤 2　创建形状，填充红色，设置图层

使用椭圆选框工具，设置“添加到选区”，并填充为红色（RGB：255,0,0）。设置图层样式，效果如图 2–1–40 所示。

步骤 3　编辑文字

编辑文字“新春特惠”“¥299”“过年不打烊 真皮顺丰包邮”和店标文字，保存为 JPEG 格式。直通车推广图效果如图 2–1–41 所示。

图 2–1–40　图层样式效果

图 2–1–41　直通车推广图效果

# 学习单元 4　网店视频制作

## 一、网店视频的类型

网店中视频位置不同，其应用范围也不同。常见的网店视频包括主图视频和详情页视频，这两种视频对应的时长和大小等有所不同。

### 1. 主图视频

主图视频就是消费者打开商品详情页后，最先出现在主图位置的视频。一个好的主图视频对商品转化率的作用不容小觑，在新的淘宝风向标的指标中，转化能力指的就是主图视频的转化能力。主图视频对于消费者购物习惯的影响远超文字和图片描述。主图视频应能同时支持 PC 端和移动端播放。

### 2. 详情页视频

详情页视频主要应用在商品描述部分，常用于对商品的使用方法或是使用效果进行展示。详情页视频的时长不宜超过 10 分钟，一般建议控制在 1 分钟内。

## 二、网店视频的制作规范

（1）时长：建议时长为 10～60 秒。

（2）格式：MP4 格式（.mp4）。

（3）比例：推荐宽高比为 16∶9、1∶1 或 4∶3。

（4）尺寸：建议尺寸为 750 px × 1 000 px 及以上。

（5）大小：20 MB 以上，200 MB 以下。

（6）其他：为视频添加合适的音频和转场；视频可从正面、侧面、背面展示商品，通过特写突出商品卖点。

（7）注意事项：不能出现《中华人民共和国广告法》中禁止使用的词语；不能出现任何的联系方式、人名，可识别的编号或二维码；不能恶意贬低同类型的其他品牌商品；少用字幕且不使用夸张的动态特效；若需要展示专利，则要提供专利号或文件截图。

根据职业模块 1 中的内容，优质的网店视频可以通过委托专业视频拍摄制作公司来完成。但作为一名电子商务师，也需掌握简单的视频处理方法。

## 操作技能

### 主图视频后期处理

#### 一、操作情景

某网店拍摄完主图视频后，组织团队讨论视频的优化问题。现需要对视频进行后期处理，并为视频添加音频。

#### 二、操作步骤

步骤 1　设置项目

（1）启动会声会影，选择“设置”“项目属性”命令，或按“Alt+Enter”组合快捷键。

（2）在打开的“项目属性”对话框中的“项目格式”下拉列表中选择合适的视频格式，然后点击“编辑”按钮。

（3）在打开的“编辑配置文件选项”对话框（见图 2-1-42）中点击“AVI”选项卡，在“Compression”下拉列表中选择“None”选项。

图 2-1-42　“编辑配置文件选项”对话框

（4）点击“编辑配置文件选项”对话框中的“常规”选项卡，选中“自定义”复选框，设置视频的宽度为“1920”，高度为“1080”。

（5）设置完成后依次点击“确定”按钮。此时将出现“修改项目设置可能会清空视频和音频”的提醒，继续点击“确定”按钮。

步骤 2　分割剪辑视频

（1）在时间轴上选择图片素材并拖动，可更改图片的播放顺序。

（2）在时间轴上选择视频素材，在预览窗口中点击“播放”按钮，预览视频，到需要剪辑的位置后暂停，点击“根据滑轨位置分割素材”按钮。此时，即可将时间轴上的视频分割成两段。

（3）选中分割出来的视频，按“Delete”键可将其删除，也可继续对其进行分割操作。

步骤 3　添加音频

（1）选中每一段视频素材，分别点击鼠标右键，在弹出的快捷菜单中选择“静音”命令，将视频中原有的音频删除。

（2）将音频素材文件拖动到时间轴的音乐轨上（见图 2–1–43），在预览窗口中点击“播放”按钮，试听音频，到需要剪辑的位置后暂停。可点击“根据滑轨位置分割素材”按钮，分割音频。

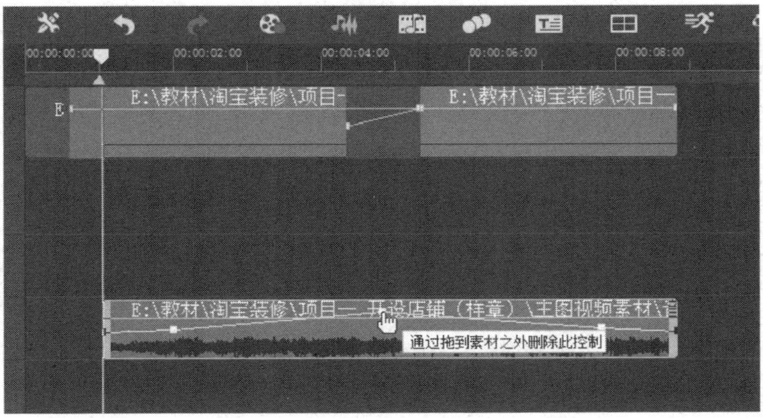


图 2–1–43　添加音频

（3）选择视频最右侧位置，在音乐轨上分割音频，删除后面剩余的音频。

（4）在“选项”面板中点击“淡入”按钮和“淡出”按钮。点击时间轴上的“混音器”按钮，在混音器界面调整音频的淡入点和淡出点，调整完后点击“混音器”退出混音器界面，此时将完成音频的添加。

步骤 4　输出视频

（1）在软件界面点击“共享”选项卡，进入“共享”界面。

（2）点击“WMV”按钮，选择需要的视频格式。设置文件的名称和保存位置，勾选“启用智能渲染”并点击“开始”按钮，如图 2–1–44 所示。

（3）系统将自动开始渲染文件，并显示渲染进度。渲染结束后，即完成了视频的输出，可在文件的保存位置打开视频查看视频输出效果。

图 2–1–44　输出视频

# 培训课程 2 用户页面装修

## 学习单元 1 网店首页装修

商家在电商平台开店以后，就需要对店铺进行装修，通过首页，消费者能了解到店铺的促销活动、主推商品、视觉风格等。对于消费者来说，店铺首页的第一印象非常重要，因为消费者进入店铺以后，首先看到的就是首页，如果首页装修得很好，消费者可能更有意向浏览商品。所以，首页要有吸引力，产品要有主次，信息要有条理，方便阅读，直观易懂。手机端的首页适合纵向构图，倾向于简洁、直观。PC 端的首页适合传统的横向构图，讲究视觉的冲击力。

### 一、首页装修原则与发布方法

#### 1. 首页装修原则

（1）统一店铺风格

在设计首页时要了解产品在市场上的消费人群，进行市场定位。根据人群消费特点和产品内容确定店铺的色调，建立店铺首页风格。

（2）首屏海报

首屏海报是一个店铺的视觉核心，体现着店铺整体的色调。尤其是大屏海报，能够铺满全屏，视觉冲击效果也更强烈。通过首屏海报体现最重要的信息，展开店铺活动，充分吸引消费者的视线。第二屏、第三屏的海报也要与首屏海报和谐搭配，体现店铺品牌风格。

（3）分类导航

导航条的装饰不能太杂乱，要简洁清爽，将模块明确分类，做到有效分流。

导航条的字体类型和颜色也要和店铺风格统一。

（4）主推产品

在首页黄金区域充分展现主推产品，结合产品特点深层打造卖点，激发消费者对产品的兴趣和购买欲，打造店铺爆款。

**2. 首页发布方法**

## 操作技能

## 家具网店首页装修

### 一、操作情景

王先生打算在淘宝平台开设一家售卖家具的网店。现需要对网店首页进行装修与发布。请为王先生的网店 PC 端和手机端进行首页装修与发布。

### 二、操作步骤

**PC 端网店首页装修与发布**

步骤 1　进入“千牛卖家中心”

使用卖家账号登录淘宝后，点击首页右上角的“千牛卖家中心”，如图 2–2–1 所示。

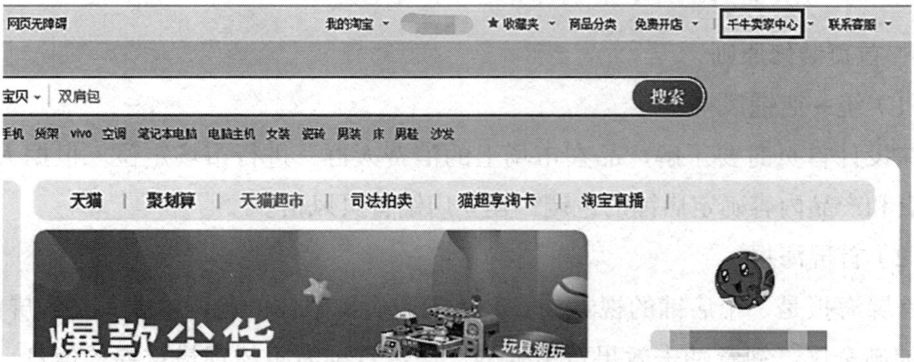


图 2–2–1　点击“千牛卖家中心”

步骤 2　进入装修页面

（1）进入千牛卖家中心后，在左侧列表中点击“店铺”，展开“店铺装修”下拉按钮，再点击“PC 店铺装修”，如图 2–2–2 所示。

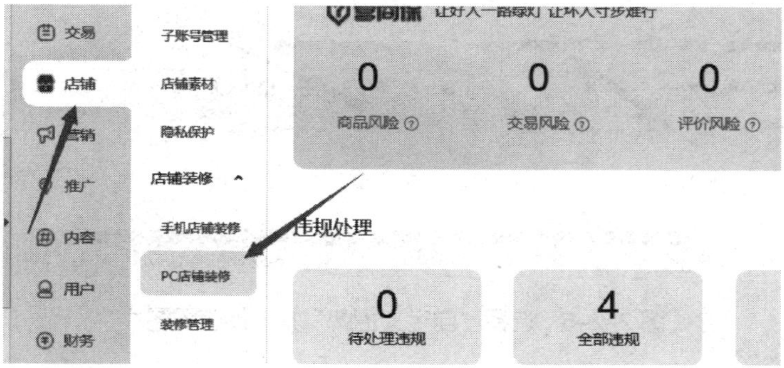


图 2-2-2　点击“PC 店铺装修”

（2）在打开的对话框中，点击“装修页面”，如图 2-2-3 所示，进入装修页面。

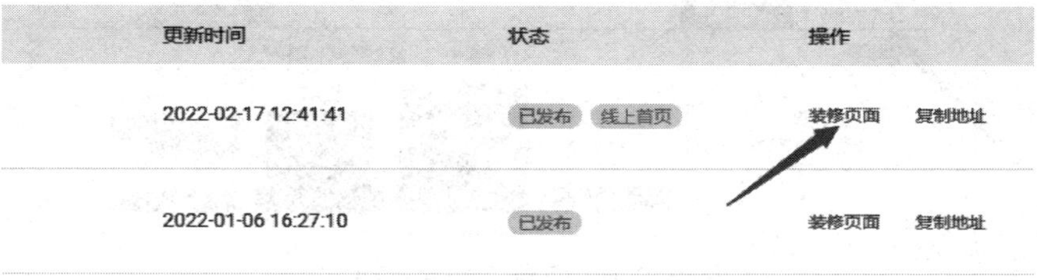


图 2-2-3　点击“装修页面”

步骤 3　上传店招

（1）进入装修页面后，首先插入店铺的店招图片。把鼠标放在店招位置的右上方，点击“编辑”按钮，如图 2-2-4 所示。

图 2-2-4　点击“编辑”按钮

（2）设置“招牌类型”，可以选择默认招牌（即系统根据店铺名称默认的店招），也可以选择自定义招牌。选择“自定义招牌”后，点击上传图片按钮，如图 2-2-5 所示。

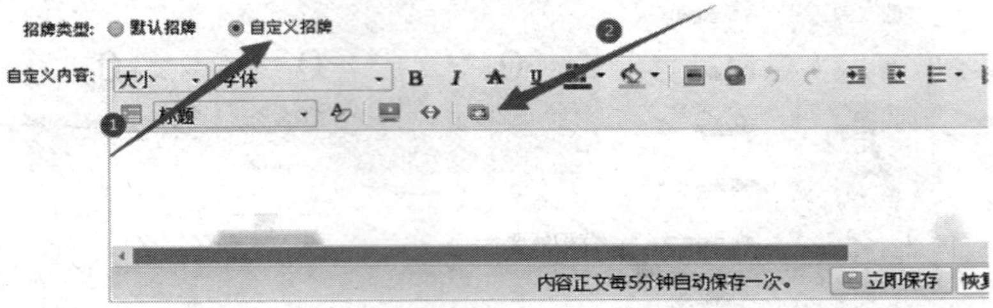


图 2–2–5　选择“自定义招牌”并上传店招图片

（3）点击“上传新图片”，如图 2–2–6 所示。然后点击“上传”按钮，如图 2–2–7 所示。将店招图片拖放到弹出的对话框中完成上传，也可点击“上传”按钮，选择店招图片后完成上传，如图 2–2–8 所示。

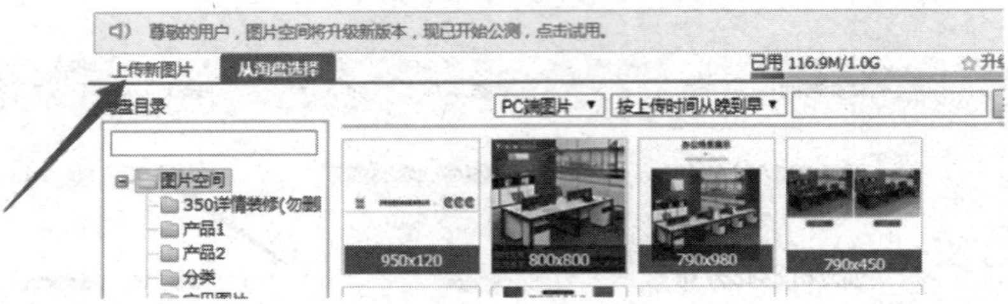


图 2–2–6　点击“上传新图片”

图 2–2–7　点击“上传”

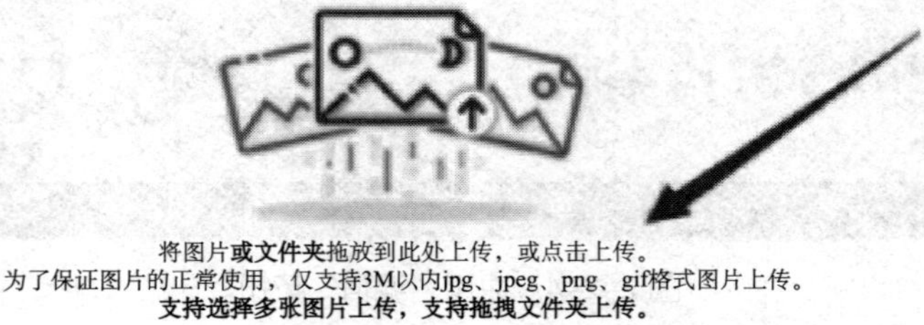


图 2–2–8　完成“上传”

（4）回到装修页面，点击“从淘盘选择”。选择之前上传的店招，如图 2–2–9 所示，然后点击“插入”按钮，并保存。

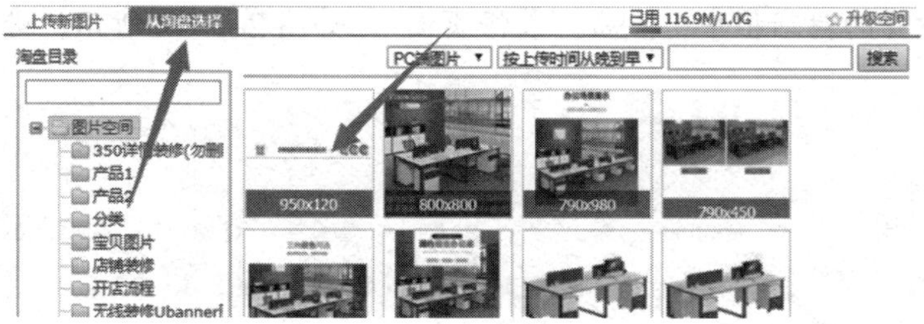


图 2-2-9 选择店招图片

步骤 4 完成店铺首页其他设置

重复上面的步骤，依次设置店铺首页的轮播海报图、商品主图等，并设置导航条样式。

步骤 5 发布

以上设置完成后，点击装修页面右上角的“发布站点”，如图 2-2-10 所示。然后点击下拉菜单中的“立即发布”或“定时发布”，至此，就完成了首页的装修与发布。

图 2-2-10 点击“发布站点”

## 手机端网店首页装修与发布

步骤 1 进入装修页面

（1）进入千牛卖家中心后，在左侧列表中点击“店铺”，展开“店铺装修”下拉按钮，再点击“手机店铺装修”，如图 2-2-11 所示。

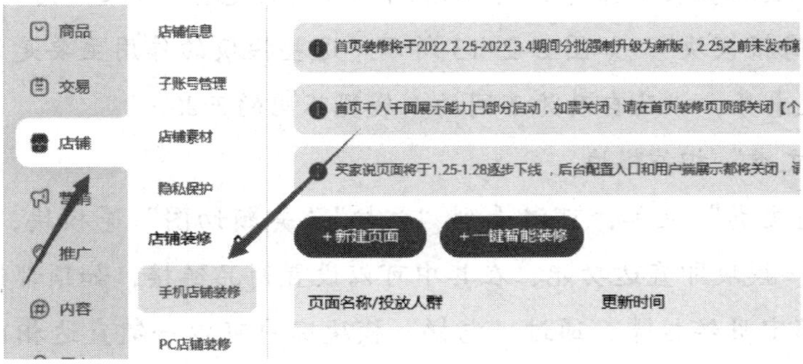


图 2-2-11 点击“手机店铺装修”

（2）在打开的对话框中，点击“装修页面”，如图 2-2-12 所示，进入装修页面。

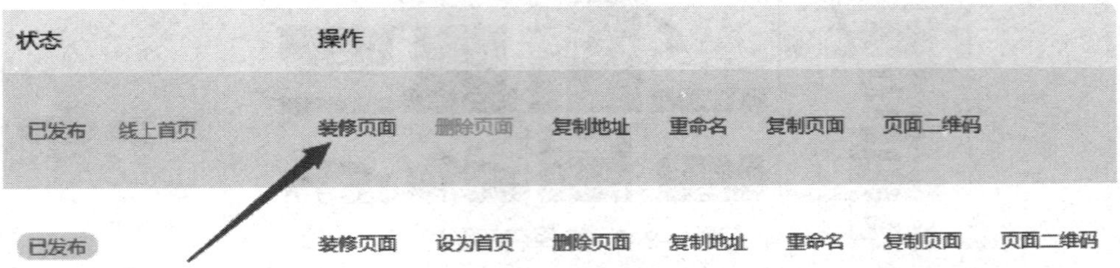


图 2-2-12　点击“装修页面”

步骤 2　编辑模块

进入装修页面后，在左侧会显示很多模块。所有模块都可以按住鼠标左键，将其拖动到右边店铺首页的适当位置。将模块拖动到首页后，可分别编辑每一个模块。

（1）“智能双列”模块和“智能单列宝贝”模块

“智能双列”模块和“智能单列宝贝”模块都是在淘宝网站上进行商品展示的一种布局方式。“智能双列”模块将商品以两列的形式进行展示，提供更多的商品选择和信息展示空间。“智能单列宝贝”模块通常将多个商品以一列的形式依次展示出来，方便用户快速浏览和选择商品。

（2）“猜你喜欢”模块

“猜你喜欢”模块是根据淘宝“千人千面”排名机制演变而来的，会根据客户最近浏览或搜索的宝贝，推断出客户最近想购买的产品类型，然后为客户推荐其可能想要购买的产品。

（3）“宝贝排行榜”模块

“宝贝排行榜”模块可以将宝贝按照不同属性依次排列，方便客户查看。

（4）“智能人群类”相关模块

展开“智能人群类”菜单，可以看到“人群优惠券”“人群商品榜单”“人群货架”“人群海报模块”，如图 2-2-13 所示。这些模块的作用主要是针对不同人群显示不同的优惠券，以及自动为不同的人展现不同的产品。

（5）“图文类”相关模块

展开“图文类”菜单，可以看到“电梯”“美颜切图”等模块，如图 2-2-14 所示。“电梯”模块即直达功能，在其中可以设置商品链接，如顶部链接、宝贝分类链接、热销宝贝链接等，通过“电梯”模块客户可以一键直达相应页面，方便客户快速浏览产品。

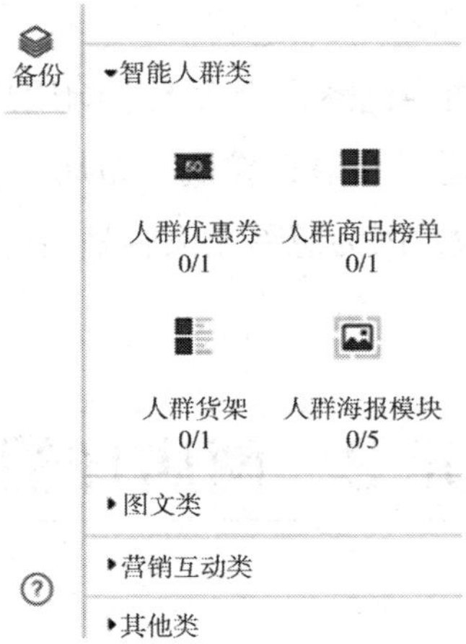


图 2-2-13 “智能人群类”相关模块

图 2-2-14 “图文类”相关模块

## 二、首页装修与发布注意事项

### 1. 产品分类要合理

产品分类太粗或太细都不行，会直接影响店铺的流量和转化率。建议在设置产品分类时尽量简洁，避免过于细分标签，让人一目了然即可。

### 2. 图片大小、数量设置合理

图片不宜过大，数量也不宜过多。因为图片越大，打开需要的时间就越长，加载首页需要耗费的流量也越多，而图片数量过多会导致页面杂乱无章。

**3. 首页色系应统一**

首页整体风格如果不是同一色系，会大大影响用户的感官体验。网店首页的装修风格一定要让用户感到舒适、和谐，导航、布局、背景和主题颜色等都要匹配，不建议尝试撞色、跳色的排版，因为色差太大容易显得廉价，拉低店铺的整体形象。

# 学习单元 2　网店详情页装修

详情页是指卖家所出售商品的详细介绍页面。详情页把产品卖点展示给买家，让买家相信商家所售产品正是其需要的好产品。详情页要抓住买家的心理，让买家更加理性购买，以减少退款率。详情页的作用通常是详细介绍产品信息、给出购买理由、提升信任感、提供售后保障。

## 一、详情页装修与发布方法

当产品详情页风格、框架、布局、配色以及字体初步设计完成后，可利用 Photoshop（或其他图像编辑软件）进行详情页的制作。制作完成后将详情页上传至店铺相应页面并发布。

**操作技能**

### 女装网店详情页装修

## 一、操作情景

王先生开了一家服装类淘宝网店。他决定结合开学季，针对某款女生休闲装做推广活动，为该款女装制作详情页。请帮助王先生为该款女装制作详情页。

## 二、操作步骤

步骤 1　详情页初步设计

初步确定详情页风格，包括框架、布局、配色以及字体等的初步设计。

步骤 2　制作主题海报

（1）在 Photoshop 软件中，依次点击“文件”“新建”，或按组合快捷键“Ctrl+N”，新建对话框和画布，设置参数。

（2）使用“矩形工具”绘制一个矩形，将其填充为白色（RGB：255,255, 255），调整大小和位置，为图层创建剪贴蒙版，并将不透明度调整至 35%，如图 2–2–15 所示。

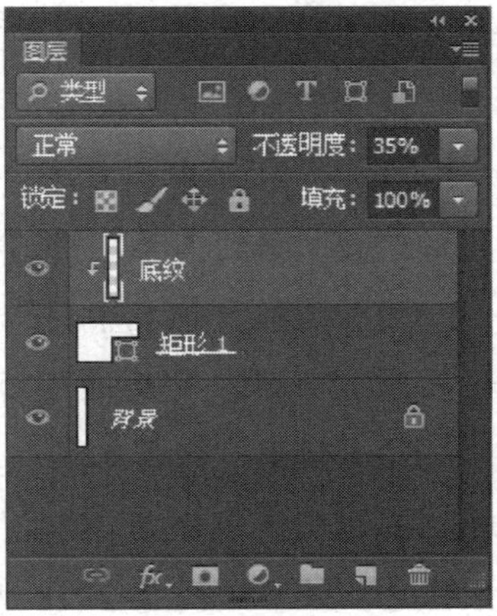

图 2–2–15　矩形调整

（3）置入“人像素材 1”和“背景素材”，依次点击“编辑”“变换”“缩放”“水平翻转”，调整素材至合适位置。

（4）点击工具栏中的“文字”，添加文字“开学季”，字体设置为“华文行楷”，字体大小“60 点”，文字变形选择“鱼形”，效果如图 2–2–16 所示。

图 2–2–16　添加“人像素材 1”和文字

（5）使用“矩形工具”绘制红色（RGB：155,24,23），调整大小和方向，并输入白色文字，在适当位置输入黑色文字，如图 2–2–17 所示。

图 2–2–17　主题海报效果图

（6）制作完成后，将相关图层利用组合快捷键“Ctrl+G”合并成组，并将组命名为“海报大图”。

步骤 3　制作卖点模块

（1）依次点击“文件”“打开”，打开“人像素材 2”和“棉花素材”。点击工具栏中的“移动工具”将“棉花素材”拖拽至“人像素材 2”中。

（2）选择“棉花素材”图层，点击工具栏中的“椭圆选框”工具，将羽化值设置为 15，点击“反选”，删除多余部分。

（3）使用“矩形工具”绘制一个白色矩形，调整至“棉花素材”图层的上方，并把不透明度调整为 30%，输入文字“柔软 透气 舒适”。在其他合适位置输入文案信息，效果如图 2-2-18 所示。

图 2-2-18　卖点模块效果图

步骤 4　制作商品信息模块

（1）依次点击“文件”“打开”，打开素材“人像素材 3”，调整至合适大小和位置。新建文字图层，使用“横排文字工具”输入标题“商品信息”，效果如图 2-2-19 所示。

（2）在右侧区域使用“横排文字工具”和“矩形工具”输入相关商品参数，添加素材“洗涤说明图标”。在尺码参考表下输入温馨提示内容，最终效果如图 2-2-20 所示。

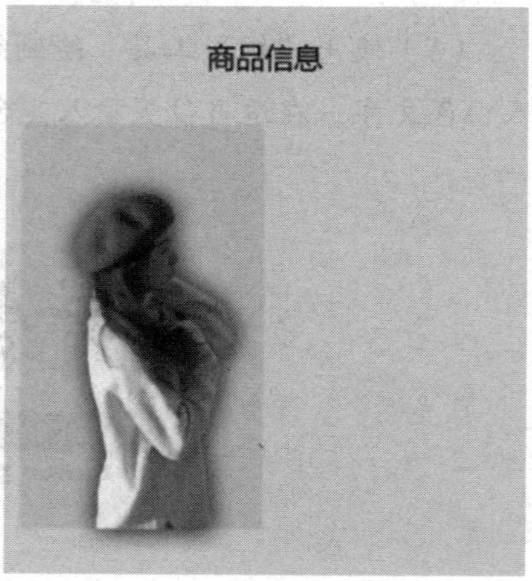


图 2-2-19　制作商品信息模块

**商品信息**

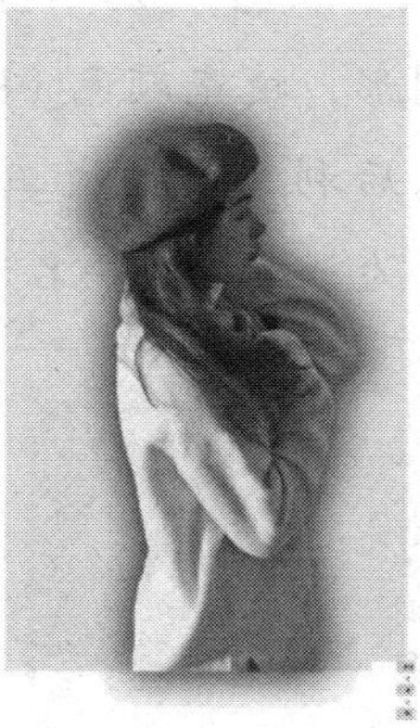

商品编号：81780029
商品成分：棉
商品颜色：米白

弹性：无弹　微弹　高弹

版型：修身　常规　直筒　宽松

衣长：短　常规　长　中长　不对称

厚薄：薄　常规　厚　加厚

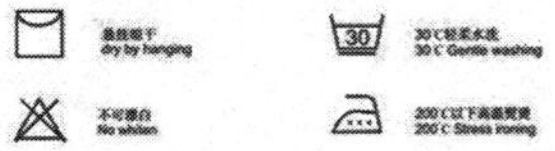


尺码参考

| 尺寸 | 衣长 | 下摆围 | 肩宽 | 胸围 | 袖长 | 袖口 |
|---|---|---|---|---|---|---|
| S | 55.5 | 92 | 17.7 | 102 | 47 | 21 |
| M | 57 | 96 | 18.5 | 106 | 48 | 22 |
| L | 58.5 | 100 | 19.3 | 110 | 49 | 23 |
| XL | 60 | 104 | 20.1 | 114 | 50 | 24 |

温馨提示：由于尺码是纯手工测量可能存在1～3 cm的误差，以具体实物为准。

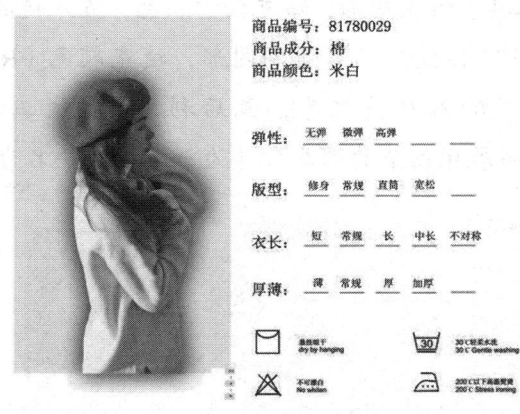

图 2-2-20　商品信息模块效果图

步骤 5　制作模特展示模块

使用“矩形工具”绘制矩形，填充任意颜色，之后置入“人像素材 4”，对矩形创建剪贴蒙版，调整大小和位置，输入文字“模特展示”，效果如图 2-2-21 所示。其余模特展示用同样方法处理。

模特展示

图 2-2-21　模特展示模块效果图

步骤 6　制作细节展示模块

（1）使用“矩形工具”绘制矩形，填充任意颜色，置入商品细节图素材，并创建剪贴蒙版，之后使用“椭圆工具”绘制圆形，填充颜色（RGB：173,166,173），利用“横排文字工具”输入相关文字，最后利用“直线工具”进行点缀，如图 2–2–22 所示，最后将展示细节的图层合并为一个组后命名为“细节 1”。

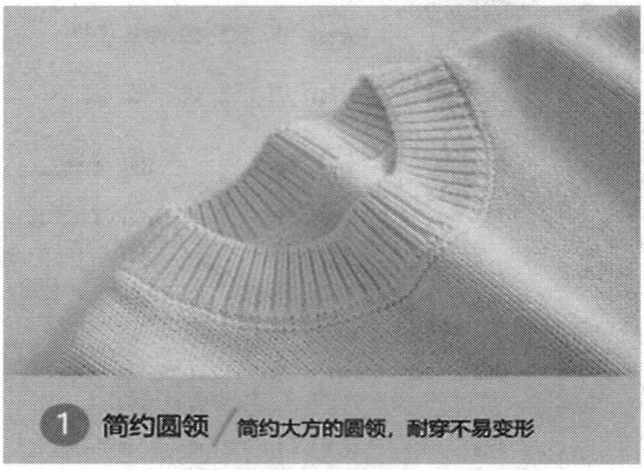


图 2–2–22　细节展示模块效果图

（2）产品其他细节部分的设计，可以直接复制细节 1 后修改图片和文案，标题效果也可以复制，确保模块风格统一。

步骤 7　制作温馨提示模块

使用“矩形工具”，填充颜色（RGB：220,220,220），添加“关于发货”的图片素材，调整大小及位置，输入相关文字。之后再使用“矩形工具”，填充颜色（RGB：236,236,236），添加“关于色差”的图片素材及相关文字，使用同样的方法完成“售后服务”提示，如图 2–2–23 所示。

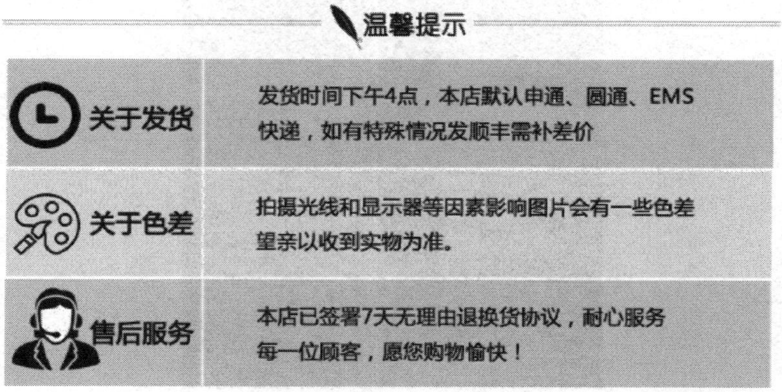


图 2–2–23　温馨提示模块效果图

步骤 8　切割详情页

用切片工具将详情页按照上述六个模块进行切割。

步骤 9　上传详情页并发布

进入 PC 端店铺装修页面，点击页面左侧“宝贝详情页”，如图 2–2–24 所示。

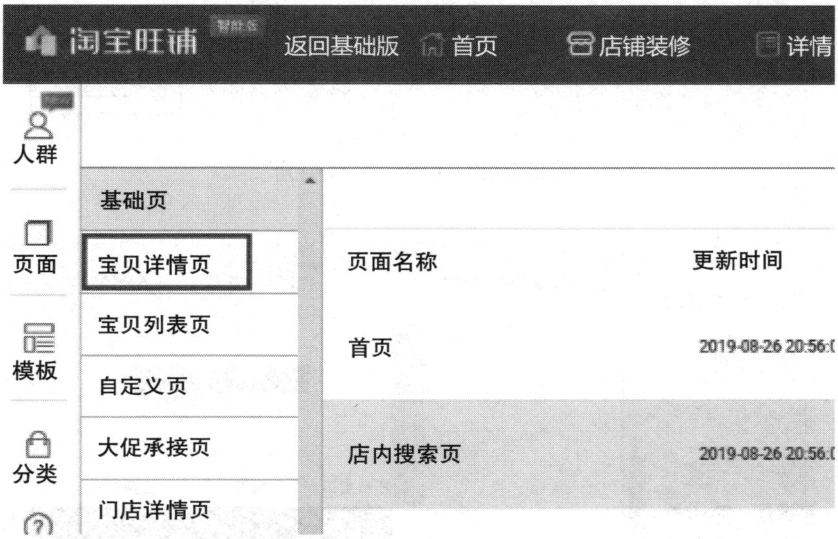


图 2–2–24　“店铺装修”页面左侧“宝贝详情页”

点击“默认宝贝详情页”后方的“装修页面”，如图 2–2–25 和图 2–2–26 所示。然后进入宝贝详情页编辑页面，如图 2–2–27 所示。

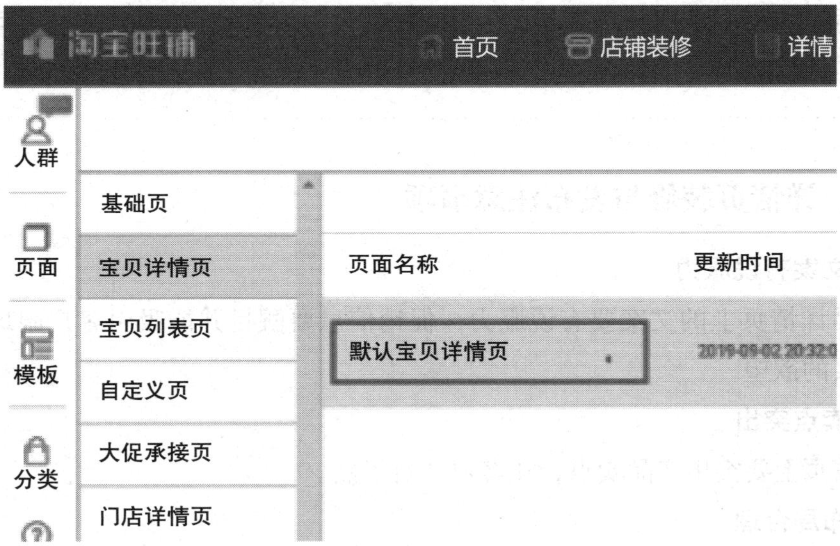


图 2–2–25　“默认宝贝详情页”

图 2-2-26　点击“装修页面”

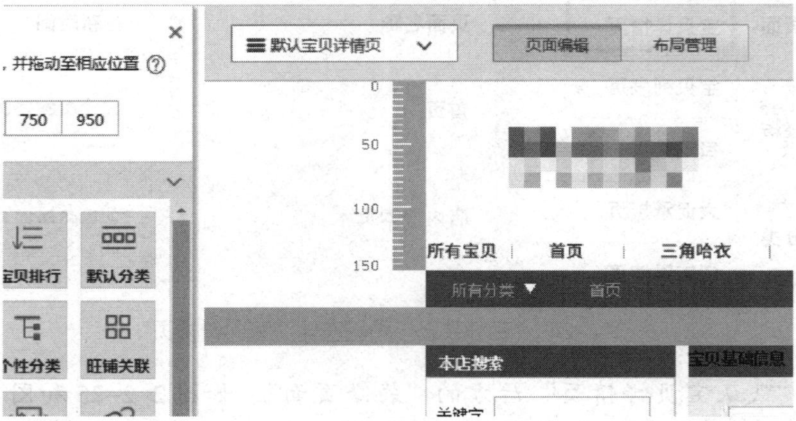


图 2-2-27　进入宝贝详情页编辑页面

点击页面右上角的“发布站点”，上传制作好的宝贝详情页，然后点击“立即发布”。

## 二、详情页装修与发布注意事项

### 1. 文案有说服力

产品详情页上的文案要有说服力，促销信息要醒目并能吸引客户眼球，让客户有购买的欲望。

### 2. 卖点突出

详情页上要突出产品卖点，让客户一目了然。

### 3. 布局合理

详情页上的产品图片一定要清晰，布局应合理，方便客户由浅入深、循序渐进地了解产品。

**4. 参数准确**

产品各项参数务必精准、详尽，使客户看过详情页后能解决心中的大部分疑惑，减少客服的工作量。

**5. 适当对比**

详情页中可以出现与同类型产品的对比，突出自身产品的优势。但是切记，不要显示同类型产品的品牌，以免产生恶性竞争。

# 学习单元 3　网店自定义页装修

网店自定义页是指在电商平台上，商家可以自行设计和编辑的店铺页面，不在店铺中固定位置展示，可用于精选页海报的跳转链接页。其作用主要表现为以下几个方面。

**1. 展示品牌形象**

网店自定义页可以展示店铺的品牌形象，包括店铺的名称、logo、口号、介绍等，使客户对店铺有更深刻的印象和认知，提高品牌知名度。

**2. 展示产品特色**

网店自定义页可以展示店铺的产品特色和优势，包括产品的品质、价格、服务、售后等，吸引客户的注意力，激起客户的购买欲望。

**3. 宣传促销活动**

网店自定义页可以宣传店铺促销活动，包括满减、折扣等，提高销售额和客户忠诚度。

**4. 增加客户互动**

网店自定义页可以添加客服在线咨询、留言板、评价区等功能，方便客户与店铺进行交流和互动，提高客户满意度和信任度。

**5. 提高搜索排名**

网店自定义页可以进行搜索引擎优化，提高店铺在搜索引擎中的排名，增加流量和曝光度。

### 6. 适配不同终端设备

网店自定义页可以适配不同终端设备，如计算机、手机、平板等，确保用户体验感和便捷性。

## 一、自定义页装修与发布方法

## 操作技能

# 女装网店自定义页装修

### 一、操作情景

王先生开了一家服装类淘宝网店。他决定在网店上添加一个自定义页面，宣传推广某女装T恤。请帮助王先生为该女装T恤制作自定义页。

### 二、操作步骤

步骤1　进入卖家中心

登录淘宝，点击右上角的“卖家中心”。

步骤2　进入“店铺装修”

找到店铺管理，点击“店铺装修”按钮。

步骤3　进入自定义页面

选择“手机店铺装修”，如图2-2-28所示，再点击“自定义页”“装修页面”，如图2-2-29所示。

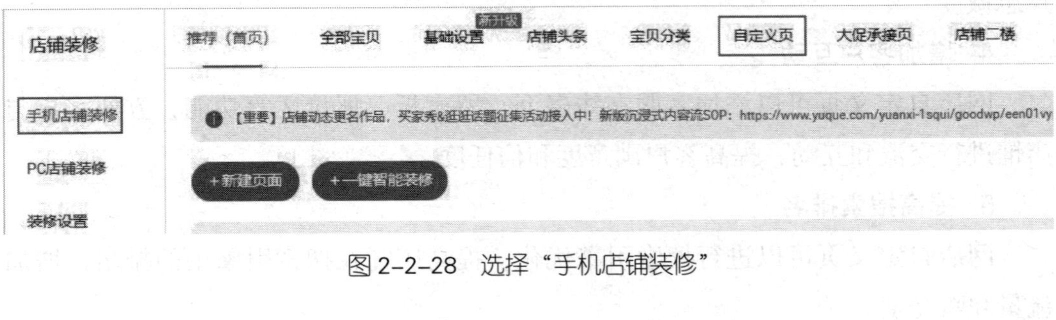


图2-2-28　选择“手机店铺装修”

图 2-2-29　点击"自定义页""装修页面"

步骤 4　进入"自定义模块"

在打开的页面中点击左侧的"自定义模块"按钮，如图 2-2-30 所示。

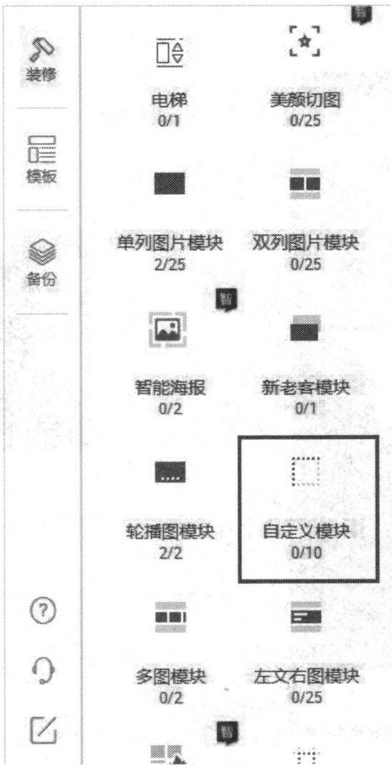

图 2-2-30　点击左侧的"自定义模块"按钮

步骤 5　编辑模块属性

添加模块后，点击右侧编辑模式，进入自定义模块编辑器，如图 2-2-31 所示。

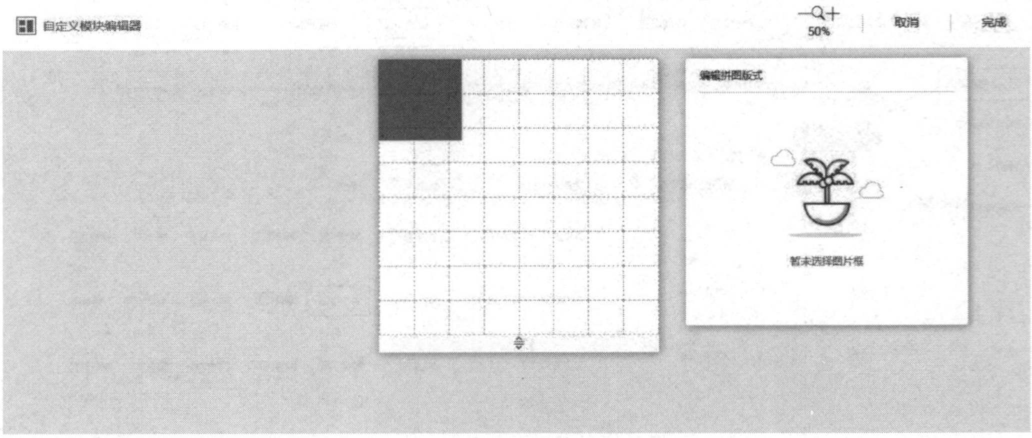


图 2-2-31　自定义模块编辑器

步骤 6　添加图片

在自定义模块编辑器中添加图片，可进行设计、调整、排版等操作，效果如图 2-2-32 所示。

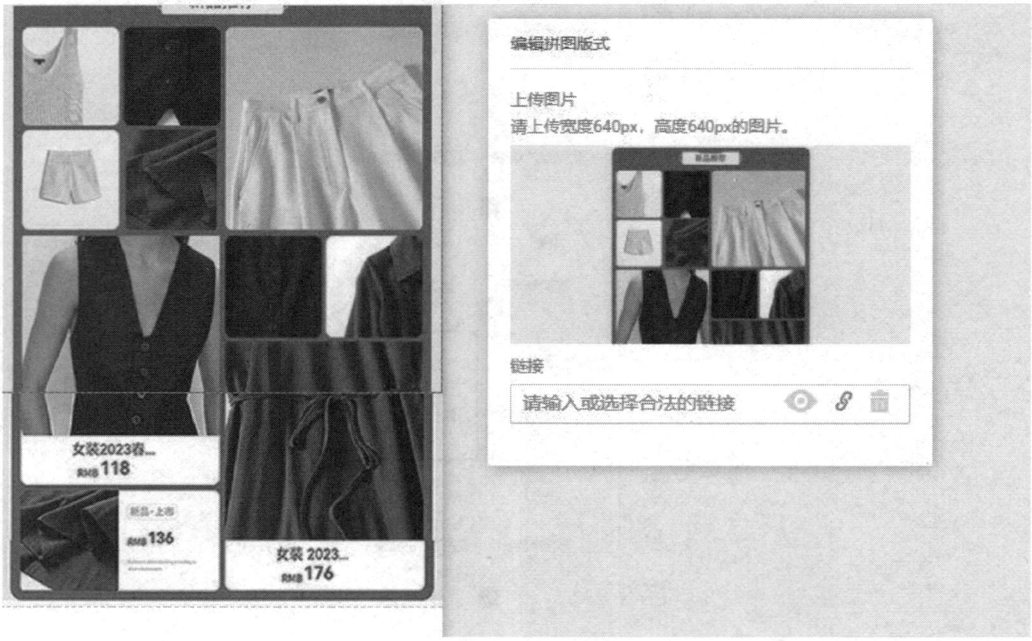


图 2-2-32　自定义页装修效果

步骤 7　发布

自定义页装修完成后点击“立即发布”。

## 二、自定义页装修与发布注意事项

### 1. 风格与布局合理

自定义页设计风格应与店铺品牌形象和产品特色相符，要求简洁大方、色彩搭配合理。页面布局应清晰明了，内容应分区分块，方便客户浏览和查找所需信息。

### 2. 具备互动功能

自定义页的图片和视频应具有高清晰度和良好的展示效果，可以展示商品细节和使用效果。应添加客服在线咨询、留言板、评价区等互动模块，方便客户与店铺进行交流和互动。

### 3. 发布前预览，发布后维护

发布自定义页之前，对页面进行预览和测试，确保页面的内容和布局符合要求。自定义页发布后，及时对页面信息进行维护和更新，保证页面信息的准确性和先进性。

### 4. 遵守平台规定

自定义页的装修和发布应遵守平台的规定和要求，不得包含违禁内容和虚假宣传，确保店铺的正常经营。

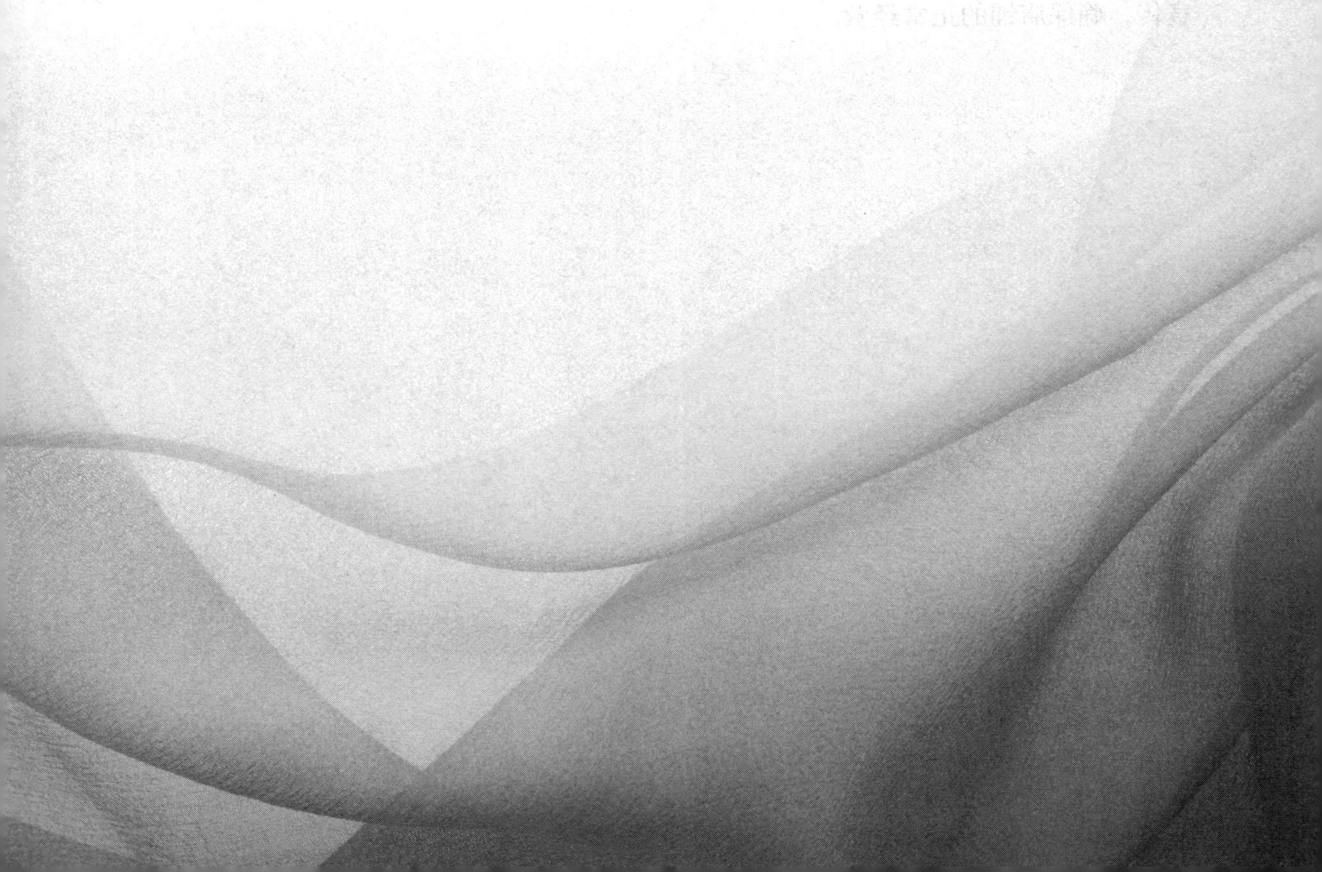

# 职业模块 3 营销推广

培训课程 1　网店促销
学习单元 1　网络促销策划与实施
学习单元 2　网络促销信息收集和整理
培训课程 2　电商平台活动实施
学习单元 1　平台活动选择
学习单元 2　平台活动报名
学习单元 3　平台活动营销管理工具设置
培训课程 3　网络直播推广
学习单元 1　直播活动策划
学习单元 2　产品卖点挖掘
学习单元 3　直播活动脚本撰写

# 培训课程 1　网店促销

## 学习单元 1　网络促销策划与实施

### 一、网络促销的类型

#### 1. 平台活动

不同的电商平台都有自己固定的促销节点，一般比较大型、打折力度较大的电商平台，其购物节是所有消费者所熟知的促销节日，如“618 年中大促”“双十一购物狂欢节”等。具有仪式感的节假日也是促销的好时机，店铺在这些节点进行活动促销，可以节省很多宣传精力和成本。另外，不同的平台还会推出不同的电商节日，如淘宝的“春茶节”、天猫的“闺密节”（见图 3–1–1）、京东的“烘焙节”等，并且大部分电商平台每个月都会开展一些促销活动，虽然优惠力度不一定比得上其他大型活动，但是买家也可以从中享受到一些优惠。

图 3–1–1　天猫“闺密节”促销海报

#### 2. 自主活动

根据“有节过节，无节造节”的原则，店铺还可以根据自身的资源和销售情况适当进行活动促销的增减，或结合店铺文化和理念进行造节。例如，新品上架促销、换季清仓促销、店庆日促销、会员日促销、季节性促销等。只要做好全年度促销时间节点的规划，就可以保持店铺热度。

**小贴士**

参加平台活动要进行活动报名，参与活动的商品和店铺必须满足相应的活动条件才能申报。店铺参加平台活动能够获得平台公域流量或者第三方流量的支持，带来更多成交量，提升商品和店铺的知名度。

## 二、网络促销的目的

### 1. 拉取新客

对于用户较少的新平台和新店铺，通过促销活动可以获取新用户，在各类优惠的刺激下促使新用户消费。

### 2. 用户促活

当店铺粉丝累积到一定数量，利用促销活动可以促进粉丝与店铺之间的互动，将粉丝活跃度调动起来，防止流失。

### 3. 品牌宣传

品牌宣传主要是针对不了解品牌或商品的人群，可以结合广告及促销，吸引用户围观，扩大品牌知名度的同时，让用户了解商品并产生兴趣，从而进一步成为潜在客户。

### 4. 提升转化率

根据商品的特性、价格，店铺定期推出一些促销活动，可以给消费者营造紧迫感和实惠感，有效提升商品的转化率。

## 三、网络促销的主要表现形式

### 1. 秒杀

“秒杀”就是卖家在规定时间段统一发布超低价格的商品，买家在规定时间段抢购成功才有效的一种促销方式。由于“秒杀”时发布的商品价格十分低廉，所以在极短的时间内商品就会被买家一抢而空。买家用很低的价格就可以买下自己喜欢的商品，卖家则可以凭借此活动获得大量的流量和知名度。

### 2. 打折 / 特价

在进行活动促销期间，店铺定时定量推出部分“打折 / 特价”商品，这些商品价格比市场价格略低，甚至以接近成本价的价格销售。这种方式不仅可以使活动商品在同种商品中脱颖而出，价格对消费者更具有吸引力和号召力，也可以让卖家薄利多销，在竞争激烈的市场空间中抢占更大的市场份额。一般可以在某个时间段清库存或回馈用户时推出。

**3. 优惠券**

“优惠券”是店铺进行商品促销常用的手段。店铺卖家自行发放的优惠券，使用范围是本店铺，可以让买家在规定的时间段内，购买对应商品或一定额度商品时，得到一定金额的减免，优惠金额由卖家自行承担，达到引流（拉新）、复购促活、提高客单价的目的。优惠券的领取方式（被动接收、主动获取）、使用范围（单品券、品类券、品牌券）、使用功能（无门槛券、满减券、打折券、免邮券）等都会影响到用户对优惠券的使用。

**4. 套餐**

套餐即店铺将同一系列或同一用途的多个商品组合在一起，搭配成套餐进行连带销售。套餐的组合价比单独购买多个商品的价格总和更实惠，将新品或销量较低的商品作为辅助商品组合进套餐里，不仅可以增加新品的曝光量、单品的销量，提升客单价，同时还能降低库存压力。

**5. 满减**

“满减”是指买家在店铺内所购买的商品满足一定金额、数量后优惠一定金额，满足买家的“奖励心理”。满减有多种方法：普通满减、每满减、阶梯满减、百分比满减、商品池满减等，不管什么玩法其目的是一致的，都是为了提升客单价。满减促销如图 3–1–2 所示。

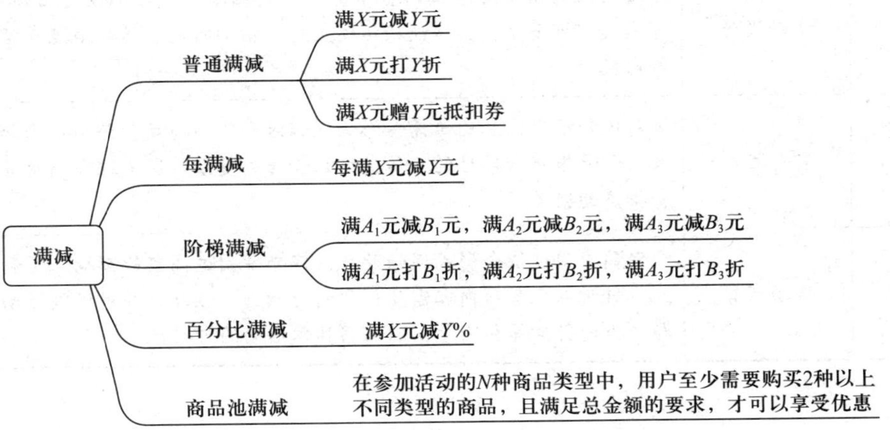


图 3–1–2　满减促销

**小贴士**

秒杀、打折/特价、优惠券属于降低成本型的促销方法，主要以用户促活或提升转化率作为促销目的；套餐、满减的运用则主要以提升客单价为目的。店铺还可以通过划分会员等级、确定积分制度，来提高用户的忠诚度，促使用户回购。

## 四、促销策划方案的制定

制定详细的店铺促销策划方案是保证促销活动顺利实施的前提。策划方案中应该说明活动目的、促销商品、促销形式、活动设计、宣传推广、活动预算等几个方面的问题。具体要点及内容见表3–1–1。

表3–1–1　网络促销策划方案要点及内容

| 序号 | 要点 | 内容 |
| --- | --- | --- |
| 1 | 活动目的 | 确定活动促销目的，如拉取新客、用户促活、品牌宣传、提升转化率等 |
| 2 | 促销商品 | 选好促销商品，确定促销商品范围，即活动促销是针对单品还是整个商品系列，或者是多品类商品甚至是整个店铺 |
| 3 | 促销形式 | 选择促销的形式，如秒杀、打折/特价、优惠券、套餐、满减等 |
| 4 | 活动设计 | 活动设计需要与店铺的整体营销规划相结合，目标设定必须可操作、可完成、可量化，具体包括活动主题、活动时间、活动地点、活动目标等内容 |
| 5 | 宣传推广 | 对促销活动信息的传播，影响促销活动的参与度、费用水平和最终效果，需要根据传播目的、传播内容、传播受众等因素综合衡量并选择宣传推广的渠道 |
| 6 | 活动预算 | 促销费用过低会影响促销效果，促销费用过高可能影响正常利润，因此应针对以上各项内容需要付出的金额进行预算，并对促销活动的投入与产出进行估算和衡量，以证明具体活动的可行性 |

## 典型案例

### “吃货节”活动策划方案制定

**一、案例背景**

某零食店是一家在淘宝平台经营坚果、肉脯、膨化食品等全品类休闲零食的店铺，店铺计划在 3 月 28 日—4 月 4 日开展“吃货节”活动。现需制定“吃货节”活动促销策划方案。

**二、案例实施**

1. 活动目的

通过这次“吃货节”活动，让更多消费者了解该店铺品牌，从而吸引新客户，激活老客户，以提高店铺销量。

2. 促销商品

店铺内的全部商品。

3. 促销形式

（1）全店商品打 9 折，有效吸引客户。

（2）设置满减优惠券，具体见表 3–1–2。

表 3–1–2　满减优惠券设置

| 满减券 | 产品总价格 | 优惠金额 | 实际付款 | 相对折扣 |
|---|---|---|---|---|
| 50 减 8 | 50 元（含）～100 元（不含） | 8 元 | 42 元及以上 | 84 折 |
| 100 减 18 | 100 元（含）～200 元（不含） | 18 元 | 82 元及以上 | 82 折 |
| 200 减 38 | 200 元（含）～300 元（不含） | 38 元 | 162 元及以上 | 81 折 |
| 300 减 68 | 300 元（含）以上 | 68 元 | 232 元及以上 | 77 折 |

（3）设置几款零食大礼包套餐。

套餐一：售价 99 元，包含巴旦木、核桃、碧根果、蟹黄瓜子各一袋（200 克），商品日常总价 119.6 元。

套餐二：售价 199 元，包含夏威夷果、碧根果、腰果、蟹黄瓜子、灰枣、葡萄干、罐头各一袋，商品日常总价 239.6 元。

套餐三：选两款日常价格为 49.9 元的零食组合为套餐，设置“第二件半价”活动，两件到手价 74.85 元。

（4）淘宝直播。活动期间请美食主播开展直播专场，在直播间设置一些福利，例如，抢大额优惠券，抽取 30 个幸运“吃货”赠送价值 199 元的零食大礼包等。既能留住直播间的粉丝，还能为店铺进行品牌宣传、推广。

（5）以上所有优惠活动不可叠加。

4. 活动设计

（1）活动主题：赏味春天，乐享好滋味！

（2）活动时间：3 月 28 日—4 月 4 日。

（3）活动地点：某零食店。

（4）活动目标：销售额突破 30 万元。

5. 宣传推广

（1）站外推广：在微信投放广告。

（2）站内推广：进行直通车推广、引力魔方推广、淘宝客推广。

（3）直播推广：活动期间设置主播佣金。

（4）直播间活动：发放优惠券、开展抽奖等直播间活动。

（5）兼职客服费用。

6. 活动预算

活动预算详见表 3–1–3。

表 3–1–3　活动预算表

| 项目 | 数量 | 费用（元） | 备注 |
|---|---|---|---|
| 微信广告 | 1 | 3 000 | 微信朋友圈广告 |
| 直通车推广 | 1 | 5 000 | 直通车推广费用 |
| 引力魔方推广 | 1 | 5 000 | 引力魔方投放费用 |
| 淘宝客推广 | 1 | 5 000 | 淘宝客佣金，限额 5 000 元 |
| 直播推广 | 1 | 6 000 | 主播佣金，限额 6 000 元 |
| 直播间活动 | 1 | 10 000 | 优惠券、抽奖等活动 |
| 兼职客服 | 20 | 8 000 | 兼职客服工作人员 400 元 / 人 |
| 总金额 | | 42 000 | — |

## 五、活动促销的实施

活动促销的实施包含活动前期准备、活动中期控制、活动后期总结三个阶段。具体内容见表 3-1-4。

表 3-1-4 活动促销实施的内容

| 序号 | 阶段 | 内容 |
|---|---|---|
| 1 | 活动前期准备 | 视觉优化<br>（包括店铺装修、首图优化、详情页优化） |
| | | 备足库存 |
| | | 活动预热 |
| | | 客服培训 |
| 2 | 活动中期控制 | 库存检查 |
| | | 及时记录 |
| | | 客服沟通 |
| | | 做好关联销售 |
| 3 | 活动后期总结 | 目标是否达成 |
| | | 活动结果呈现 |
| | | 数据整理分析 |

### 典型案例

#### “吃货节”活动促销实施

**一、案例背景**

某零食店制定了“吃货节”活动策划方案后，经过评估确定方案可行，于是开始着手活动的实施开展。

**二、案例实施**

1. 活动前期准备

（1）视觉优化

店铺装修应符合“吃货节”活动氛围，图片设计和版面编排应图文并茂，能够调动消费者的购买欲望，让消费者“看着就想吃”，增加其停留时长，加大促进转化的可能；首图放大突出价格优势，同时突出活动特点，吸引买家点击；详情页当中尽量展示出商品独有的卖点和买家的需求点，方便买家自主购买，减少客服的工作量。

（2）备足库存

店铺结合本次活动目的，根据商品日常销量对促销活动期间的销量进行预估，提前备足库存，并跟踪检查促销商品质量；对于热销款和爆款，联系好供应商和分销商，做到足够的库存备货，以免因备货不足导致延迟发货，影响店铺评分。如果处在大型促销期间，店铺还应做好分仓管理，以保证快速发货。

（3）活动预热

根据活动的规模确定预热时长为 5 天，店铺可以通过多种方式宣传“吃货节”活动，可以在订阅号、群聊、公众号、朋友圈、微信群进行私域流量预热，也可以在淘宝直播、抖音、快手等平台发布活动信息，还可以通过引力魔方的投放等进行宣传，通过多种方式将活动信息广而告之，这样才能吸引到顾客，让他们感受到活动的火热氛围。

（4）客服培训

在促销活动期间，店铺流量较大，需要招聘兼职客服，并对客服进行以下与“吃货节”活动相关的必要培训。

1）店内各种零食的商品信息、分类、生产日期、保质期、存储方式等。

2）本次活动的促销形式和活动细则。

3）活动期间的物流问题，如发货时效及退换货流程等。

4）售后及投诉问题的处理方案。

2. 活动中期控制

（1）库存检查

时刻检查商品库存是否齐全，是否能及时发货，以应对促销活动期间店铺订单可能的暴涨，避免店铺被投诉、店铺权重和流量下降甚至封店等严重问题。

（2）及时记录

在活动实施过程中，持续关注和监控促销情况（商品销售情况及商品质量情况）并及时反馈，并以此对各项工作做出调整，以便更有效地为实现促销目的服务。

（3）客服沟通

面对促销期间庞大的咨询量，客服人员要及时回复买家的问题，解决买家需求，避免因客户不满导致订单流失，尽可能提升转化率。

（4）做好关联销售

通过预热，在活动期间店铺会涌入大量的流量，应注重优化店铺首页，做好关联销售，让买家进入店铺后购买更多的产品，有效提高客单价。

3. 活动后期总结

（1）目标是否达成

活动结束后统计活动数据，参照做活动促销策划方案时定下的“销售额突破30万元”的活动目标，检查目标最终是否达成。

（2）活动结果呈现

把与活动目标相关的数据结果呈现出来，让店铺每个团队成员都明确了解本次活动的数据表现。

（3）数据整理分析

对获取的数据结果进行整理，分析产生结果的原因，根据现有目标和结果的差异，找出存在的问题，以便在下次开展促销活动时注意规避和优化。

# 学习单元2　网络促销信息收集和整理

## 一、网络促销信息收集内容及渠道

### 1. 网络促销信息收集的内容

网络促销信息收集的内容其实就是数据。在网店促销活动中需要进行统计分析的数据很多，应明确通过活动希望达到的具体效果是什么，活动目的不同，需要关注的数据指标也不一样。不同类型促销活动数据收集主要指标见表3–1–5。

表 3–1–5　不同类型促销活动数据收集主要指标

| 序号 | 活动目的 | 数据收集主要指标 |
|---|---|---|
| 1 | 拉取新客 | 访客数、新访客数、浏览量、跳失率、人均浏览量、平均停留时长 |
| 2 | 用户促活 | 访客数、老访客数、支付买家数、老客复购率、支付老买家数、老买家支付金额 |
| 3 | 品牌宣传 | 访客数、浏览量、关注店铺人数、图文访客数、店铺页访客数、访问加购转化率、访问收藏转化率 |
| 4 | 提升转化率 | 访客数、下单买家数、支付买家数、下单转化率、支付转化率、客单价、销售额 |

**2. 网络促销信息收集的渠道**

网络促销信息收集的渠道有很多，例如，使用电子商务网站、店铺后台或平台等提供的数据分析工具。通过数据收集尽量获得完整、真实、准确的数据，做好数据的预处理工作，才能便于以后数据分析工作的开展。

## 二、网络促销信息收集及整理流程

在网络促销活动结束后，卖家会对促销活动的相关数据进行分析与总结，以便了解本次促销活动的效果，为下一次的促销活动提供良好的数据基础。这就需要对促销信息进行收集和整理，具体流程见表 3–1–6。

表 3–1–6　网络促销信息收集及整理流程

| 序号 | 流程 | 要点 |
|---|---|---|
| 1 | 确定信息收集内容 | 在明确信息收集的需求和目标基础上，应当根据需要确定信息收集的内容，进一步限定信息收集的范围 |
| 2 | 设计收集整理方案 | 为了便于以后的加工、保存和传递，在进行信息收集以前，要按照信息收集的目的和要求设计出合理的信息收集整理方案 |
| 3 | 实施信息收集整理工作 | 要高效率地进行信息收集工作，就要根据信息内容，认真进行分析、比较、选择，并运用适宜的渠道和工具进行收集 |
| 4 | 完善信息收集整理成果 | 可以通过报告或数据图表的形式把获得的信息整理出来，并将这些信息资料与活动目的进行对比分析，如不符合要求，还要进行补充收集 |

## 典型案例

### “吃货节”活动信息收集及整理

**一、案例背景**

某零食店是一家在淘宝平台经营坚果、果干、肉脯、膨化食品等全品类休闲零食的店铺，店铺计划在春季开展“吃货节”活动，具体方案如下。

1. 活动主题：赏味春天，乐享好滋味！

2. 活动时间：3 月 28 日—4 月 4 日。

3. 活动地点：某零食店。

4. 活动目标：销售额突破 30 万元。

5. 活动目的：此次活动旨在吸引新客户，激活老客户，从而促进客户转化，最终提升销售额。

现活动已结束，部门经理安排晶晶对活动期间的店铺数据进行收集整理，以便进行活动效果评估，并为后期促销活动策略的制定提供参考。

**二、案例实施**

1. 确定信息收集内容

活动策划都是有目的性的，分析本任务可以明确，本次促销活动的根本目的是促进提升转化。要反映本次促销活动是否有成效，需要进行数据收集的主要指标有：访客数、下单买家数、支付买家数、下单转化率、支付转化率、客单价、销售额。

2. 设计信息收集整理方案

网络促销信息收集整理方案见表 3–1–7。

表 3–1–7　网络促销信息收集整理方案

| 序号 | 流程 | 要点 |
| --- | --- | --- |
| 1 | 任务目标分析 | 本次促销活动的根本目的是促进提升转化，活动具体目标为销售额突破 30 万元，应找出能反映促进提升转化的主要数据指标进行分析，并将活动期间完成的销售额与活动具体目标进行对比，以此评估活动效果是否达标 |

续表

| 序号 | 流程 | 要点 |
|---|---|---|
| 2 | 数据分析指标确定 | 本次任务需要进行数据收集的主要指标有：访客数、下单买家数、支付买家数、下单转化率、支付转化率、客单价、销售额 |
| 3 | 明确数据来源渠道及收集工具 | 由于该店铺开在淘宝平台，因此促销活动数据收集渠道选择淘宝店铺后台，工具为“生意参谋” |

3. 实施信息收集整理工作

（1）将确定的数据分析指标在 Excel 转换为表格，见表 3–1–8。

表 3–1–8 “吃货节”活动效果分析数据

| 日期 | 访客数 | 下单买家数 | 支付买家数 | 下单转化率 | 支付转化率 | 客单价 | 销售额 |
|---|---|---|---|---|---|---|---|
| 3 月 28 日 | | | | | | | |
| … | | | | | | | |
| 4 月 4 日 | | | | | | | |

（2）在“生意参谋”界面中点击“流量”“流量看板”，找到“流量总览”中的“访问店铺”模块，将自定义时间按活动开展的时间 2023 年 3 月 28 日—4 月 4 日进行设置，查看“访客数”，如图 3–1–3 所示，然后将每天的数据对应填进表 3–1–8。

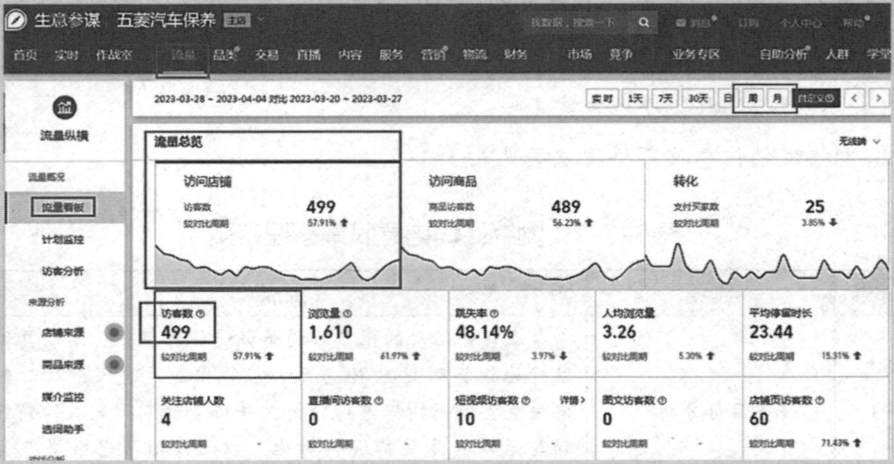

图 3–1–3 “访问店铺”模块

（3）切换至“流量总览”的“转化”模块，将自定义时间按活动开展的时间进行设置，分别查看“下单买家数”“支付买家数”“下单转化率”“支付转化率”“客单价”和“支付金额”（每天“支付金额”的总和即每天的“销售额”），如图 3-1-4 所示，然后将每天的数据对应填进表 3-1-8。

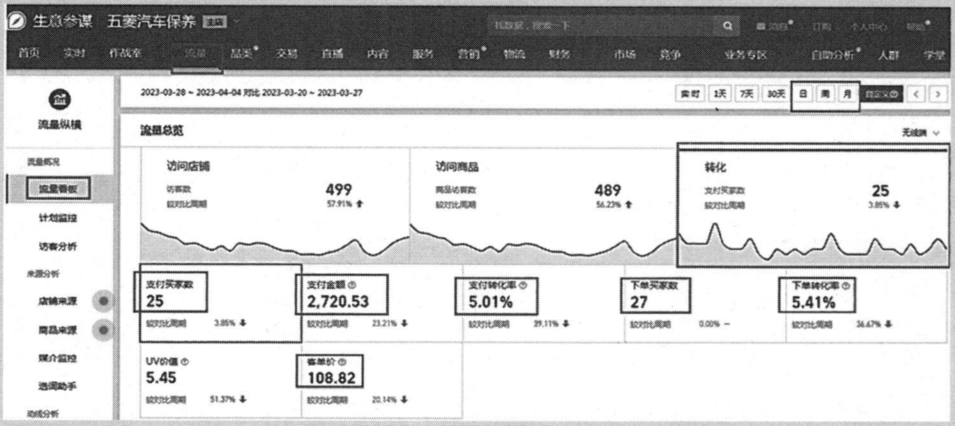

图 3-1-4 “转化”模块

4. 提供信息收集整理成果

统计活动期间的总销售额，通过报告或数据图表的形式把获得的信息呈现出来，并与本次活动“销售额突破 30 万元”的具体目标进行对比，如果活动期间的总销售额大于或等于 30 万元，则达到目标值，反之则低于目标值。

## 三、网络促销信息收集及整理注意事项

### 1. 可靠性原则

该原则要求所收集到的信息是有效的，是信息收集工作的最基本的要求，因此本次任务要特别注意数据收集的时间区间必须是“吃货节”活动的时间段，否则无法对活动的可靠性进行评估。

### 2. 完整性原则

该原则要求所收集到的信息广泛、全面、完整，这样才能反映促销活动的全貌，为决策的科学性提供保障，后期还可以将店铺的浏览量、访客数、新 / 老访客数、老客复购率等数据指标列入表格，评估本次活动拉新和促活效果。

3. 时效性原则

信息是有时效的，只有将信息及时、迅速地提供给使用者才能使信息有效地发挥作用，所以，在“吃货节”活动进行期间，应该每天都进行相关数据的收集整理，活动结束后，立刻进行目标比对，并马上总结和反馈，以便运营团队优化和调整店铺运营方案和计划。

# 培训课程 2 电商平台活动实施

## 学习单元 1 平台活动选择

### 一、平台营销活动分类

#### 1. 渠道活动

渠道活动是指在电商平台上针对特定的渠道或者合作商家进行的日常促销活动。以主流电商平台为例，较知名的渠道活动有淘宝的聚划算、天天特卖，京东的秒杀、每日特价、大牌闪购，拼多多的万人团等，如图 3–2–1 所示。以淘系平台为例，渠道活动主要有聚划算、天天特卖、淘金币、聚名品、非常大牌、全球购、量贩优选、淘抢购、奥特莱斯、天猫超级品牌日、试用中心、天猫小黑盒、大牌臻选、新粉购、淘宝直播等。其中，聚划算、天天特卖、淘金币、全球购、试用中心等活动属渠道品牌活动。这类活动面向整个平台，在 PC 端、移动端首页及主要栏目都有流量入口，受众广、流量大，因此销量拉动和品牌推广效果更加突出。

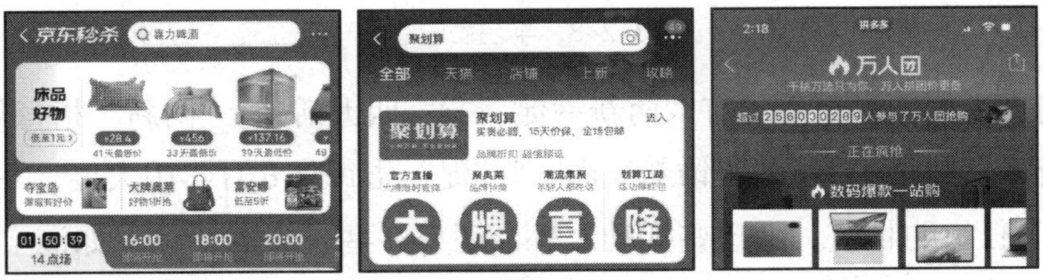


京东秒杀　　淘宝聚划算　　拼多多万人团

图 3–2–1　主流电商平台渠道活动

2. 类目活动

类目活动是指在电商平台上针对特定商品类目频道和类目主题的促销活动。每个一级类目都有属于商家自己的类目频道，频道内会有固定的频道活动及不定期的主题活动。卖家需要根据自己所售卖的商品类目来选择参加哪种活动。淘系面向行业的专场活动包括服饰鞋包、家居生活、美妆个护、数码家电等常规类目，专注某一垂直领域的特色市场类目活动，例如，极有家、淘女郎、阿里汽车、亲宝贝、飞猪等，如图 3–2–2 所示。这类活动流量入口主要分布在类目频道页，没有品牌型活动影响力大，但客户针对性更强。

图 3–2–2　淘系特色市场类目活动

3. 平台节日活动

平台节日活动是指在电商平台上针对特定节日举办的大型促销活动。例如，淘宝的“双十一”“双十二”大型促销活动，京东的“618 大促”，拼多多“年货节”，苏宁易购的“818 购物节”等，如图 3–2–3 所示。

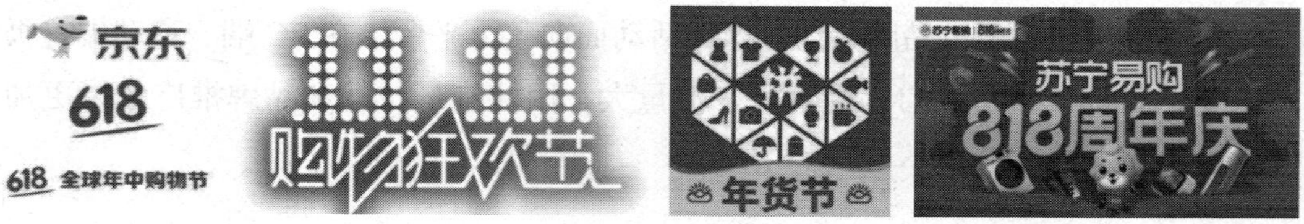


图 3–2–3　平台节日活动

以淘宝为例，最重要的有“两新一促一节”四大活动。“两新”指每年 4 月春夏服饰新品发布，8 月秋冬服饰新风尚，“一促”指每年 6 月年中大促，“一节”指“双十一”狂欢购物节。除这些活动之外，还有一些较大的活动，如淘宝周年庆、年货节等。还有在传统节日，如元旦、春节、妇女节、中秋节、国庆节等开展的促销活动。平台节日活动对整个互联网电商营销的影响力是三类活动中最大的。

## 二、平台活动选择方法与技巧

在众多的平台活动中，如何选取商家适合参与的活动，需要根据商家实力、商品的适配情况、营销目的、营销数据及平台规则进行选择与组合。

**1. 根据商家实力选择**

选择平台活动需要从商家角度进行分析，考量商家的经营资质、综合能力等特征。活动对报名商家的资质要求会根据不同活动而有所不同，但一般需要满足以下方面的条件。

（1）商家资质：具备合法的营业执照和相关行业许可证明，如食品经营许可证、医疗器械经营许可证等，根据不同行业的要求提供相应的证明文件；具备良好的信用记录，没有严重违法违规行为或严重投诉记录。

（2）商品品质：提供具备一定品质保证的商品，确保商品的质量、服务和正品保障；拥有自主品牌或代理品牌，具备一定的市场规模。

（3）店铺运营：在平台上有正常运营的店铺，拥有一定的销售记录和良好的店铺评分；具备一定的库存和供货能力，能够及时发货和处理售后问题。

（4）营销能力：具备一定的营销能力和策划能力，能够根据活动要求制定相应的营销方案；具备一定的推广渠道和资源，能够有效地推广和宣传活动。

以淘宝为例，由于聚划算、“双十一”等活动规模大、门槛高，对商家资质、综合运营能力要求较高，所以比较适合有一定规模或基础的商家；天天特卖、淘金币相应要求条件不高，所以比较适合中小型商家或者初级商家。需要注意的是，不同的活动可能会有不同的资质要求，商家可以在平台的活动页面或商家后台的活动报名中查看具体资质要求，并根据自身情况进行申请。

**2. 根据商品适配情况选择**

选择平台活动，需要考虑商品的类目特征、类型、库存、价格段等综合情况。

（1）商品类目特征

不同类目的商品可以选择类目渠道内的平台活动，例如，美妆、服饰类商品可以选择参加女性消费者专享活动或美妆时尚榜单活动，以吸引目标受众的关注和购买。

（2）商品类型

如果是新品或者重点推广的商品，可以选择参加新品推广活动，通过平台的曝光和推荐提升商品的知名度和销量；如果是季节性商品，可以选择参加节日促销活动或特定主题的活动，与消费者的需求相匹配，增加销售机会。

（3）库存和供应能力

如果商品库存充足，可以选择参加大促销活动或跨店满减活动，以提高销量和市场份额；如果商品供应有限，可以选择参加限量发售活动或预售活动，以控制销售数量和提高商品稀缺性。

（4）商品价格段

对于中低价格段的商品，可以选择限时抢购、特价、秒杀类的活动；对于中高价格段的商品，可以选择满减满赠、套餐搭配类的活动，提高消费者购买欲。

以淘宝为例，从商品角度而言，“天猫榜单”适合美妆护肤类活动；“试用中心”适合新品推广或重复消费型的商品；“聚划算”流量大，适合库存比较充足的商品；“天天特卖”“淘金币”更适合集市店、低客单价的商品。

**3. 根据营销目的选择**

不同的活动商品，其营销目的也各有差异，常见的营销目的有清库存、冲业绩、推新品等。

（1）清库存

库存较多，以清库存为营销目的的商品，主要以积压商品和过季商品为主，可以采取低价促销策略，参与或者设置限时抢购、限时折扣、打包特价、秒杀等活动，通过降价促销来快速清理库存。

（2）冲业绩

以带动店铺业绩为目标的商品，采取店铺爆款促销策略，可以通过参与“双十一”“双十二”等大型促销活动，利用平台的流量和宣传效应，快速提升销售业绩；也可以申请参与平台的品牌日活动，通过平台的品牌资源和宣传推广，提升业绩和品牌知名度。

（3）推新品

以展示形象和新品预热为营销目的的商品，采取新品预热推广策略，可以参与平台的新品首发活动、达人推荐活动等，并给予适当优惠，扩大新品客户影响力，同时做好新品搭配促销或全店推荐工作。

**4. 根据营销数据选择**

全面了解商品的营销数据情况，有利于商家更好地区分、匹配和选择参加活动的商品。

（1）分析商品销售数据

可以通过平台的数据分析工具或商家后台的销售报表来获取商品的销售数据，包括销售额、销售量、转化率等指标。对销售数据进行分析，找出销售高峰期、销售低谷期、销售热门品类等信息，了解商品的销售趋势和消费者购买行为。

（2）匹配商品活动

根据数据分析的结果，选择与商品销售趋势相匹配的活动类型。例如，如果某个商品在特定时间段销售量较高，可以选择参加平台的限时抢购活动，以利用销售高峰期的消费者需求。如果某个商品的转化率较低，可以选择参加平台的搭配推荐活动，将该商品与其他相关商品进行搭配销售，提升转化率和销售额。如果某个商品的销售量较低，可以参加平台的新品推广活动，提高商品的销售量和市场份额。如果某个商品的销售量高但知名度较低，可以参加平台的热销榜单活动，提高商品的曝光度和知名度。

**5. 根据平台规则选择**

不同的平台活动对目标商品有明确指标要求，需要根据平台具体的活动规则进行匹配和选择，一般在商家后台，可以查看自己是否具备活动参与的资格。

（1）确认报名资格

提前了解活动规则和要求，确保自己符合参与条件。例如，在淘宝平台，通过商家后台“千牛工作台”，在“营销管理”板块，可以看到自己店铺的“可报活动”，如图 3-2-4 所示。

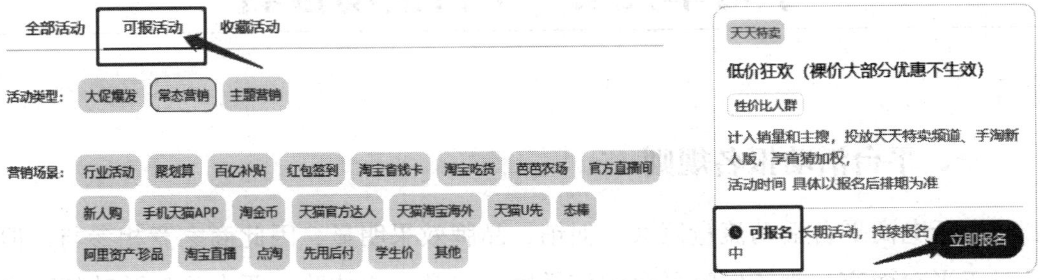


图 3-2-4　淘宝商家后台查看可报名活动

（2）选择参与的活动

在可报名活动中，根据目标受众，综合考虑商家实力、商品特点、营销目的，选择适合的活动类型和形式，同时匹配合适的商品参与活动，以提升活动效果。

（3）关注平台推荐的热门活动

在可报活动中选择参与度较高的活动，以获得更多曝光和流量。例如，淘宝商家后台的“营销管理”板块右侧，可以查看到平台推荐的热门活动和营销场景，如图 3–2–5 所示。

图 3–2–5　淘宝商家后台推荐活动列表

总之，为确保活动选择的空间更大，商家要提前做好销量、评价及店铺的 DSR（Detail Seller Rating）评分（宝贝与描述相符分、卖家的服务态度分、物流服务的质量分）、基础服务分等数据准备工作，保证报名顺利通过，并为后期在活动中赢取客户信任奠定基础。

# 学习单元 2　平台活动报名

## 一、平台活动报名规则

由于电商平台活动流量巨大，促销、品牌效果明显，因此商家竞相参与，但是对于平台而言，为了保障平台的信誉度，提升客户体验，要求参加活动的商家必须具备一定的资质。不同平台的营销活动规则可以在对应平台的规则中心查看，例如，淘宝的《营销平台基础招商标准》，以及《京东开放平台营销活动规则》《拼多多平台活动规则》等。

以下以淘宝、天猫官方促销活动报名要求为例，进行报名规则展示。参加聚划算、全球精选、量贩优选、天猫超级品牌日、天猫小黑盒等营销活动都需要满足《营销平台基础招商标准》的报名要求。其他具体如下。

**1. 淘宝店铺**

（1）商家要求方面：符合《淘宝网营销活动规范》，支持淘宝消费者保障服务或店铺保证金足额；服务能力上要求近半年店铺 DSR 评分三项指标均不得低于 4.6 分，均值不低于 4.7 分。近 30 天内纠纷退款率不超过店铺所在主营类目纠纷退款率均值的 5 倍，或纠纷退款笔数小于 3 笔；违规限制上要求近 365 天内无严重违规行为节点处理记录，近 90 天无一般违规行为节点处理记录，无虚假交易扣分；近 730 天不存在出售假冒商品扣分；近 60 天内无异常店铺管控处罚记录；未在搜索屏蔽店铺期等。

（2）商品要求方面：除特殊类目商品外，其他报名商品的报名价格必须满足《天猫及营销平台最低标价规则》的规定。必须支持包邮，特殊类目商品除外（电动车、家装大件等）；商品品质分不得低于 50 分；商家参与聚划算、淘抢购、百亿补贴期间，商品活动价应为任一中国电子商务平台中同款商品的最低商品价格（含拼团价格）。

**2. 天猫店铺**

（1）商家要求方面：必须符合《天猫商家营销准入基础规则》，主要在店铺综合体验分、商家活跃度、诚信经营风险、违规限制四个维度上进行规范。店铺综合体验分需达到该店铺所属主营类目的要求；商家活跃度即开店时长（店铺上线时间）已满 180 天（含）且近 180 天（含）内未达成任何成交的商家，将被限制参加营销活动；诚信经营风险是指存在其他涉嫌严重违反诚信经营原则或威胁平台安全、商家公平及消费者权益的行为的，将被限制参加营销活动；违规限制即出现近 90 天（含）内因严重违规扣分累计达 24 分的，因发布混淆商品被警告或处罚且情节较为严重的，违反相关法律法规要求、违背公序良俗等情况，将被限制参加营销活动。

（2）商品要求方面：商品必须符合《天猫及营销平台最低标价规则》的规定。必须支持包邮，特殊类目商品除外（电动车、家装大件等）；商品品质分不得低于 50 分；发货要求符合《天猫物流时效管理规范》；送装服务要求家装建材类目符合《天猫平台特大型、部分大型营销活动招商规则服务要求》。

## 二、平台活动报名的方法与步骤

商家可以在不同平台的商家后台申请报名参加活动。

**1. 淘系平台活动资源**

以淘宝“双十一”活动为例，该活动最重要的促销手段是跨店满减，满减档位一般为每满200元减30元，跨店满减按活动规定的商品类目参与报名，使用时间分为两波，一般是10月31日第一波，11月10日至11月11日第二波。除跨店满减外，平台还提供活动的资源支持，包括基础资源以及官方推荐性推广资源。

基础资源即在活动期间，成功报名参与淘宝“双十一”的活动卖家和活动商品均可免费获得的资源，如店铺页官方氛围布置、店铺内“双十一”活动承接页页面设置、跨店满减工具支持、活动商品的多链路（搜索结果页、购物车页、商品详情页等）打标、活动商品详情页官方氛围布置等。淘宝向活动卖家提供实现上述活动视觉效果的淘宝知识产权元素授权。卖家可使用淘宝提供的“双十一”官方视觉元素，使用场景包括店铺、官方微博、阿里旺旺头像等。基础资源还包括对部分活动商品详情页及店铺内其他页面结构进行一定改造，包括但不限于新增互动、流量引导、推荐等功能或区块，将流量实现共享。

官方推荐性推广资源即为了提升和优化淘宝平台的流量效能和买家体验，淘宝会根据不同的运营方向和策略，组织搭建行业、类目、主题、个性化等多种类型的活动会场页面，提供有限的会场资源向买家展示具有竞争力的活动商品。同时，在遵守相关法律、法规要求的前提下，根据买家关注度与偏好，淘宝在会场设置上可能采取“千人千面”的随机展示方式，即具体活动商品展示与否及展示时长均由系统自动实现。

此外，平台还提供其他流量资源。活动期间，淘宝将进一步整合站内流量资源，吸引买家，提升活动关注度。例如，手机端开屏、焦点图、猜你喜欢等；PC端首页焦点图、顶通引导图、楼层等。

**2. 淘系平台活动报名方法与步骤**

（1）活动报名要求

以“双十一”活动为例，报名要求具体体现在商家准入和商品准入两大方面。

1）商家准入要求。商家必须遵守《淘宝网营销活动规范》，完成淘宝商家组织（钉钉）认证，近60天无异常店铺处罚记录，本自然年内出售假冒商品累计未达二振。

2）商品准入要求。申报商品，可根据后台中“现货申报”页面的“现货商品列表”和“推荐商品列表”进行报名。其中“现货商品列表”中可申报的商品数量根据“淘宝卖家成长层级”有所限制。成长层级从一级至八级有5款到600款不等的限制，如不在层级内的卖家，申报商品数量上限默认为 3 款。

申报商品的上架时间要求满足“动销”校验基础准入门槛，即报名参与活动的商品如距离首次上架时间超过 30 天（不含），须满足近 30 天销售件数≥ 1 件。系统实时校验，不满足条件的商品不予准入。但首次上架的时间不足 30 天的商品不受此限制。

申报商品的品质要求评分≥ 50 分。

（2）活动报名流程

步骤 1　报名入口

在商家后台“千牛工作台”或“营销活动中心”左侧导航栏列表中，点击“活动报名”，在“大促日历”中找到“双十一”活动报名入口，点击进入。

步骤 2　大促助手

进入活动界面后，点击“大促助手”（见图 3–2–6），可查看报名指南、活动规则、报名操作时间等信息，同时可以查看待办事项（商品报名和店铺报名的进度），了解活动节奏、商家报名常见问题等。

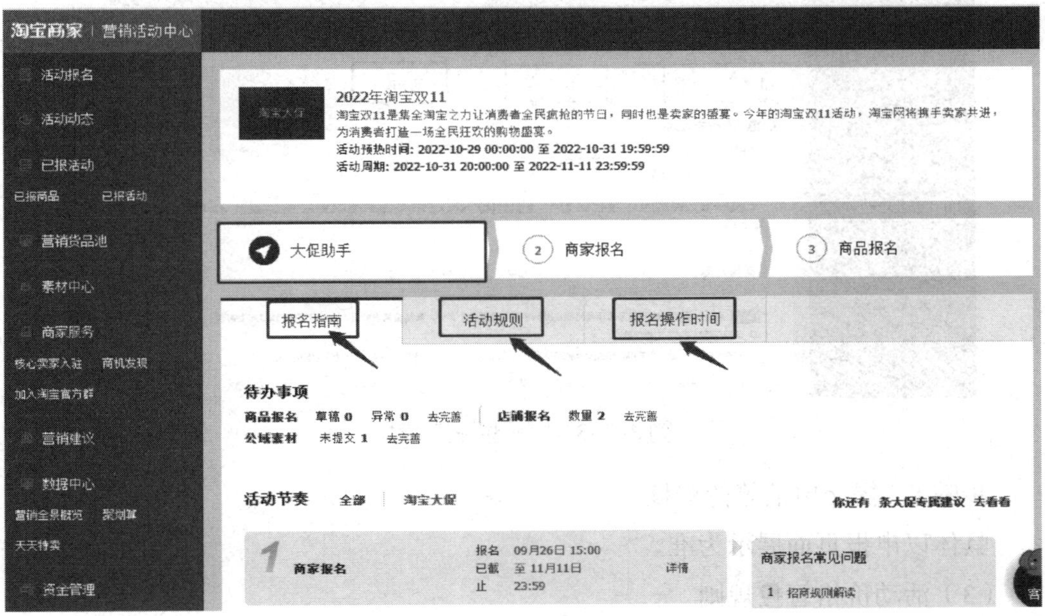


图 3–2–6 “大促助手”模块

步骤 3　商家报名

点击“商家报名”（见图 3–2–7），按照要求进行协议签署，然后进入店铺玩法设置，并补充填写商家相关信息。

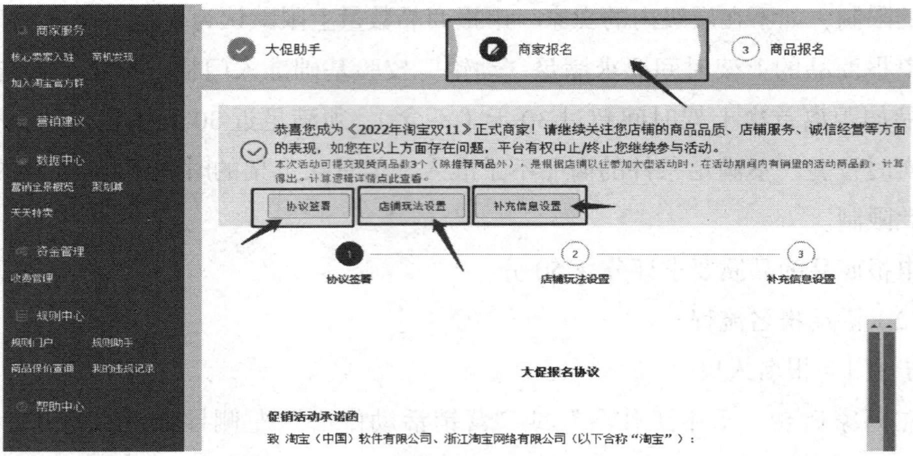


图 3–2–7 “商家报名”模块

步骤 4　商品报名

点击“商品报名”（见图 3–2–8），进行商品价格申报、会场报名和玩法报名。

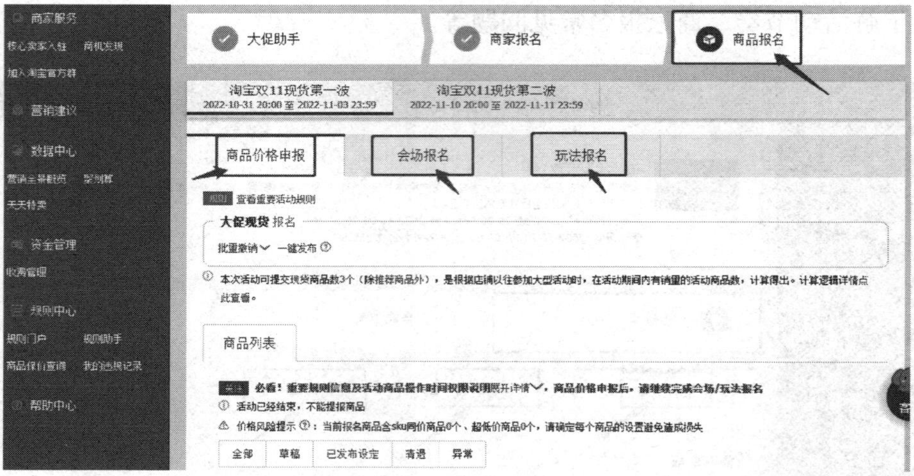


图 3–2–8 “商品报名”模块

步骤 5　提交申请等待审核

具体以申报页面展示为准。

（3）活动价格管控规则

为倡导诚信经营，平台对提高标价管控和优惠力度管控进行了规范。

1）提高标价管控。对预热期活动商品以及跨店满减非活动商品的预热期和正式活动期均进行了标价管控，商品在管控时间内的标价相较于该商品在规定时间内于淘宝网展示的最低标价，上浮不得超过 10%。如排查到卖家的商品标价存在违反以上要求的情况，会对商品采取警告、清退等管控措施。特殊类目及情形遵循《淘宝网营销活动最低标价使用标准》。如存在升级投诉等情形，按照《淘宝平台价格管理规范》相关规则处理。

2）优惠力度管控。为确保买家体验感，要求参加“双十一”活动的商品，在活动预热期内的日常销售标价或日常券后价的优惠力度不得高于活动优惠力度，即预热期日常销售标价≥活动正式期的活动标价，预热期日常券后价≥活动正式期券后价。如排查到卖家的商品在预热期的日常销售标价和日常券后价存在违反以上要求的情况，淘宝官方会对商品采取警告、清退等管控措施。

**3. 注意事项**

（1）注意活动报名节奏，及时报名，不要在活动开始前 2 小时至活动开始后 1.5 小时内报名。

（2）正式活动期未发货仅退款入口不关闭，注意安排售后人力。

（3）做好活动标价和券后价的管理，不要有先涨后降和假预热的情况。

（4）做好发货时效预估，若不能短时间内发货，提前设置合理的发货时效。

（5）注意下单后的发货时效期，做好及时发货，以防延迟发货被投诉。

## 三、平台活动报名注意事项

电商平台活动运营不仅涉及报名条件核实、报名流程中资料提交等问题，还涉及商品选择、定价、关联营销、促销品选择、客服准备、库存准备等一系列问题。在平台活动报名时应注意以下事项。

**1. 做好产品的供应链、资金准备工作**

由于大部分活动流量大、成交量大，且准备时间有限，因此要对产品库存、供应链有良好的预期，避免成交后出现供货不足的情况，造成客户投诉、店铺权重下降。同时，由于活动涉及出货压制，现金流大，要缴纳一定的保证金，所以要提前做好资金准备和后续的资金周转工作。

**2. 提前提交报名资料**

做好报名工作中商品价格和标题的设置，完成图片、链接提交工作，避免因所提交的资料不合格而影响活动报名。

**3. 提前做好各部门职能分工**

为保障活动效果高效圆满，应提前对各部门进行职能分工，主要包括运营主管、设计美工、推广活动、客户服务和仓储物流，具体职能分工如图 3-2-9 所示。

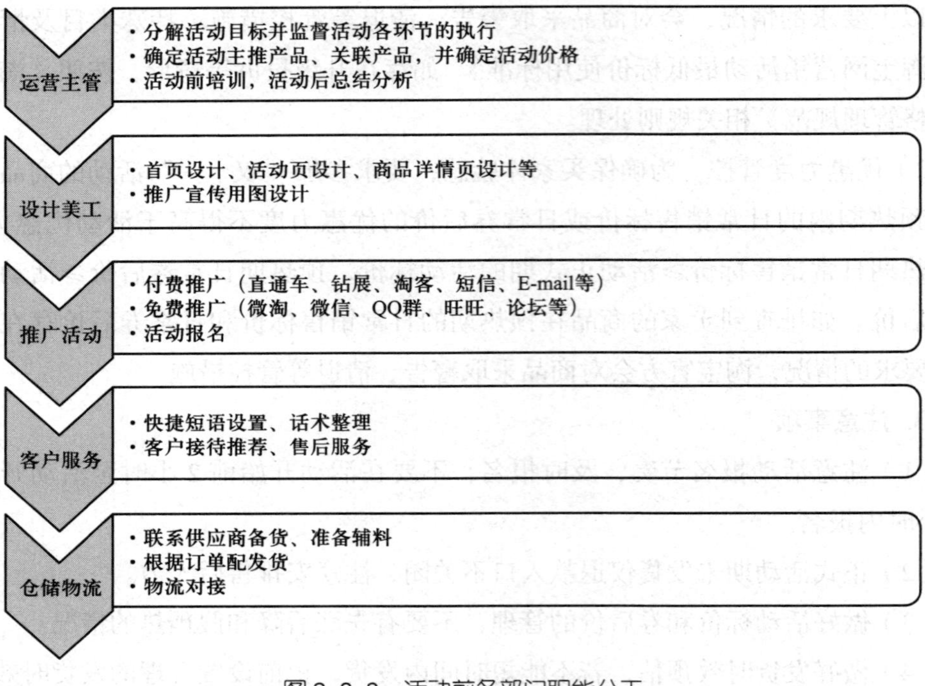


图 3-2-9 活动前各部门职能分工

# 学习单元 3　平台活动营销管理工具设置

对于网店商家而言，为了让店铺销售更好地达到预期效果，在引流推广或者店铺活动环节都要适当地配合一定的促销力度，主要通过送优惠券、搭配销售、拼购降价等形式来实现。要配合这些完成平台活动就需要平台活动营销管理工具的支持。

## 一、平台活动营销管理工具概述

营销管理工具是指具有短期鼓励性质的各种网络工具，由于工具的设置既能体现一定优惠力度，又有一定时效限制，因此将这些营销工具与推广、活动配合起来使用，能起到促进客户购买、提升店铺转化率、提升客单价、促进关联消费、提升店铺业绩的目的。同时，基于网络数字化特征，平台活动营销管理工具在优惠分发、定向投放、效果统计等方面收效更为突出。

传统市场营销活动中，商家主要的促销形式表现为折扣券、减价优惠、组合销售、多买多送、赠品抽奖或团购活动，同样在网店运营中也存在这些形式，淘系的红包优惠券，拼多多的拼购等，这些都是通过商家营销管理工具设置来实现的。下面以淘系营销管理工具为例进行介绍。

淘系为商家提供的营销管理工具主要有单品宝、优惠券、店铺宝、搭配宝、顺手买一件等，在商家后台营销工具中心都有展示，如图 3-2-10 所示。

图 3-2-10　淘系商家后台营销工具中心

除官方配套的营销管理工具外，在淘系服务市场交易平台还有第三方提供的服务工具，如图 3-2-11 所示，同样可以帮助商家实现打折促销、首件优惠、满就送、自动评价、手机营销、第二件半价等诸多功能，可满足商家多种场景的使用。

图 3-2-11　淘系服务市场

大部分营销工具是免费使用的，例如三宝一券，即“店铺宝”“单品宝”“搭配宝”“优惠券”四个常用的商家营销管理工具，已于2021年7月1日开始免费使用。

## 二、常用平台活动营销管理工具的设置

### 1. 单品宝

单品宝是针对店铺某个商品灵活设置商品打折、满减（减钱）、促销价的工具，是原来“限时打折”工具的升级版。商家应用单品宝对商品进行设置后，对应商品的前台会自动体现出打折优惠的效果。

步骤1　创建活动

在商家后台“千牛工作台”左侧“营销”栏目的“营销管理”列表中，点击“营销工具”，在界面中选择“单品宝”，点击“立即创建”。其流程主要包括活动设置、选择活动商品、设置商品优惠三个步骤，如图3–2–12所示。

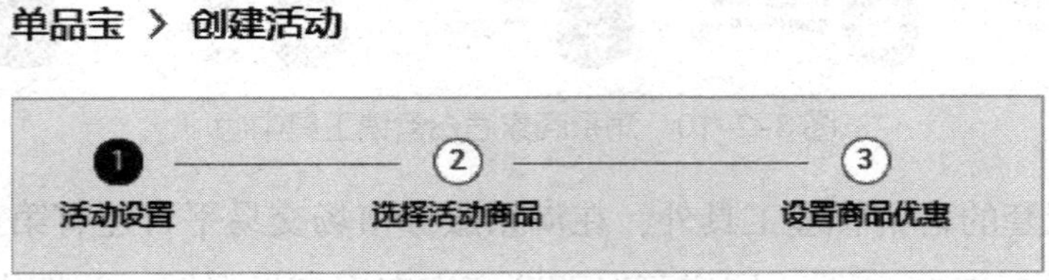


图3–2–12　单品宝创建活动

步骤2　活动设置

活动设置环节主要填写活动标签、活动名称，选择活动周期、优惠级别、优惠方式及包邮与否。活动标签可选择创建“日常活动”或者“官方活动”，不允许自定义。

（1）若选择创建“日常活动”，应填写活动基本信息，如图3–2–13所示，优惠级别可以针对商品，也可以选择SKU（Stock Keeping Unit，最小存货单位）级；可选择的优惠方式有打折、减钱和促销价，所选择的标签会显示在商品详情页标题后方。

（2）若选择创建“官方活动”，则填写活动基本信息，如图3–2–14所示。官方活动是针对特定人群的优惠，目前可创建粉丝专享价、会员专享价、新客专享价、老客专享价、限时特惠和已购会员专享价。

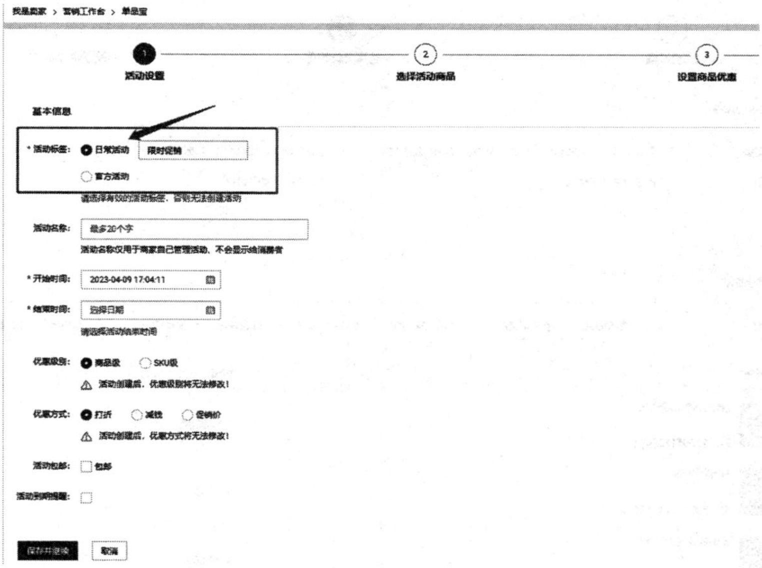

图 3–2–13　单品宝创建日常活动设置

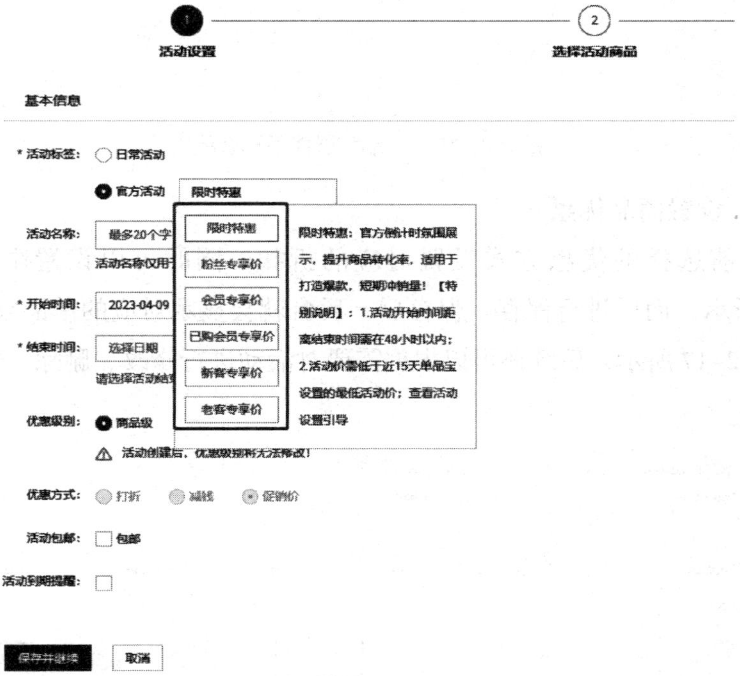


图 3–2–14　单品宝创建官方活动设置

步骤 3　选择活动商品

选择需要设置优惠的商品，如图 3–2–15 所示，可以多个商品一起设置，也可以选择一个商品进行设置。

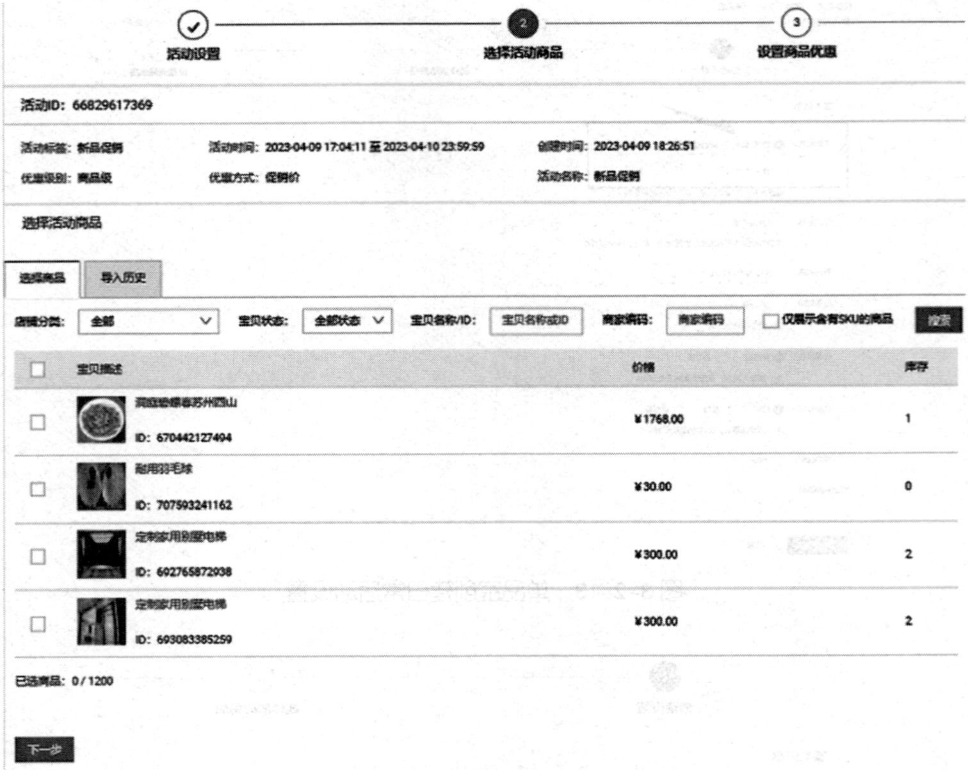


图 3–2–15　单品宝选择活动商品

步骤 4　设置商品优惠

基于之前选择的优惠方式设置对应的折扣，同时可以设置限购情况，如图 3–2–16 所示，而后进行保存。保存后，后台就会显示对应的单品宝活动管理列表，如图 3–2–17 所示，后续还可以根据需要对活动进行修改、删除、暂停等操作。

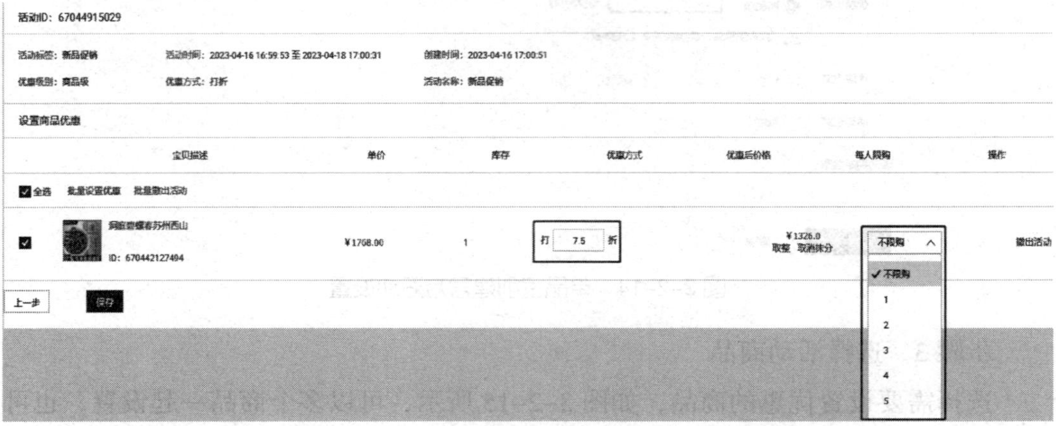


图 3–2–16　单品宝设置商品优惠

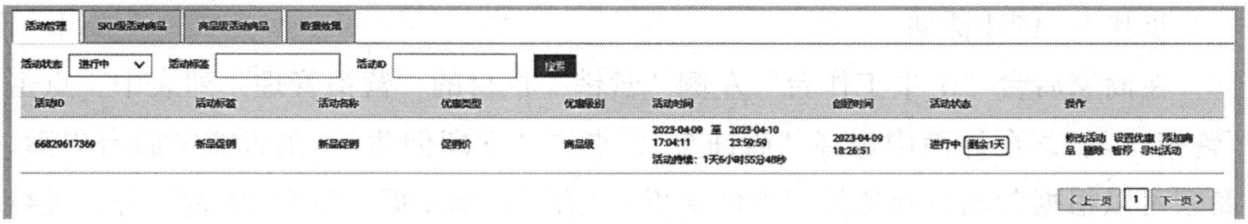

图 3–2–17　单品宝活动管理列表

步骤 5　完成设置

设置完成后，前台商品就会出现对应的优惠价格，有一口价、新品促销价等，效果如图 3–2–18 所示。

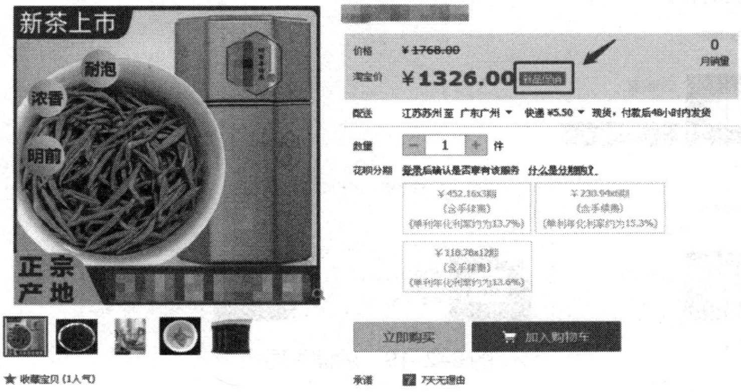


图 3–2–18　单品宝活动设置前台展示效果

使用单品宝设置商品优惠价是网络零售中常用的单品促销手段，其应用要点如下。

（1）单品宝通常最多可以设置 100 个活动，要有针对性地使用，避免无效试用。

（2）设置商品优惠价不能低于一口价的 3 折，否则不计销量。

（3）单品宝官方活动类型的选择取决于营销目标，以拉新促销为目的的可以设置为新客专享价，以回馈激活客户为目的的可以设置为会员专享价或老客专享价，以提升内容为目的的可以设置为粉丝专享价。

（4）单品宝应用后要随时关注优惠价格的结束时间和使用收效，必要时可以进行适当调整，避免过期后影响客户体验。

**2. 店铺宝**

店铺宝是店铺级优惠工具，支持创建部分商品或全店商店的满减 / 满折 / 满包邮 / 满送权益 / 满送赠品等营销活动，是“满就减（送）”升级版。店铺宝设置完成后，前台对应商品会自动体现对应优惠效果，也可以在店铺页面通过文案装修体现，是一款提升客单价的营销利器。

步骤 1　创建活动

在商家后台“千牛工作台”左侧“营销”栏目的“营销管理”列表中，点击“营销工具”，在界面中选择“店铺宝”，点击“立即创建”。在店铺宝后台界面，商家可以根据营销目标选择“多件多折”“拍下立享 x 折”“2 件 75 折”等，进行活动创建，如图 3-2-19 所示。

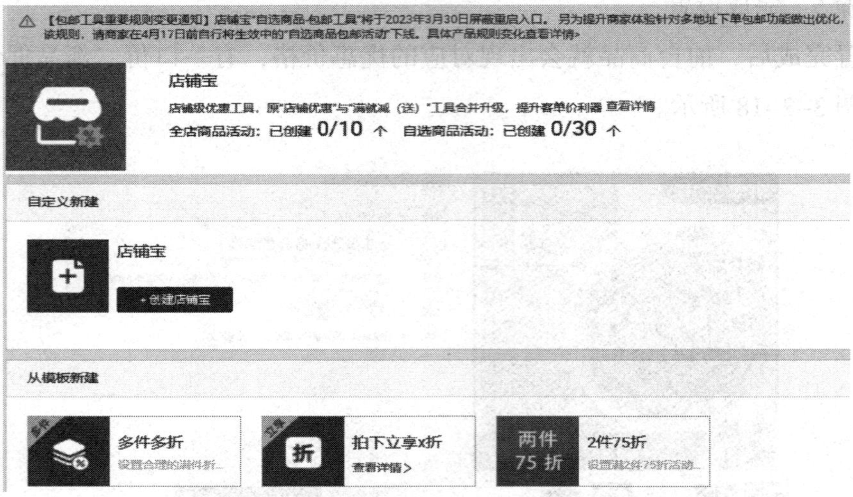


图 3-2-19　店铺宝后台

步骤 2　填写基本信息

在“编辑活动”界面填写基本信息，包括活动名称、优惠类型、活动周期、定向人群及活动到期提醒等，如图 3-2-20 所示。

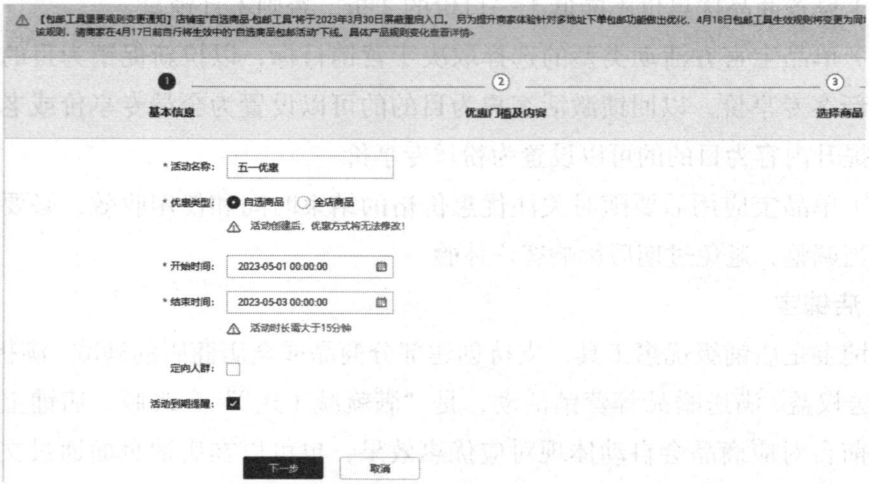


图 3-2-20　店铺宝创建活动“基本信息”设置

步骤 3　填写优惠门槛及内容

填写优惠条件、优惠门槛和优惠内容，如图 3-2-21 所示。优惠条件可选“满件”优惠或“满元”优惠；优惠内容包括减钱、送权益、送优惠券等，商家可根据客户偏好进行设置，其中送优惠券必须建立在设置过优惠券的基础上，商家也可将多项优惠内容累加选择，同时可以在此基础上设置二级、三级优惠，最多可设置五级优惠。在设置过程中，商家要充分考虑优惠力度对客户的诱惑力及商家的利润情况。

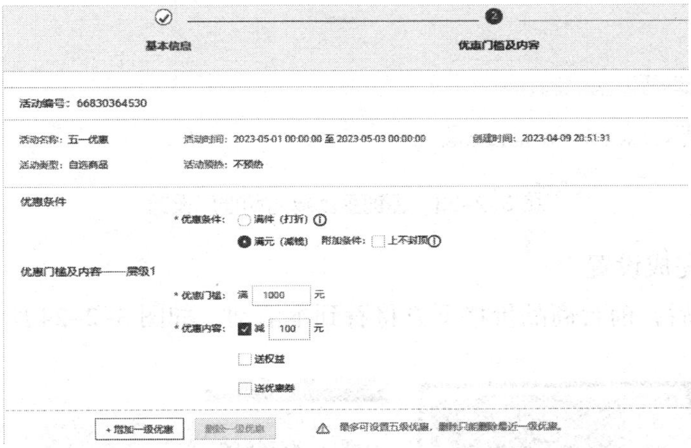


图 3-2-21　店铺宝创建活动“优惠门槛及内容”设置

步骤 4　选择商品

选择需要设置优惠的商品，如图 3-2-22 所示，可以选择多个商品一起设置，也可以选择一个商品进行设置。

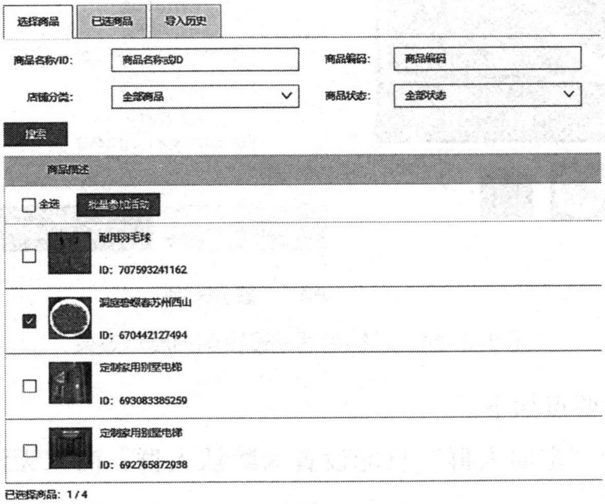


图 3-2-22　店铺宝选择商品

步骤 5　完成设置及推广

以上设置完成后，可以进入推广环节，即商家可以选择“超级推荐进行推广”，为活动争取更多流量，也可以选择“今日超值推广”，增加群聊推送曝光，如图 3–2–23 所示。

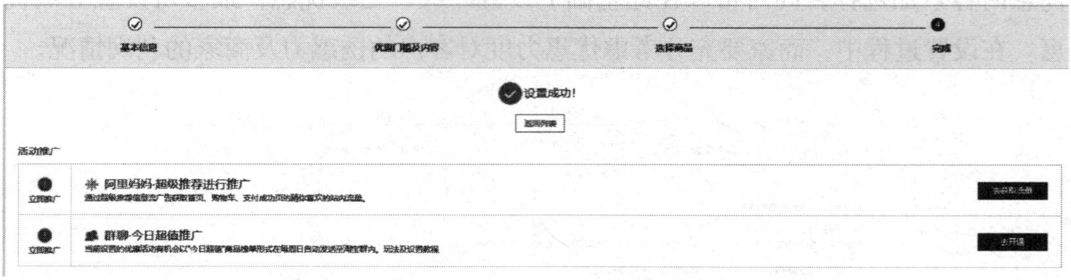


图 3–2–23　店铺宝创建活动推广设置

步骤 6　完成设置

设置完成后，前台商品价格下方将看到本活动，如图 3–2–24 所示。

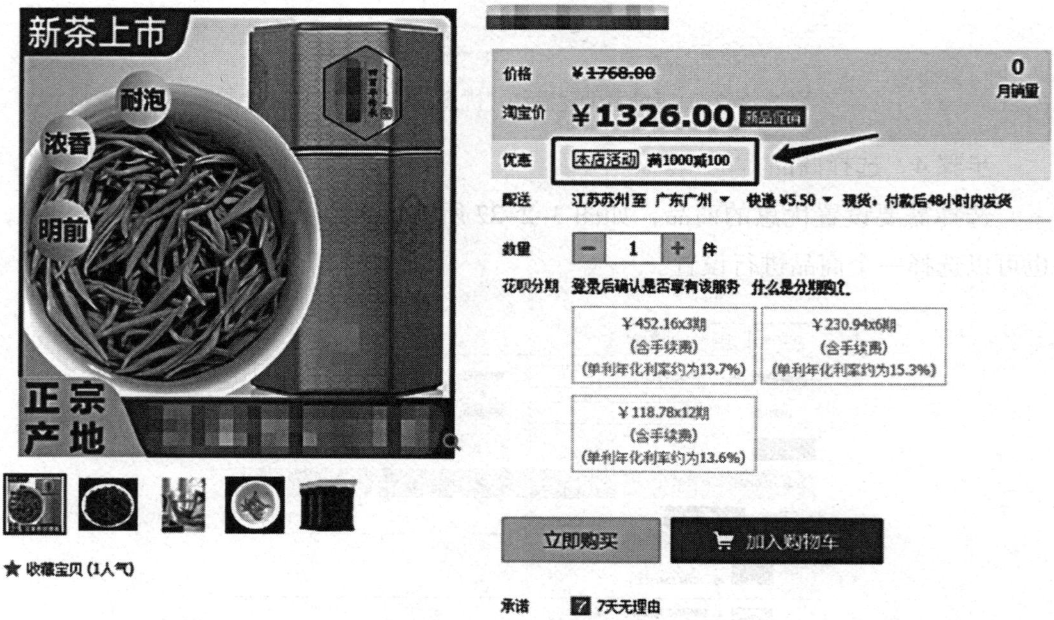


图 3–2–24　店铺宝活动设置前台展示效果

店铺宝的应用要点如下。

（1）店铺宝的“定向人群”只能设置为默认人群，商家无法自定义选择不同类型的人群。

（2）店铺宝最大活动时长为 180 天，最短活动时长应不少于 15 分钟。

（3）通过店铺宝设置自选商品最多可创建 50个，其中包含未开始活动、进行中活动以及暂停活动的商品。

（4）依照营销目标设置优惠方式，以促进客户当下销售为目的时可以设置拍下立减、拍下送赠品，以促进客户回购为目的时可以设置优惠券。

（5）适度设置优惠门槛，既要避免门槛过高，客户不买账，又要避免门槛太低，整体投入回报不成正比，还要避免不封顶优惠或者多级优惠时出现亏本问题。

（6）适当推广，店铺宝的优惠力度一般强于单品宝，属于店铺级别的活动，因此要达到良好的效果，最好将引流与推广有效结合起来。

### 3. 优惠券

优惠券是商家常用的促销工具，既可以独立使用促进买家快速下单，也可以结合店铺宝等多种营销管理工具使用，应用比较灵活。

在商家后台“千牛工作台”左侧“营销”栏目的“营销管理”列表中，点击“营销工具”，在界面中选择“优惠券”，点击“立即创建”即可进入优惠券设置。优惠券类型主要包括店铺券、商品券、裂变优惠券等，如图 3–2–25 所示。其中，店铺券适合全店使用，商品券适合部分商品使用，裂变优惠券则是利用更高的折扣力度吸引消费者拉动好友分享助力，帮助商家实现老客带新客，增加成交率。

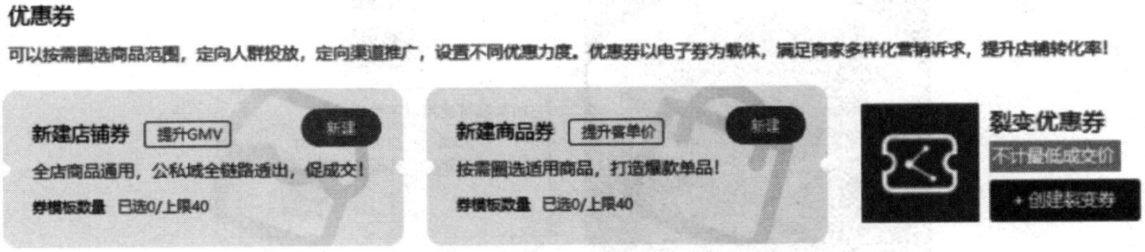


图 3–2–25 商家后台优惠券中心

创建店铺优惠券时设置的主要内容包括优惠券推广方式、名称、使用时效、商品范围、面额门槛、发放量及每人限领张数等，如图 3–2–26 所示。这些信息的填写与单品宝、店铺宝接近，只在推广方式上更加多元化，下面重点介绍优惠券的推广方式。

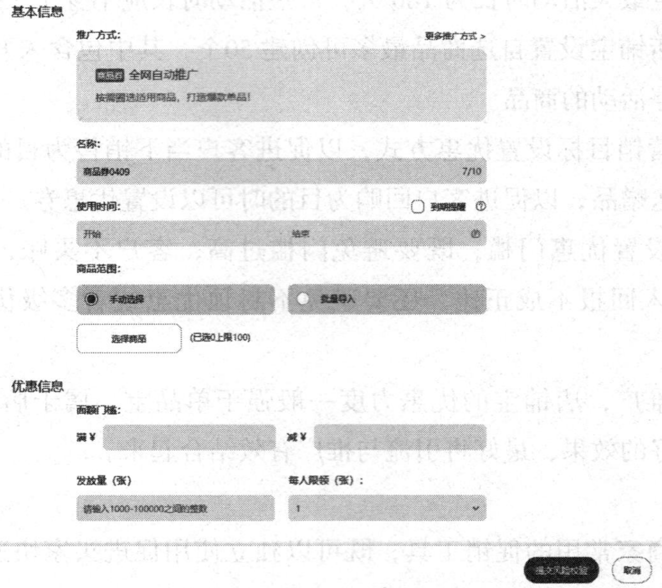


图 3-2-26　创建店铺优惠券

（1）全网自助推广

全网自助推广是优惠券公开渠道应用的一种形式，主要是指优惠券创建后，会自动在宝贝详情页标题下显示，如图 3-2-27 所示，消费者可以自主领取使用。

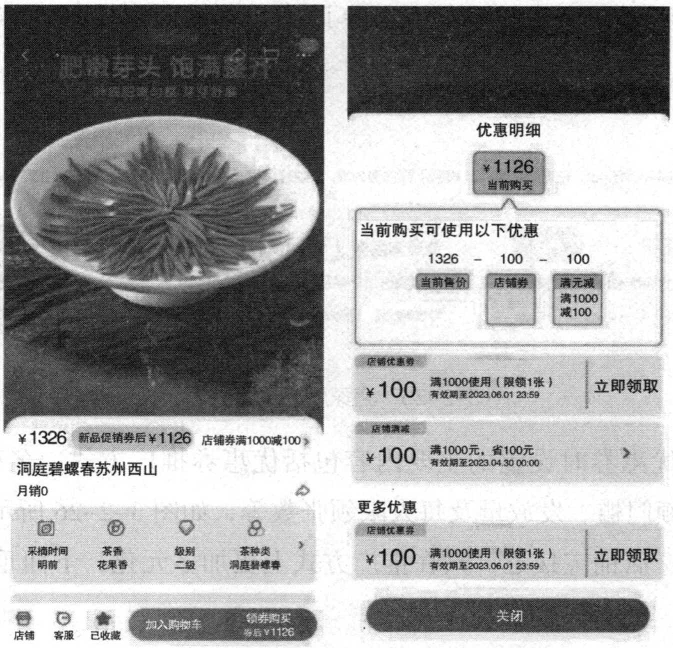


图 3-2-27　优惠券自助推广前台展示效果

（2）官方渠道推广

官方渠道推广是优惠券在特定场景公开应用的一种形式，主要应用于淘系官方场景，图 3–2–28 所示为官方渠道推广下可以选择的场景，多达 30 余种。在官方渠道推广下，选择对应的应用场景设置相应的优惠券，而后在应用阿里妈妈、官方活动、店铺宝时就可以直接调用。

图 3–2–28　优惠券官方渠道推广应用场景

（3）自有渠道推广

自有渠道推广是优惠券非公开应用的一种形式，如图 3–2–29 所示。商家创建优惠券后，会生成优惠券链接，而后商家可以通过站外渠道推广该链接，也可以通过“千牛工作台”给老客户发送该链接。链接分为通用领券链接和一次性领券链接。

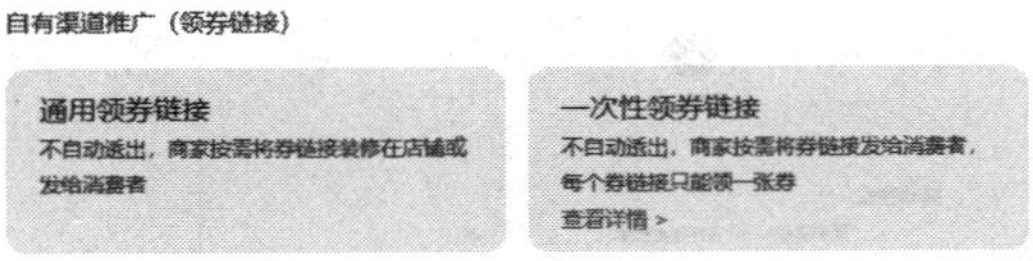


图 3–2–29　优惠券自有渠道推广

优惠券的应用要点和单品宝、店铺宝接近，除此之外还应注意以下几个要点。

（1）优惠券类型选择

店铺券有助于拉动店铺整体效益，商品券可以有针对性地拉动商品销量，裂变优惠券可促进店铺拉新，要根据促销目标灵活选择优惠券类型。

（2）“不计最低成交价”优惠券的应用

在官方渠道推广和自有渠道推广时，部分优惠券下会标注“不计最低成交价”，说明这种优惠券的使用即便使商品成交价低于活动价格，也不影响活动中要求的最低价限制，为商家报名活动提供了更大的应用空间，从一定层面上来说，通过这种优惠券回馈客户不会产生由于成交价过低影响商品权重和活动报名的情况，值得商家关注。

### 4. 搭配宝

搭配宝是淘系提供给商家的一款比较实用的促进用户关联消费的营销工具，通过套餐的搭配可以提高整体购买商品的性价比，同时也有时效性限制，所以往往也会调动买家购物热情，不仅可以提升商家的店铺转化率，而且有利于提升买家购买的客单价，是“搭配套餐”的升级版。在商家后台“千牛工作台”左侧“营销”栏目的“营销管理”列表中，点击“营销工具”，在界面中选择“搭配宝”，点击“立即创建”即可进入搭配宝设置。其设置流程比较简单，如图 3–2–30 至图 3–2–32 所示。

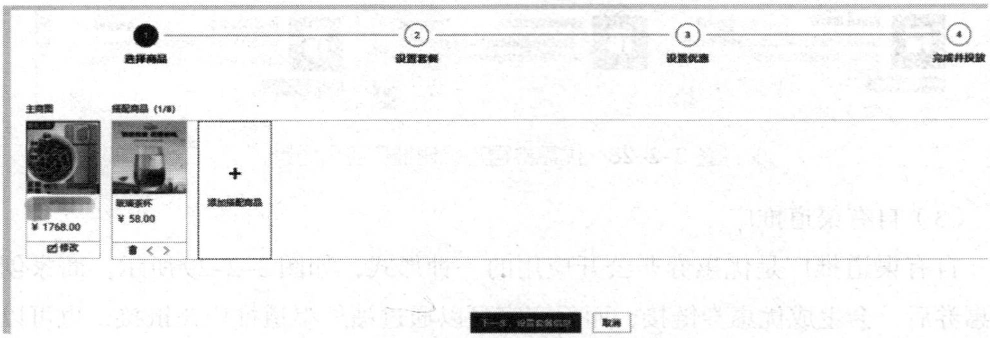


图 3–2–30　搭配宝设置流程——选择商品

图 3–2–31　搭配宝设置流程——设置套餐

图 3-2-32 搭配宝设置流程——设置优惠

点击“保存套餐”，进入“完成并投放”界面，点击投放即可完成设置。

# 培训课程 3 网络直播推广

## 学习单元 1 直播活动策划

### 一、电商直播活动的类型

电商直播活动的类型从直播运营角度可以分为商家自播、请红人播、代运营播，从直播场地角度可以分为店铺直播、产地直播，从直播呈现形式角度可以分为坐播、站播、走播。每种不同的维度分类，都意味着商家实力资源不同、商品不同。

**1. 直播运营角度分类**

（1）商家自播

自播是指商家直接负责线上店铺的直播活动，是以自家的品牌或产品为中心，利用自家账号和自身团队在各类平台的线上店铺中组织开展的电商直播形式。自播对主播的个性特点、个人魅力、圈粉能力等要求不高，主播仅起到商品介绍和客服功能，要求掌握产品专业知识，具备促单能力，契合品牌形象。自播这种形式，适用于日常直播、品牌宣传，有助于提升转化率。

（2）请红人播

请红人播是指商家找明星或者网络达人等红人开展线上店铺的直播活动，商家利用红人自带粉丝和流量帮自己带货，大多以红人账号为中心来吸粉，是“货围绕人”的电商直播形式。商家可通过精选联盟或 MCN 机构（Multi-Channel Network，多频道网络）寻找合适的红人帮自己带货，需要支付服务费（坑位费）和佣金（订单提点抽成）。请红人播的形式有利于商品短时间得到充足曝光，适合做新品爆款的推广，偶尔促销或者清库存。

（3）代运营播

代运营播是指商家请第三方企业团队来进行直播带货活动运营的直播类型，由第三方团队为商家提供主播培训、主播代播、人力推荐、直播活动的策划与实施等，一般通过大号带小号等方式让商家的直播账号快速做起来。代运营与红人收费的标准相似，一般是服务费＋佣金提成的形式。代运营播适合工厂型、连锁品牌型等商家选用，有利于帮助商家快速入场，降低前期直播运营投入和试错成本，提升直播数据与销量。等到发展成熟，代运营播的模式也将转向商家自播。

**2. 直播场地角度分类**

（1）店铺直播

店铺直播是指商家在自家的线下店铺中直播。基于店铺，主播可对每一个在售产品进行介绍、展示，消费者可以指定主播要介绍的产品，也可以针对主播推介的商品与主播进行互动。店铺直播中商品展示主要有实时接待、商品推介、新品发布、商品测评、商品制作五种形式。店铺直播一般适合具备实体店铺、产品有竞争力，且有一定粉丝量级和规模的店铺，一是SKU多、更新快、复购率高的店铺，如美妆、服装店铺；二是倚重产品讲解和演示的店铺，如手机、相机、数码家电店铺；三是受众为女性群体的产品店铺，如母婴产品、生鲜蔬菜零食、绘本、医美产品等品类的店铺。对于粉丝不多但均是“发烧友”群体，在平台外有微信社群等私域流量的店铺，如游戏卡盘、滑板、改装汽车、玩偶手办、汉服等品类的店铺，也适合利用店铺直播进行转化。

（2）产地直播

产地直播是指主播在产品的生产供应地进行的直播活动，主要包括原产地直播、厂播和仓播。原产地直播是指在产品的原产地进行直播带货活动。主播从货源地将原汁原味的产品带到镜头前，让观众了解当地特色风味，既能帮助观众了解产品品质，又能为产地创造新的销售渠道。这种直播形式多应用于农产品的直播带货。厂播是指在工厂内进行的直播活动，对工厂的生产线、机器设备、组装、质检、包装、发货等流程实时展现，增加客户信任度。仓播是指在仓库内开展的直播活动，主要是通过从仓库直发货物来打通供需两端，缩短物流环节，降低成本，让消费者可以从中获得更多优惠以及更便捷的体验。目前，仓播大部分是由具备仓储条件的店铺或是保税仓发起的。

### 3. 直播呈现形式角度分类

不同的直播呈现形式，适合不同类目的商家选用，也会影响直播间的搭建和直播设备的准备。

（1）坐播

坐播包括半无人直播、坐姿半身景直播等，是带货直播里最常用的呈现形式，适合采用坐播的商品较多，主要有珠宝、美食、美妆、玩具、母婴用品等，建议直播场景空间在 10 平方米左右，重点在于产品的前置呈现。

（2）站播

站播包括站立半身景直播、站立全身景直播等，适用于服饰、家纺、箱包、家居类商家，对于店铺整体、产品效果和产品细节对应使用远景、中景、近景进行呈现。建议直播场景空间在 20 平方米以上，需提前做好直播间背景陈列、商品陈列等。

（3）走播

走播是指主播到线下的市场中去，粉丝们跟着主播开启边逛边卖的模式，重点在于能让客户看到产品的整体，适合原产地直播、批发市场直播、厂播、仓播等。走播设备需要准备好手持稳定器和锂电池补光灯。

不同的直播呈现形式如图 3-3-1 所示。

半无人直播
坐姿半身景直播
站立半身景直播
站立全身景直播
走播
适合珠宝首饰、手机配件等类目
适合食品、母婴、美妆护肤等类目
适合家纺、服装等类目
适合男装、女装、童装等类目
适合原产地直播、批发市场直播、厂播、仓播

图 3-3-1　不同的直播呈现形式

## 二、直播活动策划的整体思路

直播活动策划就是根据直播目的，确定直播活动该采用什么直播类型和形式、

选定哪些目标用户、要给用户呈现什么产品和内容，为直播方案的设计提供思路。直播活动策划的整体思路设计，包括以下四个部分。

**1. 目的分析**

一场直播营销活动，不同类型的商家，直播需求也会有差异。商家一般根据自身定位和需求来确定直播目的。直播目的一般有三种：一是销售，二是品牌宣传，三是清库存。根据营销目的的不同，直播营销策划也有所差异。因此，在确定整体思路阶段，直播团队需要先分析确定直播的目的。

**2. 用户分析**

不同的用户群体有不同的爱好和心理特点，喜欢不同的直播内容，首先要找准目标用户，可以考虑在小镇青年、小镇中老年、新时代人群、精致妈妈、资深中产、都市银发、都市蓝领、新锐白领等策略人群中选择一类或几类作为目标用户人群进行用户需求和用户兴趣分析。

**3. 营销方式选择**

在确定直播目的和用户人群后，直播团队需要根据用户群体的关注偏好、消费偏好、加购补货意见等需求，在名人营销、稀有营销、利他营销、对比营销等方式中，选择其中的一种或多种进行组合。

**4. 策略组合**

确定营销方式后，直播团队需要对人、货、场、创意等模块进行组合，设计出最优的直播策略。

## 三、直播活动方案的设计

直播活动方案是对整个直播营销活动全过程的概括与提炼。直播团队设计直播方案的目的是使所有参与直播活动的相关工作人员，既了解整体思路，又明确落地方法及步骤。直播活动方案的设计需要通过策划直播主题、设立直播目标、筹备直播内容、估算直播经费，最后形成直播方案。

**1. 策划直播主题**

直播主题是直播方案的中心，整场直播的设计都需要围绕直播主题进行拓展。直播主题的策划角度、策划依据和策划要点见表 3–3–1。

表 3-3-1 直播主题策划

| 策划角度 | 策划依据 | 策划要点 | 举例 |
|---|---|---|---|
| 品牌角度 | 遵循品牌发展情况和直播目的 | 突出品牌优势以及品牌带给用户的福利 | 品牌上新、周年店庆、清仓处理、回馈新老粉丝、日常直播维稳 |
| 产品角度 | 产品定位和用户需求 | 突出产品能解决用户的“痛点”和问题 | 夏季显瘦穿搭技巧、一招解决脱发难题 |
| 平台与时节角度 | 用户在各大平台官方活动和热点节庆的消费心理 | 突出平台活动促销力度、节日热点消费亮点 | “双十一”预售、家装节巨惠、母亲节爱心优惠购 |

**小贴士**

可以采用“品牌＋产品＋用户需求＋价格优惠 / 活动 / 热点”的形式来命名直播活动主题，公式的类目可以适当删减或增加。例如，卖农产品的直播活动，主题可以命名为“××品牌绿色健康水果原产地直播”；卖服装的直播活动，主题可以命名为“夏季显瘦穿搭技巧”“××品牌服装 618 巨惠促销”；卖手机的直播活动，主题可以命名为“××品牌手机新品上架开箱测评”等。

**2. 设立直播目标**

根据直播目的制定具体、可衡量、可实现、相关联的直播目标。

（1）商业目标

直播活动的商业目标主要是拉新、留存和变现。具体的行为包括 App（应用）的下载、注册、付费，公众号粉丝的增长，社群规模的扩大和留存，产品的销售和复购等。

（2）用户目标

用户目标即用户需求，当活动被设计出来之后，能够解决用户的问题、满足用户的需求。

（3）活动指标

活动指标是指直播活动具体需要达成的数据任务，常用流量目标和销售目标体现，如直播观看人数（总在线人数、峰值人数）、商品点击数、成交订单数、支付人数、直播销售额、拉新人数、参与率、拉新率、直播转化率等。

**3. 筹备直播活动**

（1）定人

定人是保证直播活动落地的核心内容，需要根据直播用户情况和企业资源实力组建规模适宜的直播团队。主要包含直播活动的负责人、主播团队、活动策划人员、运营人员、负责保障实现活动效果的技术人员，以及为活动增添影响力的嘉宾或 KOL（意见领袖）等。关于直播活动的人员分工，直播团队需要先做小组分配，例如，直播活动负责人、主播团队、客服组、运营推广组、技术组等，在方案中需要说明工作组的职责，同时还要对直播流程中每个环节负责人的工作要点进行说明，见表 3–3–2。

表 3–3–2　直播活动筹备分工表

| 团队分组 | 角色 | 工作职责要点 |
|---|---|---|
| 直播活动负责人 | 负责人 | 全面负责直播活动的统筹、协调、实施和复盘工作，落实直播团队人员分工与活动嘉宾等 |
| 主播团队（3人） | 主播 | 负责直播内容的主持和呈现，开播前熟悉直播流程、商品信息以及直播脚本内容；推广产品或服务，与观众互动，吸引观众的关注和购买欲望；直播结束后，做好复盘 |
| | 副播 | 协助主播进行直播，负责辅助主播的工作，例如，播放视频、展示产品、介绍福利、活跃气氛等 |
| | 助理 | 负责协助主播和副播的工作，例如，安排直播时间、准备直播商品和道具、处理直播中的问题、画外音互动等 |
| 客服组（3人） | 客服（2人） | 负责与观众进行在线沟通，提供咨询和售后服务。例如，配合主播在线互动和答疑、收集用户信息、管理用户数据、解决发货和售后等问题 |
| | 店长导购（1人） | 负责管理直播间，引导观众浏览产品，提供专业的购买建议，为用户“种草”商品，促成销售，同时协助主播与用户互动 |
| 运营推广组（6人） | 策划（1人） | 负责制定直播活动的策略和计划，包括活动主题、内容安排、商品准备、时间安排、营销推广手段、宣传预热、用户导流等 |
| | 运营（2人） | 负责直播活动的运营管理，包括直播时间具体安排、宣传活动推广、营销任务分解、品类规划、货品组合、商品结构规划、陈列规划、直播间数据运营、粉丝管理等 |
| | 编导（1人） | 负责直播活动的导演，确保直播内容的流畅和吸引力，包括编写商品脚本、活动脚本、控评话术脚本，做好封面场景策划、下单角标设计、服饰道具准备等 |

续表

| 团队分组 | 角色 | 工作职责要点 |
| --- | --- | --- |
| 运营推广组（6人） | 设计（1人） | 负责直播活动的视觉设计，包括直播间的布局、美化，宣传物料、直播宣传海报、文章配图、头图的设计制作等 |
| | 拍摄剪辑（1人） | 负责拍摄、制作和编辑直播活动的视频素材，如直播花絮、主播短视频、商品微视频，提供高质量的视觉内容 |
| 技术组（2人） | 场控（2人） | 负责直播现场的技术操作和中控台控制，包括直播设备软硬件调试、直播推送、商品上架、画面切换、音频调整、特效添加、直播实时数据监测、传达指令等 |

（2）定货

直播营销活动的内容中，选品定货非常重要，商品结构规划不仅会影响直播间的销售业绩，还会影响直播间抵御风险的能力。定货即确定直播上架的商品，包括商品价格、优惠券、活动属性等，同时根据不同类型的产品进行营销组合与定价。根据店铺在售商品的数据分析结果以及企业发展方向进行选品和商品结构规划，商品结构一般可规划为引流产品、利润产品和形象产品三类，如图 3–3–2 所示。在引流产品、利润产品和形象产品的基础上针对产品情况和直播环节进行设计，如设计印象款、引流款、福利款、利润款、品质款这 5 项产品或产品组合，并根据自身店铺商品属性增加相关功能选项，见表 3–3–3。主推的货品还应提前准备好卖点的挖掘。

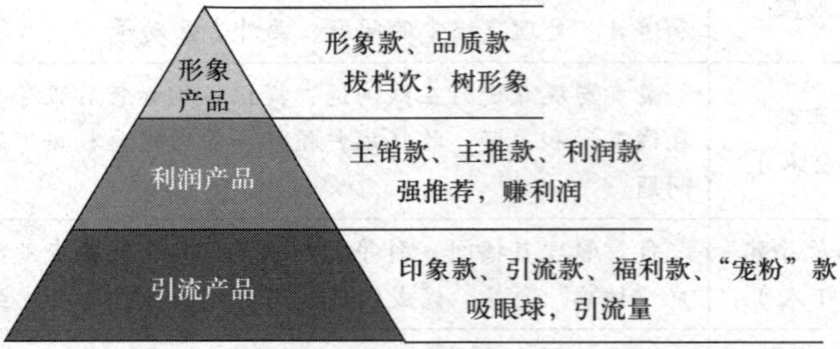


图 3–3–2　直播常见商品结构规划

表 3–3–3　商品结构规划信息表

| 序号 | 分类 | 产品名称 | 直播售价 | 优惠券 | 返现 |
| --- | --- | --- | --- | --- | --- |
| 1 | 印象款 | | | | |
| 2 | | | | | |

续表

| 序号 | 分类 | 产品名称 | 直播售价 | 优惠券 | 返现 |
|---|---|---|---|---|---|
| 3 | 引流款 | | | | |
| 4 | | | | | |
| 5 | 福利款 | | | | |
| 6 | | | | | |
| 7 | 利润款 | | | | |
| 8 | | | | | |
| 9 | 品质款 | | | | |
| 10 | | | | | |

（3）定场

直播活动定场是指直播活动场地的筹备，包括直播场地、直播平台和直播形式的选择，直播道具和直播设备的准备，以及直播间布景与布局设计，工作流程如图 3–3–3 所示。

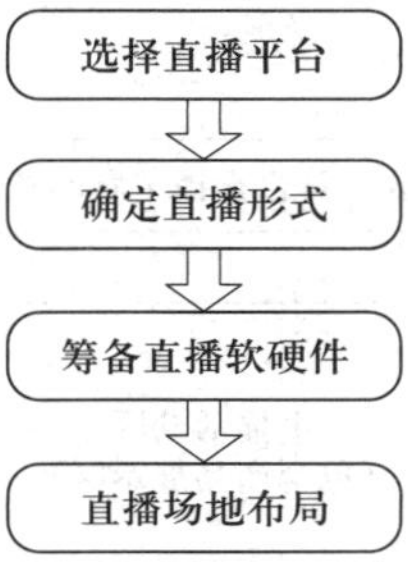


图 3–3–3　直播定场工作流程

第一步，选择直播平台。不同的直播带货平台适合不同性质的主播带货，以抖音、快手、淘宝为例。在抖音，19～24 岁用户群体，41～45 岁的男性与 19～30 岁的女性用户群体占比较大，适合时尚、美食、美妆类主播选用。在快手，电商发展模式种类多，带货类型灵活，粉丝群体以三四五线城市居多，适合靠近产业带或者有实体店的商家进行直播带货。在淘宝，适合粉丝基数大，有淘宝电商平台作为基础，用户的购物目的明确的商家选用。

第二步，确定直播形式。根据商家实力资源和商品属性，选择合适的直播形式，如商家自播、请红人播、代运营播、店铺直播、产地直播、站播、坐播、走播等。

第三步，筹备直播软硬件。直播间布景的物料、直播软硬件设备和直播资源的准备与调试，见表 3–3–4。

表 3–3–4　直播活动场地软硬件筹备示例

| 直播场地：×××× | | 直播形式：商家自播 / 店铺直播 / 站播 | |
|---|---|---|---|
| 直播间布景物料 | 直播道具与设备 | 商品准备 | 直播彩排测试 |
| 背景布、logo 墙、窗帘布、置物架 | 直播机 / 手机、电源、摄像机、监控 / 摄像头、无线网络、三脚支架、麦克风、LED 灯、补光灯、外置声卡、提词设备 | 产品摆放、产品标签贴、日常用品准备（卡尺、电子秤、计算器、秒表、小黑板、白板等） | 主播进入场景测试录制，检测灯光、收音等情况 |

第四步，直播场地布局。在空间布局上，一般可以将直播间分为背景区、主播活动区（包含商品展示区）、硬件摆放区及其他工作人员活动区，如图 3–3–4 所示。直播间布局需保证直播间的装修与直播主题相贴合，直播间的灯光能够充分凸显产品的优势，直播场地不会让用户有压抑感等，打造较好的直播间效果。

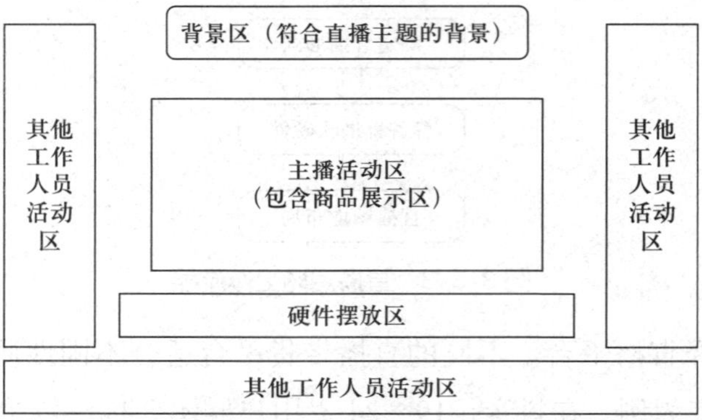


图 3–3–4　直播间布局示例

以销售为目的的场景需要的元素，应重点突出销售信息，最大程度突出产品，产品功能要尽可能展示详尽。

以品牌宣传为主的直播间，除增加曝光量之外，还要注重品牌的形象塑造，其中一方面需要重点突出品牌的官方成绩、明星代言等信息，另一方面需要在品牌宣传场景的搭建中突出展示品牌 logo，打造新颖独特的视觉识别体系，让直播间成为有独特记忆点的直播间。

（4）定推广

直播活动开始前的宣传预热、直播实施与结束后的二次宣传，均需要确定不同的渠道进行推广，一类是自有渠道，另一类是商务渠道。在各类渠道进行宣传，需要考虑目标用户所处的流量位置和该位置的流量规模，渠道越精准、规模越大越好。直播活动推广渠道与方式示例见表 3–3–5。

表 3–3–5　直播活动推广渠道与方式示例

| 类别 | 渠道 | 方式 |
| --- | --- | --- |
| 自有渠道 | 微信公众号、官方订阅号、服务号、朋友圈 | 图文、视频 |
| | 社群：建立的相关微信群、QQ 群 | 海报、推文、相关话术 |
| | 私域流量：企业员工等相关人员朋友圈、公众号 | 海报 |
| | 微博：官方微博平台 | 海报、开箱视频、微博发帖 |
| | 视频平台：抖音、快手等 | 开箱视频、产品测评 |
| | 其他平台：小红书、知乎、豆瓣、百家号、贴吧等 | 软文 |
| 商务渠道 | 直播渠道：付费推广工具 | 付费购买推广资源 |
| | 与其他企业资源置换与合作 | 友情链接 |
| | 投放流量平台广告位：App 开屏广告位、网站首页轮播图 | 付费购买推广资源 |

（5）定流程

一场完整的直播营销活动流程包括五个环节，如图 3–3–5 所示。直播团队需要对每个环节进行安排，确保每一场直播活动的完整性和有效性。

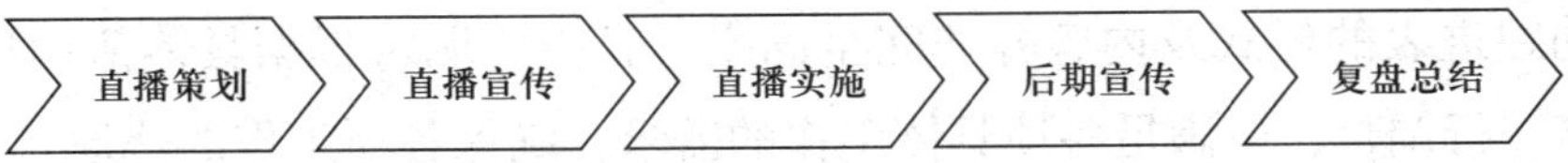


图 3–3–5　直播营销活动的流程

直播活动全流程每个环节的具体工作、工作要点、负责跟进的人员、完成的时间，可以通过“活动跟进表”来呈现，见表 3–3–6。活动跟进表有助于直播团队清晰自己的工作任务处于哪个环节和具体完成的时间节点，有利于直播活动的有序实施。

表 3-3-6 直播活动跟进表

| 阶段 | 具体工作 | 工作要点 | 责任人 | 时间规划 | 完成节点 |
|---|---|---|---|---|---|
| 前期准备（直播策划、直播宣传） | 直播活动方案策划 | 人员分工、筹备 | 运营、编导、主播等 | 提前 30 天 | |
| | 直播洽谈 | 签协议 | 运营 | 提前 20 天 | |
| | 预约直播时间 | 选平台，定时间 | 运营 | 提前 15 天 | |
| | 宣传预热 | 制定宣传方案，所有宣传媒介统一推广 | 运营、剪辑、设计 | 提前 15 天 | |
| | 直播脚本 | 确定商品卖点、价格、直播细节 | 主播、编导 | 提前 5 天 | |
| 直播实施 | 直播间布置 | 安装与测试 | 编导、场控、助理 | 提前 3 天 | |
| | 直播彩排 | 人员彩排 | 全体 | 提前 3 天 | |
| | 直播预热 | 吸引观看人次 | 主播、助理 | 当天 | |
| | 引导用户关注 | 加关注、吸粉 | 主播、助理 | 当天 | |
| | 介绍商品 | 卖点介绍 | 主播 | 当天 | |
| | 商品上下架 | 引导购买 | 助理 | 当天 | |
| | 福利活动 | 介绍福利，引导互动 | 主播 | 当天 | |
| | 用户答疑 | 一对一服务 | 主播、助理、客服 | 当天 | |
| 直播结束（后期宣传、复盘总结） | 后期宣传 | 宣传媒介报道，二次传播 | 运营、剪辑、设计 | 直播后 1 天 | |
| | 复盘总结 | 数据、效果、经验总结 | 全体 | 直播后 7 天内 | |

活动跟进表的样式及内容并非完全固定，直播团队可根据具体活动环节和需求对表格进行调整，以满足各项具体工作的需求，确保各项工作的落地。

**4. 估算直播经费**

每一场直播活动都会涉及预算，整体预算情况、各环节的预算情况，都需要直播团队在直播方案中进行简要估算。一般情况下，一场直播活动可能需要五个方面的费用投入，直播团队费用、基础投入费用、现场福利活动费用、前期宣传活动费用以及后期宣传活动费用，见表 3-3-7。

表 3-3-7 直播经费预算表示例

| 类别 | 物品 | 规格 | 数量 | 单价 | 合计 |
|---|---|---|---|---|---|
| 直播团队费用 | | | | | |
| 基础投入费用 | | | | | |
| 现场福利活动费用 | | | | | |
| 前期宣传活动费用 | | | | | |
| 后期宣传活动费用 | | | | | |
| 其他 | | | | | |

**5. 形成直播方案**

一份完整的直播方案，一般包括直播主题、直播目标、直播内容概述、直播团队分工、直播时间分配、直播活动预算六大要素。直播方案要点示例见表 3-3-8。

表 3-3-8 直播方案要点示例

<table>
<tr><th>直播方案要素</th><th colspan="2">要点概述</th><th>备注</th></tr>
<tr><td>直播主题</td><td colspan="2">通过品牌角度、产品角度、平台角度与时节角度的用户需求来策划，命名参考“品牌 + 产品 + 用户需求 + 价格优惠 / 活动 / 热点（+ 直播形式）”的形式</td><td></td></tr>
<tr><td>直播目标</td><td colspan="2">商业目标：销售变现　用户目标：解决用户 ×× 痛点<br>流量目标：吸引 × 万观众，转化率 ×　销售目标：销量突破 × 件</td><td></td></tr>
<tr><td rowspan="2">直播内容概述</td><td>人：直播团队负责人 ××，红人 ××，企业 ××，嘉宾 ××</td><td>货：介绍 × 款，主推 × 款商品</td><td rowspan="2">产品卖点与直播脚本另附</td></tr>
<tr><td>场：×× 平台，×× 直播形式，×× 设备，×× 物料</td><td>推广：自有渠道 ×× 平台；商务渠道 ×× 广告位</td></tr>
<tr><td>直播团队分工</td><td colspan="2">主播：　副播：　运营推广组：　技术组：　客服组：</td><td>分工表另附</td></tr>
<tr><td>直播时间分配</td><td colspan="2">总体流程时间安排：　直播前期筹备时间点：　宣传预热时间点：　直播开始时间点：　直播结束时间点：</td><td>直播活动跟进表另附</td></tr>
<tr><td>直播活动预算</td><td colspan="2">直播团队费用：　基础投入费用：　现场福利活动费用：<br>前期宣传活动费用：　后期宣传活动费用：　总预算：</td><td></td></tr>
</table>

## 四、直播活动策划的注意事项

1. 直播活动策划负责人必须熟悉活动全流程，以及商家和商品的具体情况。

2. 直播筹备过程中要充分协调各方资源，方案需要经过设计—彩排—反馈—修正—定稿的过程。

3. 直播内容策划时要另行做好卖点挖掘，考虑产品的使用场景，完善促销策略和活动脚本。

4. 设备随时都有可能发生故障，必要时多准备一套设备，方案设计时做好直播活动对应的应急预案。

# 学习单元 2　产品卖点挖掘

## 一、产品卖点挖掘的方法

产品卖点是指产品的购买理由，产品卖点挖掘是直播内容策划的重要部分，是为直播活动脚本撰写做准备的，如果卖点挖掘到位，脚本的撰写和营销的效果就会事半功倍。不同行业的产品有着不一样的卖点，但是挖掘的方法是基本一致的。可以从产品角度、用户角度以及竞争对手角度进行卖点分析与挖掘。

### 1. 产品角度

可以从产品的价格、服务、品质、稀缺性、创新、包装、实力、附加值、社交属性、价值共鸣等方面进行卖点挖掘，具体见表 3–3–9。

表 3–3–9　产品角度卖点挖掘的方法

| 产品属性 | | 举例说明 |
|---|---|---|
| 价格 | 价格优势在直播过程中是影响消费者决策非常重要的卖点 | 透明化或者可比性较强的产品，可利用价格优势 |
| 服务 | 服务包括现场服务和售后服务 | 现场的互动、及时回复与福利，到货 7 天无理由退换货等 |
| 品质 | 可以从材料、产地、外观、性能等方面挖掘卖点和介绍产品 | 产品材质好、工艺佳、功能齐全、细节把控到位、环保、便捷、人性化等 |

续表

| 产品属性 | | 举例说明 |
|---|---|---|
| 稀缺性 | “物以稀为贵”，原材料的稀缺或生产数量的稀缺，都会极大提升产品在消费者内心的价值感 | 直播中的限量款、限时抢购等方式，都是利用产品的稀缺性驱动消费者购买的本能冲动，制造紧迫感，辅助成交 |
| 创新 | 产品的创新包含设计理念、功能升级或者产品迭代 | 石墨烯自发热内衣、角鲨烷洗面奶等 |
| 包装 | 相同质量的前提下，产品包装更好的商品更有竞争力 | 包装的做工用料、设计与特色等都可以延伸到产品品质 |
| 实力 | 实力是指可量化、有证据可证的内容，有实力的产品更能赢得消费者信任 | 厂房真实照片、商品实拍图、生产包装过程、品牌授权证书、检测报告、销售业绩、权威机构认定、实力背书等 |
| 附加值 | 附加值是指同样的产品比竞争对手额外多提供的价值，如各种赠品或者试用品 | 把赠品量化，买二送一、买裤子送皮带等，让消费者觉得性价比很高更想要购买 |
| 社交属性 | 赋予产品社交属性，就是让产品自带社交热度，包括谈论热度、送礼热度等 | 产品可以作为节日礼物送人、送闺密、送父母等；有些奢侈品可以体现自己的身价；还有偶像代言、偶像同款产品等都是社交属性 |
| 价值共鸣 | 价值共鸣是提炼卖点的高级用法，能让消费者认同品牌价值，让溢价具备说服力 | 品牌价值、支持国货、助农助贫、文化传承等 |

### 2. 用户角度

从用户角度挖掘，确定产品的目标用户群体，从用户的需求和兴趣出发，分析用户的使用行为，寻找到用户的痛点，挖掘产品的独特用户体验，从而形成卖点。

（1）定义目标用户群体

首先要明确产品的目标用户是谁，例如，年轻人、运动爱好者、美食探索者等，目标用户可能是一种，也可能是多种。

（2）观察用户需求和兴趣

一方面，通过市场调研报告、社交媒体分析、同类商品分析等方式，了解目标用户对同类产品的兴趣和喜好。另一方面，通过观察分析用户的行为和消费习惯，了解他们在兴趣领域的行为模式和需求。例如，通过分析用户在社交媒体上的点赞、评论、分享等行为，可以了解他们对哪些内容更感兴趣。

（3）寻找用户痛点

了解用户在需求或者兴趣领域中可能遇到的问题和痛点，思考如何结合产品解说让用户发现解决这些问题的方法。

（4）创设使用场景

考虑如何通过产品所提供的独特体验，创设一个既能吸引用户兴趣，又能解决用户问题的产品使用场景。根据用户的兴趣和痛点，在直播活动中设计并展示出独特体验的场景，满足用户的独特体验需求。

（5）提炼产品卖点

根据以上分析，提炼产品的卖点和特色，尽可能满足用户的需求、兴趣和体验三方面的诉求。

通过以上流程，可以从用户角度挖掘产品的卖点，以保温杯为例，一款保温杯的容量分为 200 mL 和 500 mL 两种规格，可以根据不同产品规格确定适宜的用户群体，从而在这个群体上设置卖点，具体见表 3–3–10。

表 3–3–10　用户角度卖点挖掘（以保温杯为例）

| 产品容量 | 目标用户群体 | 用户需求 | 用户痛点 | 使用场景 | 卖点挖掘 |
|---|---|---|---|---|---|
| 200 mL | 小学生、女士、白领 | 方便携带、外观精致 | 保温杯不能放进包里；杯体笨重 | 小学生上学放书包用，女士放包里用，白领办公开会随身携带用 | 关键词：小巧、轻盈、方便携带<br>文案：杯体小巧轻盈，方便随身携带，无论孩子上学还是白领外出开会，塞进包里毫无压力；马卡龙经典三色外观，让人爱不释手 |
| 500 mL | 成年人、户外运动爱好者或工作者 | 容量大、质量好 | 保温效果不够好；质量不够结实 | 成年人居家办公日用，户外运动或工作使用 | 关键词：够大、够量、结实耐用，保温效果好<br>文案：一个保温杯可以满足半天的饮水量；316 不锈钢内胆，耐高温抗腐蚀，杯身环保级材料，结实耐用，保温效果好 |

### 3. 竞争对手角度

从竞争对手角度进行卖点挖掘。查找商品同款或者类似款，在不同的主流平台，如淘宝、京东、拼多多等，参考销量较高的店铺，向竞争对手学习。

首先，学习同类高销量产品的卖点，分析竞争对手在目标用户兴趣领域的产品及服务，并寻找差异化机会。其次，了解用户购买前关注的问题。例如，在淘系平台，可以通过查看同类产品的“问大家”板块，找出用户最关心的问题，直播的时候针对自身的产品进行解读。最后，了解用户使用后的反馈。查看同类产品的用户评价，先看好评，查看用户都在夸赞的点，提炼出来，如果自身的产品有相同的优点，则多次强调加强记忆，吸引用户的注意力。再查看差评提及的点，如果自身产品没有这样的问题，可以讲给用户听，打消用户顾虑，促成商品的成交。

## 二、产品卖点内容呈现的技巧

### 1. FABE 法则

FABE 法则是指在找出顾客感兴趣的各种特征后，分析这些特征的优点，找出这些优点能够带给顾客的利益，从而提出卖点证据，解决消费者诉求，证实该产品确实能给顾客带来这些利益，进而实现产品的销售。

**相关链接**

F（Features）代表商品特征，即清晰简洁地阐述商品比较独特的成分或者功能。

A（Advantages）代表商品优势，即以上商品特性所带来的商品优势。

B（Benefits）代表利益，即以上商品优势带给顾客的好处，进一步说明商品可以帮助用户解决的问题。

E（Evidence）代表证据，包括技术报告、报刊文章等，通过现场展示相关证明文件来印证刚才的一系列介绍，获取用户的信任。

利用 FABE 法则呈现商品卖点的公式如图 3–3–6 所示。

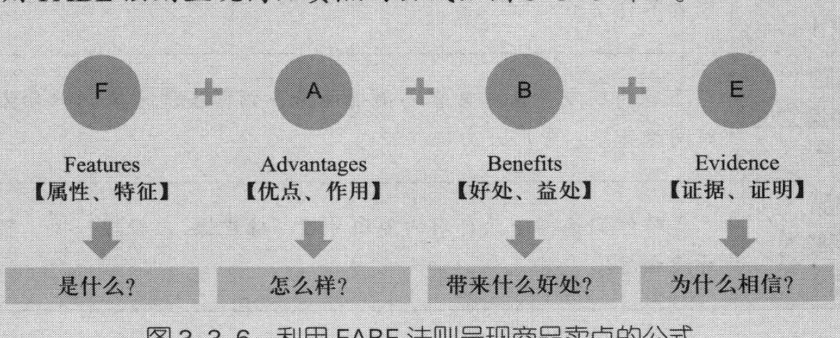


图 3–3–6 利用 FABE 法则呈现商品卖点的公式

以直播销售手机场景为例，介绍FABE法则的呈现方式。

F：“这款手机配备了5 000毫安双芯片快充电池。”——5 000毫安双芯片快充电池是手机的属性特征，是一个客观现实。

A：“所以30分钟即可充电85%，拥有更长待机时间。”——快充和超长待机是以上商品特征所带来的商品优势。

B：“可以帮助您减少因电量不足带来的焦虑和等待充电造成的麻烦。”——进一步说明商品为用户解决的问题。

E：“您看（拿过技术报告），这是我们的专利技术报告。”——采用专项技术证明，增强用户购买的信心。

**2. 直播营销三点法**

直播营销三点法是指超越痛点、创造痒点、满足爽点的卖点呈现方法。痛点是用户介意或正在困扰用户的、急需解决的问题。痒点是用户的兴趣、好奇心和潜在需求；创造痒点是指让用户感受到痛点能够被轻松解决，并在解决后所能达到的舒适状态。爽点是用户在购买产品或服务时获得的满足感或意外惊喜；满足爽点是指能给用户带来惊喜感和刺激感。

**3. 直播营销五步法**

直播营销五步法是指提出问题、放大问题、引入产品、提升高度、降低门槛。以下以牙齿美白工具直播销售场景为例来说明直播营销五步法的卖点呈现方式，见表3–3–11。

表3–3–11　直播营销五步法卖点呈现话术

| | |
|---|---|
| 提出问题（提出消费者痛点及需求） | 有没有平时爱喝奶茶、咖啡的朋友，长期的色素沉淀导致牙齿变黄，笑容都不自信了？ |
| 放大问题（将消费者会遇到的问题放大） | 还有的朋友牙齿非常容易附着污渍，频繁去洗牙又担心牙齿磨损，而且时间难安排，费用太高？ |
| 引入产品（以解决问题为出发点） | 我给你们推荐一款自用的美白牙齿“橡皮擦”，轻轻一擦，轻松去除你的牙渍和污垢 |

续表

| | |
|---|---|
| 提升高度<br>（介绍产品详细信息，加入痒点） | 它真的好用，它是各大医疗机构都在使用的一款美白牙齿工具。采用安全性非常高的口腔海绵，里面含有多聚磷酸，美白效果非常出色，咖啡、香烟、茶渍等污垢都能轻轻松松擦掉，整体非常小巧，出门携带很方便。<br>相信我！买它！从此你将轻松保持牙齿洁净状态，拥有自信笑容！ |
| 降低门槛<br>（讲解优惠信息，加入爽点） | 今天给大家做的是限量包装组合，盒里面有三个，可以剪成两三段，一次使用一小段。平时售价是49.9元一盒，但是今天直播间，秒杀价35.9元就可以带走一盒。还附赠牙贴一组，另外直播间再加赠该品牌销量最高、口碑最好的软毛牙刷，这么多到手，只要35.9元，我只有1 000套，欲购从速！ |

## 三、产品卖点挖掘的注意事项

1. 在进行卖点挖掘前，亲自试用推荐的商品。
2. 主播要提前熟悉商品的性能、使用方式。
3. 反复演练，关键信息如价格、型号、功能、活动力度等务必牢记。
4. 不同产品的卖点挖掘和呈现方法有所区别，需要灵活选用或搭配使用。

# 学习单元3　直播活动脚本撰写

## 一、直播活动脚本的类型及构成

直播场景的脚本化俗称“直播脚本”，用于规范直播流程和内容。直播脚本的呈现方式多样，最常见的是由活动脚本和话术脚本呈现。其中，直播活动脚本是在直播实施环节控制整场直播活动节奏和人员活动安排的重要指导文件，是直播活动内容策划方案。直播活动脚本一般可以分为单品直播脚本和整场直播脚本。

### 1. 单品直播脚本

单品直播脚本是针对某个特定产品或服务的直播内容进行编写的脚本，一般以单个商品为单位，规范商品解说，突出商品卖点，也称“商品脚本”。单品脚本通常包括以下几个部分。

（1）产品介绍：详细介绍产品的特点、功能、优势和使用方法。

（2）亮点展示：突出产品的亮点，例如，特殊功能、创新设计、用户评价等。

（3）互动环节：与观众进行互动，回答观众的问题，提供购买建议。

（4）结束语：总结产品卖点，强调产品的优势和特点，鼓励观众进行购买。

一场直播一般会持续 2～6 小时，大多数直播间都会推荐多款商品，每一款商品定制一个简单的单品脚本，以表格的形式，将产品的卖点和优惠活动等关键信息标注清楚，见表 3-3-12，能帮助主播精准、有效地给观众传递产品特色和价格优势。提取的单品脚本关键信息一般包括产品图片、品牌介绍、基本信息、卖点、促销活动信息、使用场景等。

表 3-3-12　单品脚本关键信息汇总表

| 序号 | 产品名称 | 产品图片 | 品牌 | 规格 | 直播价 | 零售价 | 优惠 | 限购 | 产品卖点 | 关键词 | 使用场景 | 展示角度 |
|---|---|---|---|---|---|---|---|---|---|---|---|---|
| 1 | | | | | | | | | | | | |
| 2 | | | | | | | | | | | | |
| 3 | | | | | | | | | | | | |
| 4 | | | | | | | | | | | | |
| 5 | | | | | | | | | | | | |

### 2. 整场直播脚本

整场直播脚本是以整场直播为单位，规范直播的节奏流程和内容，是整场直播活动的计划和指导。整场直播脚本包括多个单品脚本和其他环节的安排，其构成根据具体的活动需求和时间安排不同而有所不同，但通常包括以下几个部分：一是直播活动概述，包括直播主题、时间、地点、主播信息等；二是直播流程与内容，包括直播时间分配、直播环节、直播商品信息、主播团队人员分工等；三是注意事项。

## 二、整场直播活动脚本撰写的原则

### 1. 直播环节的撰写要点

（1）开场环节

1）开场预热：打招呼，介绍自己，欢迎观众到来，引导关注，介绍直播活动的主题、活动和福利剧透。

2）话题引入：从直播主题或当前热点事件切入，提供背景知识和相关信息，目的是活跃直播间气氛，调动观众情绪。

开场环节时长控制在 15 分钟左右。

（2）正式销售环节

1）商品介绍：一般包含多款商品，根据单品脚本按照预定的顺序进行多个商品或商品组合的介绍和推广，重点突出商品性能优势和价格优势（直播间活动）。

2）粉丝互动：提醒点关注、送礼、抽奖、使用催单话术、穿插回答粉丝问题、提供购买建议等，使用直播间福利留人。

正式销售环节时长一般在 2～5 小时。

（3）结束环节

1）结束预告：整场直播商品的回顾，催促观众完成付款。

2）感谢粉丝：引导关注、点赞、转发，感谢粉丝支持，预告下次直播时间、福利和产品活动，时长控制在 15 分钟左右。

根据直播环节执行流程分阶段撰写脚本，整场直播就会显得很有条理。

**2. 直播活动脚本的整体设计**

根据直播主题、直播目标，结合直播过程中各个环节的时间规划及参与人员的工作流程和内容，即可设计出整场直播活动脚本。

（1）直播活动概述

从直播活动方案中提取直播主题、直播时间、直播地点、直播目标、主播信息、嘉宾信息等内容。

（2）直播时间规划

根据直播目标和商品数目，估算总体直播时长和销售环节每个（每组）商品的讲解时长，以及剩下的非销售环节时长。按照内容的重要性和时间限制，合理分配整场直播的时间。

（3）直播流程撰写

根据主题和观众需求，确定单品脚本的内容和顺序。设计互动环节，考虑与观众的互动方式，例如问答环节、抽奖等，提高观众参与度。确定直播环节和顺序，以及主播团队和现场人员分工。

（4）列出直播注意事项

根据直播目标和商家要求，列出直播过程需要提醒和关注的事项。

## 典型案例

# 整场直播活动脚本撰写

**一、案例背景**

×××是一家经营日用品的店铺，即将在9月20日全国爱牙日期间开展口腔类产品（牙膏、牙刷、牙贴、牙齿“橡皮擦”、牙线）的主题营销直播活动。直播主题为“美丽自信，从齿开始，爱牙日品牌巨惠”。现需为该活动撰写整场直播活动脚本。

**二、案例实施**

步骤1　直播活动概述

本场直播活动概述见表3-3-13。

表3-3-13　直播活动概述

| | |
|---|---|
| 直播主题 | 美丽自信，从齿开始，爱牙日品牌巨惠 |
| 直播目标 | 流量目标：吸引10万名用户观看。<br>销售目标：从直播开始至结束，直播中推荐的4组商品（牙齿“橡皮擦”、牙贴、牙膏＋牙刷、牙线）总销量突破10万件 |
| 主播团队 | 主播：××　　副播：××　　助理：×× |
| 直播时间 | 2023年9月20日20:00—22:00 |

步骤2　直播时间规划

2个小时的直播需要完成4组商品推荐。

（1）计算单个商品的讲解时长

直播时长共计120分钟。假设开场预热和互动抽奖等非商品讲解的直播环节时长为40分钟，那么商品讲解的总时长为80分钟，平均每组商品的讲解时长是20分钟。将这个时间改为浮动时间，即可设计每组商品的讲解时长为10～25分钟。

（2）设计单个商品或一个商品组合的具体讲解时长

本场直播活动的4组商品分别为：一款特价包邮的引流商品（牙齿“橡皮擦”），一款高性价比“宠粉”商品（牙贴），一组主推利润款商品组合（牙膏＋牙刷），一款日常福利商品（牙线）。“宠粉”款商品和利润款商品需要主播进行更多、更全面的介绍；引流商品、福利商品，由于价格较低、限时限量，可以安排较短的介绍时长，另外还需要考虑主推商品返场介绍的时长。

（3）设计其他直播环节的时长

一场完整的直播，除了商品讲解外，还有开场预热、福利抽奖以及下期预告等环节，可以按照剩余总时长对这些环节进行适当分配。

（4）各个环节的总时间规划

经过以上分析，即可确定各个环节的时间规划，形成直播总体时间规划，见表 3-3-14。

表 3-3-14　直播总体时间规划

| 直播环节 | | 时长分配（分钟） | 直播环节 | | 时长分配（分钟） |
|---|---|---|---|---|---|
| 商品讲解环节 | 引流商品（牙齿“橡皮擦”） | 10 | 其他直播环节 | 开场预热 | 10 |
| | “宠粉”商品（牙贴） | 20 | | 活动剧透 | 5 |
| | 利润款商品组合（牙膏＋牙刷） | 25 | | 粉丝互动 | 10 |
| | 福利商品（牙线） | 10 | | 福利赠送 | 5 |
| | 返场商品讲解 | 15 | | 结束预告 | 10 |
| 总计 | | 80 | 总计 | | 40 |

步骤 3　直播流程撰写

整场直播活动的流程见表 3-3-15。

表 3-3-15　整场直播活动的流程

| 时间段 | 直播环节 | 人员分工 | | |
|---|---|---|---|---|
| | | 主播 | 副播 / 助理 | 场控 / 客服 |
| 20:00—20:20 | 开场预热（送出引流款） | 介绍直播活动主题；暖场互动，引导用户关注直播间，截屏抽奖；送出引流款商品（单品脚本 1：牙齿“橡皮擦”介绍） | 引导关注直播间；演示抽奖方法，宣布获奖名单；回答问题，引导互动 | 向粉丝群推送开播通知；收集中奖信息；放出关注卡片，添加商品购买链接 |

续表

| 时间段 | 直播环节 | 人员分工 | | |
|---|---|---|---|---|
| | | 主播 | 副播 / 助理 | 场控 / 客服 |
| 20:20—20:25 | 活动剧透 | 剧透直播商品、主推商品以及直播间优惠力度 | 强调活动重点，引导点赞、分享 | 向粉丝群推送本场直播活动 |
| 20:25—20:45 | 讲解商品（“宠粉”款） | 讲解展示“宠粉”款商品（单品脚本2：牙贴介绍）；激发观众互动热情，吸引观众加入粉丝群；分享牙贴的清洁效果、护理功能，以及方便携带等优点 | 配合主播展示牙贴的包装和使用方法；回答问题，提供购买建议；引导用户加入粉丝群，引导用户下单 | 放出粉丝群卡片，添加商品购买链接；回复用户关于订单的问题 |
| 20:45—20:50 | 粉丝互动（红包雨） | 与用户互动答疑，放出红包雨；使用适当话术催促用户下单 | 引导用户参与互动，引导点击领取红包优惠 | 收集互动信息，反馈直播数据 |
| 20:50—21:15 | 讲解商品（利润款） | 分享牙齿护理的技巧，并讲解、展示利润款商品（单品脚本3：牙膏＋牙刷组合介绍），突出产品组合优势和价格优势；强调牙膏的清新口气、美白牙齿和抗菌等功能；强调牙刷的刷毛柔软、清洁彻底等特点 | 配合主播展示牙膏、牙刷的外观设计、材质和使用方法；回答问题，提供购买建议；引导用户加入粉丝群，引导用户下单 | 添加商品购买链接，修改订单价格，回复用户关于订单的问题 |
| 21:15—21:20 | 粉丝互动（红包雨＋抽奖） | 截屏抽奖，与用户互动答疑，加强互动气氛；放出红包雨，使用适当话术催促用户下单 | 引导用户参与互动抽奖，宣布获奖名单；引导点击领取红包优惠 | 收集互动信息，反馈直播数据 |
| 21:20—21:35 | 返场讲解商品 | 回顾展示主推商品，催促用户下单（总结牙膏＋牙刷组合、牙贴的优势和特点，强调产品的口碑和用户评价） | 配合主播讲解，试用商品；提供优惠信息，引导用户下单 | 添加商品购买链接，修改订单价格，回复用户关于订单的问题 |

续表

| 时间段 | 直播环节 | 人员分工 | | |
|---|---|---|---|---|
| | | 主播 | 副播 / 助理 | 场控 / 客服 |
| 21:35—21:50 | 福利赠送（福利款） | 讲解福利款商品（单品脚本 4：牙线介绍）；向用户介绍抽奖规则，引导用户参与，使用适当话术催促用户下单 | 引导用户参与互动抽奖，宣布获奖名单；引导用户下单 | 添加商品购买链接；收集互动信息，反馈直播数据 |
| 21:50—22:00 | 结束预告 | 引导点赞、分享，感谢粉丝，预告下一场直播的时间、商品等 | 引导用户点赞、分享、关注直播间 | 回复用户关于订单的问题 |

步骤 4　列出直播注意事项

本场直播注意事项如下。

（1）合理把控商品讲解节奏，注意避免话术中出现违禁词；

（2）适当重复品牌信息，增加商品功能的讲解时间；

（3）注意回复用户的问题，多进行用户互动，避免冷场；

（4）在直播进行时，直播间界面显示“关注店铺”“加入粉丝团”卡片；

（5）引导用户分享、点赞、转发直播间、加入粉丝群等。

步骤 5　形成完整的直播脚本

把以上的直播活动概述、直播时间规划、直播流程与直播注意事项进行汇总，形成完整的整场直播活动脚本。

## 三、直播活动脚本撰写的注意事项

1. 一个优秀的直播活动脚本一定要考虑到每一个细节，让用户需求、时间、场景、人员、道具、产品、品牌充分融合到一起。

2. 在直播活动中，整场直播活动脚本和单品脚本是配合使用的。

3. 整场直播活动脚本是对整场直播活动实施的统筹安排和主要内容提炼，主播和编导还需要准备好具有主播个人风格或者品牌特色的话术脚本，特别对于新手主播，话术的积累和磨炼有利于更好、更快地理解直播活动脚本，把控直播节奏和效果。

4. 真正的直播实施过程中，基于用户的数据情况变化，需要主播团队和相关工作人员灵活进行方案调整，确保直播目标的实现。

# 职业模块 4 业务处理

培训课程 1　商品管理

培训课程 2　订单管理

学习单元 1　发货订单处理

学习单元 2　退货订单处理

学习单元 3　换货订单处理

# 培训课程 1 商品管理

商家应当按照电子商务平台系统设置的流程和要求发布商品，若有涉嫌违规风险的商品必须通过该平台审核后方可展示。

## 一、商品上架基本要求

商家发布商品，应当严格遵守各个电商平台中信息发布的基本原则，并遵守以下基本要求（以淘宝网为例）。

### 1. 商品描述要求

（1）完整性

为保证买家更全面地了解商品，购买商品时拥有充分知情权，商家应在发布商品时完整明示商品的主要信息，包括但不限于商品本身（基本属性、规格、保质期、瑕疵等）、品牌、外包装、发货情况、交易附带物等。

（2）一致性

商品的描述信息在商品页面各版块中（如商品标题、主图、属性、详情描述等）应保证要素一致。

（3）真实性

商家应根据所售商品的属性如实描述商品信息，并及时维护更新，保证商品信息真实、正确、有效，不得过度、虚假承诺商品效果及程度。

### 2. 商品安全要求

商品不存在危及人身财产安全的不合理危险，具备商品应当具备的使用性能，符合其包装上注明采用的标准等。

### 3. 商品信息要求

（1）不得使用代表党和国家形象的元素，或利用国家重大活动、重大纪念日和国家机关及其工作人员等名义，进行销售或宣传。

（2）不得发布侵害平台及第三方合法权益（如商标权、著作权、专利权等），或易造成消费者混淆的商品或信息。

（3）不得发布或推送含有易导致交易风险的第三方商品或信息，如发布团购、二维码、超链接、联系账号等信息。

（4）不得重复铺货，即店铺中不得同时出售两件以上同款商品。

（5）不得通过编辑变更商品类目、品牌、型号等关键属性，使其成为另一款商品。

## 二、商品上架具体规范

### 1. 商品类目

商家应当根据所售商品，逐级选择正确的商品类目，不得将商品发布在与实际商品品类不一致的类目下。商家发布有准入要求的类目商品时，应遵守电子商务平台行业管理规范。

### 2. 商品基本信息

（1）商品图片

商家应根据系统提示和要求上传商品的主图、详情图、SKU 预览图。图片应突出商品主体，清晰美观，不失真。

（2）商品标题

商品标题可包含商品品牌、商品品名、基本属性（材质 / 功能 / 特征）和规格参数（型号 / 颜色 / 尺寸 / 规格 / 用途 / 货号）等，不应包含其他无关品牌及信息。

（3）商品品牌

商家应按照商品的品牌，准确选择品牌属性。商家需申请品牌入驻、品牌名称变更、品牌类别变更时，应遵守平台品牌管理规范。

（4）商品类型

商家应按照商品实际情况选择商品类型为全新或二手、一口价 / 拍卖等。商品发布后限制商品类型全新和二手互转，即某商品发布时商品类型选择“二手”后，不能通过编辑商品的方式将该商品的商品类型修改为“全新”。

（5）商品价格

商家在平台上发布商品时填写的所有价格，在遵循市场规律自主定价的前提下，均应严格遵守法律规定，明码标价。如有被比较价格，需准确说明其含义及真实的依据出处，不得实施价格欺诈。

（6）发货时间

商家可根据自身的服务能力合理设置发货时间，并按照规定完成发货。

**3. 商品图片详情描述**

商家描述商品详情，应遵守以下要求。

（1）商家可在商品描述中进行拓展介绍。

（2）商品描述中对商品的性能、功能、产地、用途、质量、成分、价格、生产者、有效期、承诺等有表示的，应当准确、清楚。

（3）商品描述中表明附带赠送的，应当明示所附带赠送商品或者服务的品种、规格、数量等基本信息。

（4）法律法规或行业规范中要求明示的内容，应当显著、清晰表示，如食品、化妆品类的临保商品应明示保质期或过期时间等。

**4. 商品 SKU 与库存**

SKU 也指商品的销售属性集合，供买家在下单时点选，如“规格”“颜色”“尺码”等。商家编辑 SKU 应符合以下要求。

（1）部分 SKU 可以由商家自定义编辑，商家需合理地自定义编辑 SKU。

（2）不得利用 SKU 价格引流，不得以非常规的数量单位发布商品。

## 三、电商平台商品上架

完成店铺注册后，就要进行商品的上架。商品是一个店铺的核心，正确发布商品，可以使店铺经营快速走上正轨。下面以淘宝平台为例，展示商品的上架流程。

**1. 选择“发布商品”**

登录千牛卖家中心，选择“发布商品”，如图 4–1–1 所示。

**2. 上传商品图片**

上传制作好的高清商品图，如图 4–1–2 所示。后台系统可根据高清商品图快速、智能识别及填充商品信息，上传清晰商品正面图后，可自动生成白底图。

**3. 确认商品类目**

系统会根据以往记录及主图识别，自动匹配商品类目，确认类目后提交，如图 4–1–3 所示。

图 4-1-1　选择“发布商品”

图 4-1-2　上传制作好的高清商品图

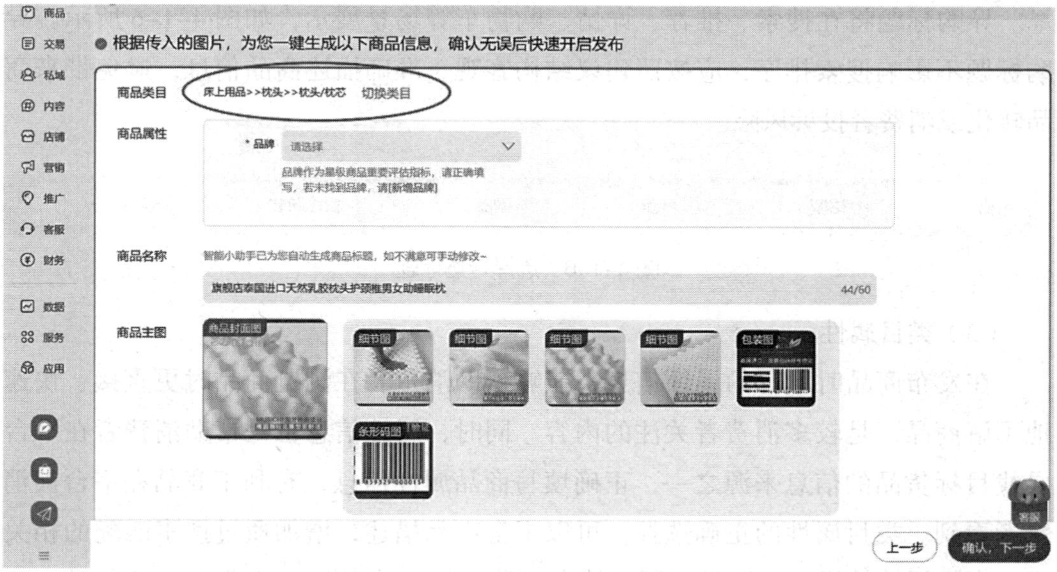


图 4-1-3 选择商品类目界面

## 4. 编辑基础信息

基础信息包括宝贝类型、商品标题、类目属性等。

（1）宝贝类型

宝贝类型可选择“全新”或“二手”，选择“二手”后，商品将被发布至二手交易平台，如图 4-1-4 所示。

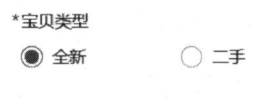

图 4-1-4 选择宝贝类型

（2）商品标题

商品标题非常重要，是所有搜索流量的入口，如果标题与产品属性相差太大，会大大降低搜索流量。好的标题需要用到多种电商搜索、数据分析等工具。商品标题可包含商品品牌、商品品名、基本属性和规格参数等，不应包含其他无关品牌及信息。以淘宝为例，商品标题最多允许输入 30 个汉字（60 个字符），如图 4-1-5 所示。

图 4-1-5 输入商品标题

导购标题将在搜索、推荐、详情、购物车等场景展示，如图 4–1–6 所示。导购标题不影响搜索排序，应按照建议结构客观、准确描述商品信息，避免带来商品转化或消费者投诉风险。

图 4–1–6　选择导购标题

（3）类目属性

在发布商品时填写的属性信息，能够帮助消费者在浏览商品时更直接、快速地了解商品，是较多消费者关注的内容。同时，属性信息也是帮助消费者在平台寻找目标货品的信息来源之一，正确填写商品属性信息，有利于商品在平台被消费者看到。类目属性的正确选择，可以丰富产品描述，增加通过搜索匹配的相关度。商品属性越详细，搜索匹配度越高。类目属性界面标有“*”的是必填项，未标“*”的项目建议“能填则填”，如图 4–1–7 所示。

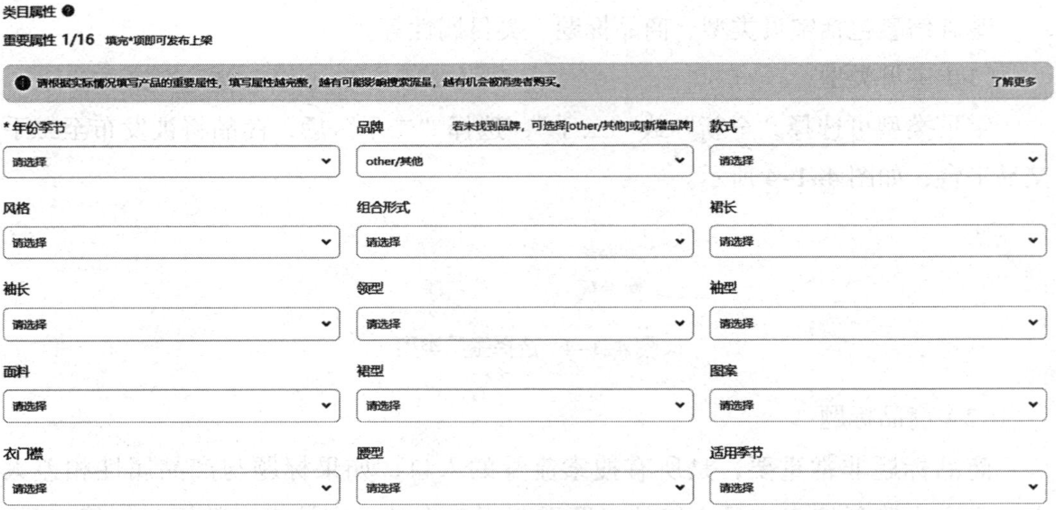


图 4–1–7　类目属性界面

**小贴士**

1. 品牌应该怎么填写？

在“品牌”选项中需要注意的是，若商品有品牌，则选择对应品牌填写，若未找到品牌，可以选择“other/ 其他”或“新增品牌”。

2. 为什么建议“能填则填”？

尽管有的信息不是必填项，但填写后商品可能更容易被搜索到。例如，服饰类目属性项有“材质成分”“面料”等，都是消费者非常关注的信息。材质成分属性信息如图 4-1-8 所示。

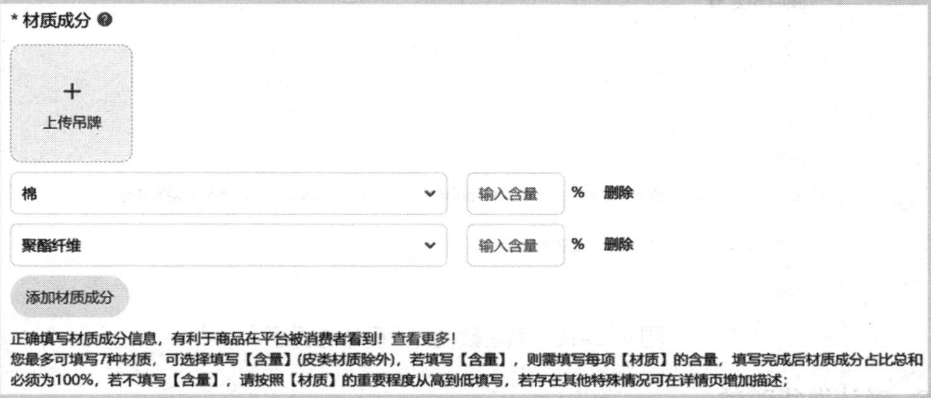


图 4-1-8　材质成分界面

3. 为什么要如实描述商品信息？

平台会结合消费者品质退款维权评价数据及其他商品特征等，对涉嫌存在买家实际收到与描述不一致的商品，依据平台规则进行相应处罚。

（4）其他属性

其他属性是参数的补充说明，包括货号、廓形、流行元素 / 工艺、适用年龄等。

（5）商品定制

若商品为定制商品，则点击定制工具，如图 4-1-9 所示。

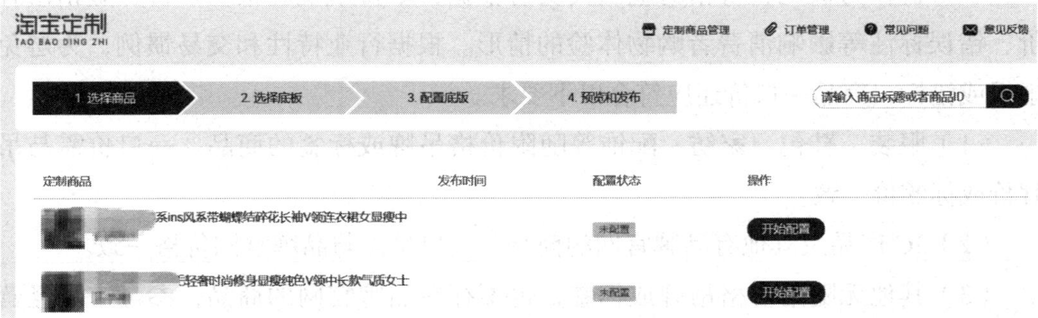


图 4-1-9　商品定制操作界面

### 5. 填写颜色和尺码信息

选择标准尺码可增加搜索 / 导购机会，标准尺码还可填写尺码备注信息（偏大、偏小等），如图 4–1–10 所示。涉及商品颜色和尺码的基本信息需要填写准确，否则将直接影响为消费者描述颜色或推荐尺码时的准确度。

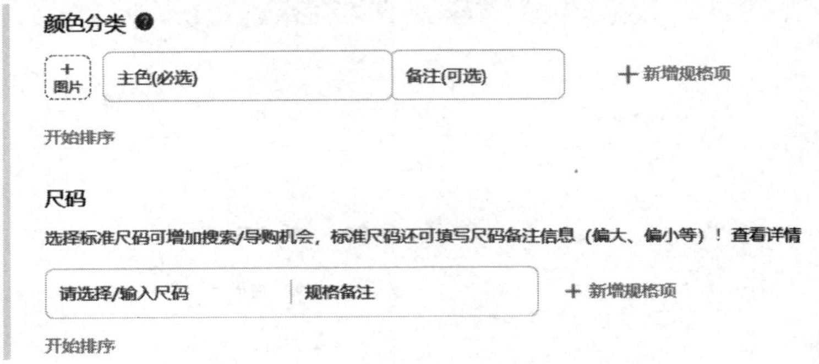


图 4–1–10　填写颜色和尺码信息界面

### 6. 确认发货时效

为了促进交易转化率，提升买家购物体验，平台通常提供发货时效的设置，商家可根据自身情况进行设置，如图 4–1–11 所示。目前，常见的发货时效有 24 小时内发货、48 小时内发货、大于 48 小时发货等。需要注意的是，一旦商家选择了某个发货时效，则代表其承诺该时效内发货，如果未按时发货，顾客申请维权后商家会面临相应的处罚。

图 4–1–11　发货时效选择界面

### 7. 确认商品一口价

一口价作为被比较价格时应当真实有依据，不得出现虚报一口价、虚抬吊牌价、错误标注等影响消费者购物体验的情形。根据行业特性和交易惯例，为避免虚报或错标，商品一口价还应符合以下要求。

（1）服装、鞋包、家纺、配饰等随附价格吊牌或标签的商品，一口价需与吊牌价或标签价一致。

（2）3C 产品及其他有品牌官网的商品，一口价需与品牌官网价格一致。

（3）其他无随附价格吊牌或标签，也不存在品牌官网的商品，参考市场经营情况，一口价不应高于其他互联网渠道及线下实体店等在非促销活动时的销售价格。一口价设置界面如图 4–1–12 所示。

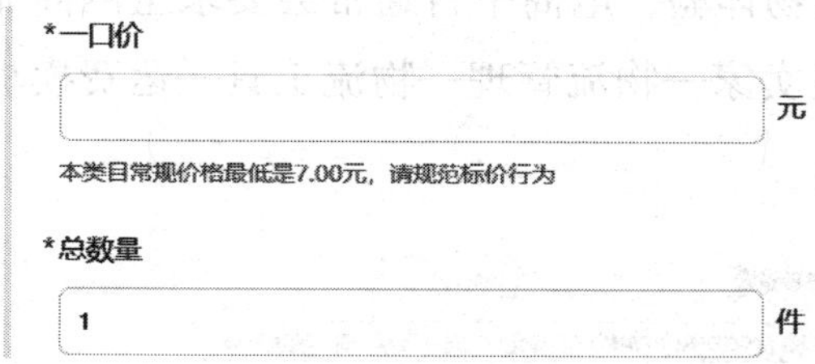


图 4–1–12　一口价设置界面

## 8. 编辑尺码信息

编辑尺码信息时，注意保持氛围背景干净整洁（浅色背景），文字信息需要在手机端能够看清。试穿报告图建议内容包含试穿人昵称、身高、体重、三围、试穿感受等，如图 4–1–13 所示。后台填写模特试穿信息如图 4–1–14 所示。

试穿表格 仅供参考

| 模特 | 叶子 | 越越 | 木木 | 花花 |
|---|---|---|---|---|
| 身高/体重 | 158/140 | 168/160 | 160/132 | 170/135 |
| 肩宽 | 39 | 42 | 42 | 41 |
| 胸围 | 100 | 96 | 97 | 93 |
| 腰围 | 80 | 79 | 78 | 79 |
| 臀围 | 108 | 112 | 96 | 100 |
| 体型 | 沙漏型 | 梨型 | H偏梨型 | 苹果型 |
| 试穿感受 | 穿XL码合适<br>松弛有度<br>版型很好 | 穿XXL码合适<br>把肉肉藏得好好的<br>整体舒适美观 | 穿L~XL码合适<br>很显显瘦遮肉<br>舒适好看 | 穿XL码合适<br>很修饰身材<br>显瘦效果好 |

图 4–1–13　试穿报告示例

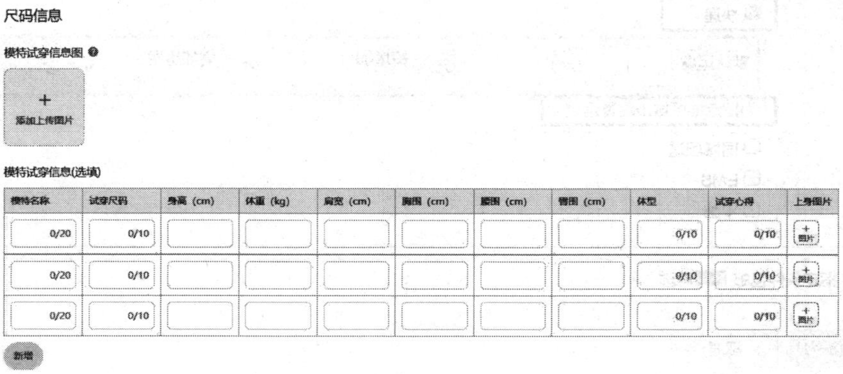


图 4–1–14　模特试穿信息

9. **编辑物流信息**

为了提升消费者购物体验，电商平台通常会要求全网商品设置运费模板。运费模板设置入口：我是卖家—物流管理—物流工具—运费模板设置—新增运费模板，如图 4-1-15 所示。

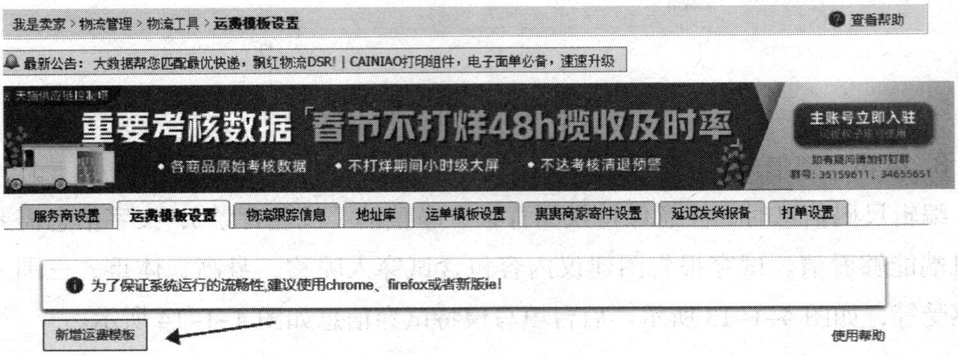


图 4-1-15　运费模板设置界面

（1）设置部分地区包邮

如计划对不同地区设置不同的运费，可在运费模板设置界面的“运送方式”中设置，如图 4-1-16 所示。

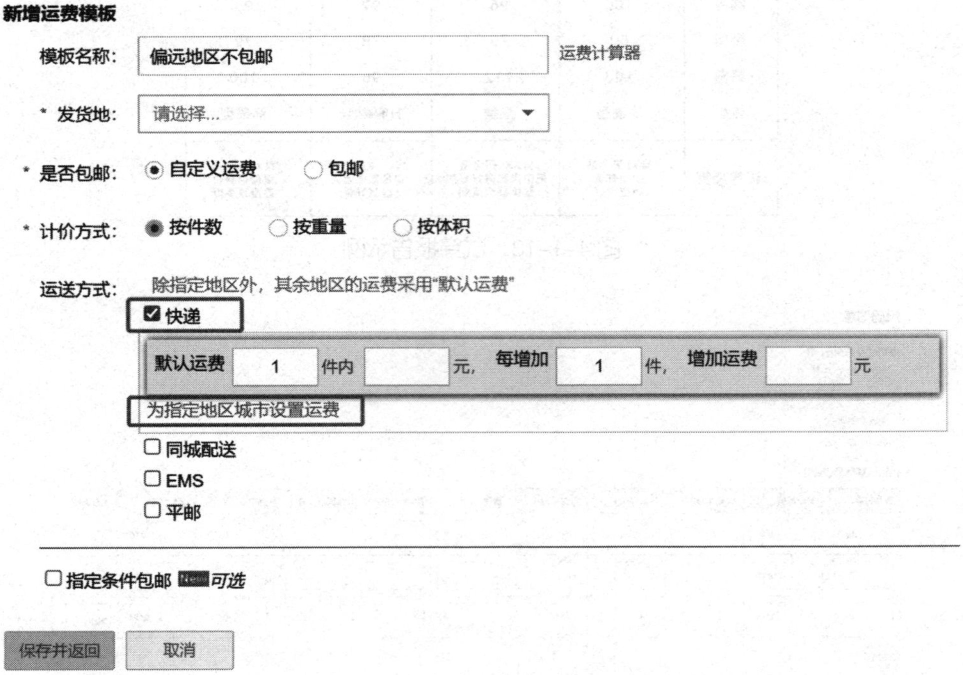


图 4-1-16　设置部分地区包邮

（2）设置指定条件包邮

指定条件包邮是指所选购的店铺商品满足一定条件时提供包邮服务，如满 5 件包邮、满 50 元包邮等，如图 4-1-17 所示。

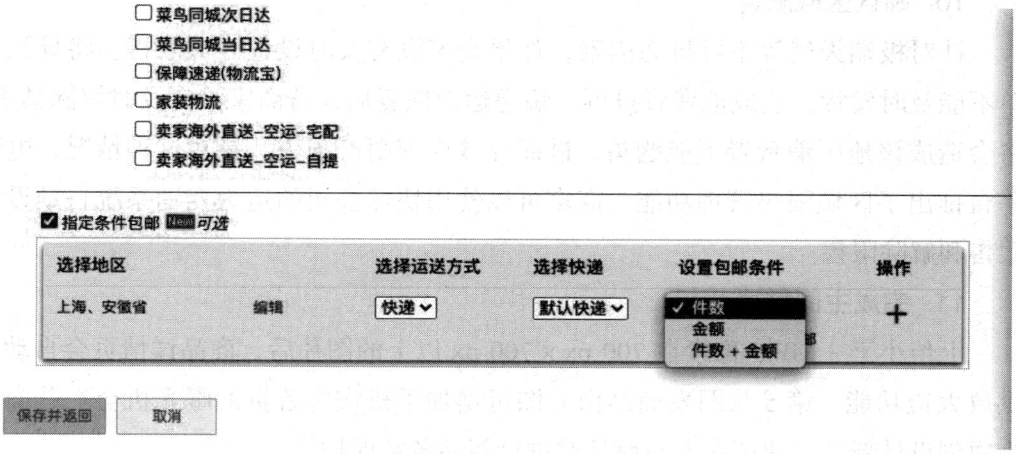


图 4-1-17 设置指定条件包邮

（3）设置店铺内的部分商品包邮

设置好运费模板后，在商品编辑中选择对应的包邮运费模板，即可对店铺内的部分商品设置包邮。

（4）修改运费模板

修改运费模板如图 4-1-18 所示。

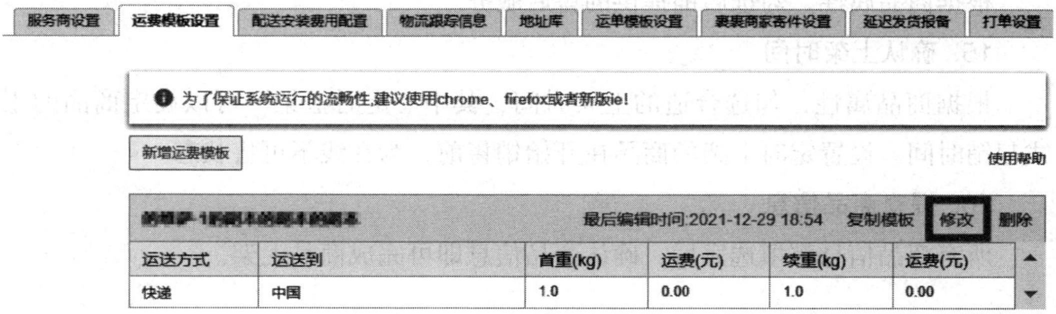


图 4-1-18 修改运费模板

（5）删除运费模板

如图 4-1-18 所示，点击“删除”按钮即可删除运费模板。如果遇到运费模板无法删除的情况，先检查是否有商品在使用此模板，若使用此模板的商品因为违规导致下架，则此模板不支持删除。

（6）商品绑定运费模板

进入“出售中的宝贝”或“仓库中的宝贝”编辑商品，在商品发布页面进行运费模板绑定。

**10. 确认区域限售**

针对极端天气等不可抗力因素，如果商家没有及时设置区域限售，将导致订单不能及时发货，造成消费者投诉。快递运力恢复后，若商家没有及时解除禁售，将会造成该地区消费者不能购买，进而导致商家财产损失。针对这种情况，电商平台推出了区域限售管理功能，商家可以使用快递公司的运力变动系统自动设置限售和解除限售。

**11. 完成主图描述**

上传小于 3 MB、像素在 700 px × 700 px 以上的图片后，商品详情页会自动提供放大镜功能。第 5 张图发商品白底图可增加手机淘宝首页的曝光机会。若商品为原创设计新品，建议在发布商品前进行新品备案保护。

**12. 完成详情描述**

上传商品描述图片时应注意，在多选图片时需要按照顺序点击。

**13. 完成店铺中的分类**

根据商品属性勾选合适的分类。当商品上架成功后，则会在店铺相应分类中展示。

**14. 确认售后服务**

根据商品属性，勾选店铺提供的售后服务。

**15. 确认上架时间**

根据商品属性，勾选合适的上架时间，其中“定时上架”可以设定商品的正式起销时间。设置定时上架的商品在开始销售前，为在线不可售状态。

**16. 提交商品信息**

所有商品信息都填选完后，确认商品信息即可完成商品上架。

## 四、电商平台商品下架

**1. 电商平台强制下架**

商家若发布有违公序良俗或违反电商平台服务协议的商品或信息，平台将对该商品及信息进行临时性下架或删除处理。此外，还会出现某些新的、危害平台或消费者利益的、网民普遍不认可的商品或信息，可能在电商平台服务协议中没有明令禁止，但又非常紧急、需要管控的，电商平台会在没有通知的情况下，通过临时下架或删除的方式来管控此类商品及信息的传播，但是通常不涉及扣分。

**2. 商家主动下架**

商家通常会把长期没有销售额、没有热度、售后差评反馈多、质量差、缺货的商品进行主动下架。

**3. 商品下架操作**

登录“千牛卖家中心”，在商品管理中点击出售中的商品，选择“立即下架”即可，如图 4–1–19 所示。

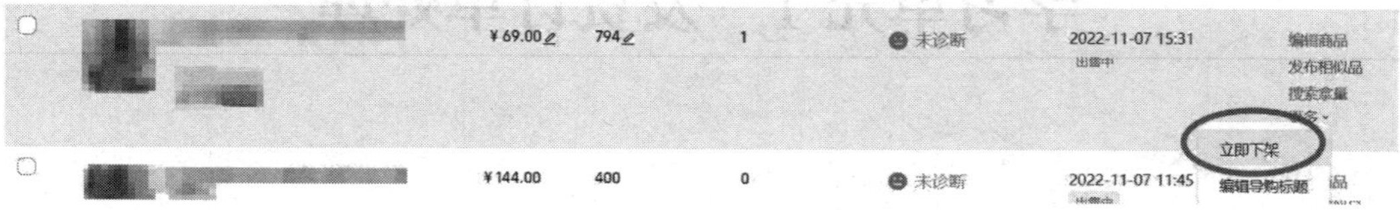


图 4–1–19　商品下架操作界面

# 培训课程 2 订单管理

## 学习单元 1　发货订单处理

### 一、发货订单处理流程

当顾客完成付款，后台会产生订单，此时商家应及时核对订单信息，进行发货处理。基本发货流程比较简单，商家要选择合适的发货方式，一般包括快递公司发货、商家自己发货、无须物流等方式，如果选择快递公司发货，需要按照顾客提交的信息，填写快递单并寄出产品，再将物流单号输入店铺后台的相应位置并提交即可。但如果订单量较大，则需要提前开通电子面单服务，进行批量打单和发货，如图 4-2-1 所示。

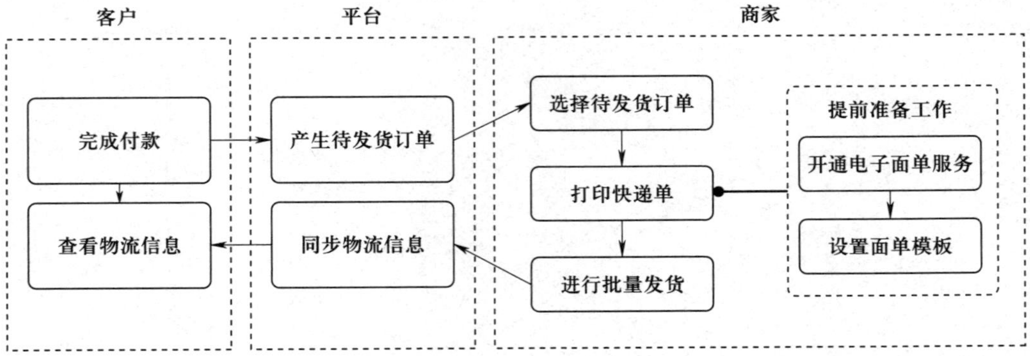


图 4-2-1　批量打单发货流程

#### 1. 基本发货流程

对于订单量不是很大的新手商家，按照简单的基本发货流程进行发货即可，下面以千牛工作台为例，展示基本发货流程。

（1）核对订单信息

进入商家后台，在交易模块找到待发货的订单，选择“订单发货”，如图 4–2–2 所示。

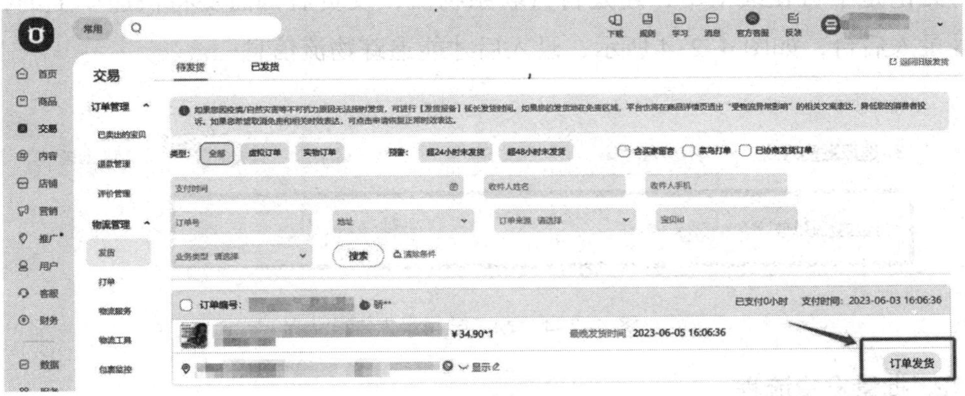


图 4–2–2　订单发货界面

（2）选择发货方式

一般分为物流发货和无物流发货。其中物流发货可以选择平台方推荐的物流公司，也可自行联系物流公司或自己配送。如果选择物流公司发货，需要按照顾客提交的电话、地址等信息正确填写快递单，如果是虚拟产品一般选择无物流发货，商家可根据具体情况选择合适的发货方式，如图 4–2–3 所示。

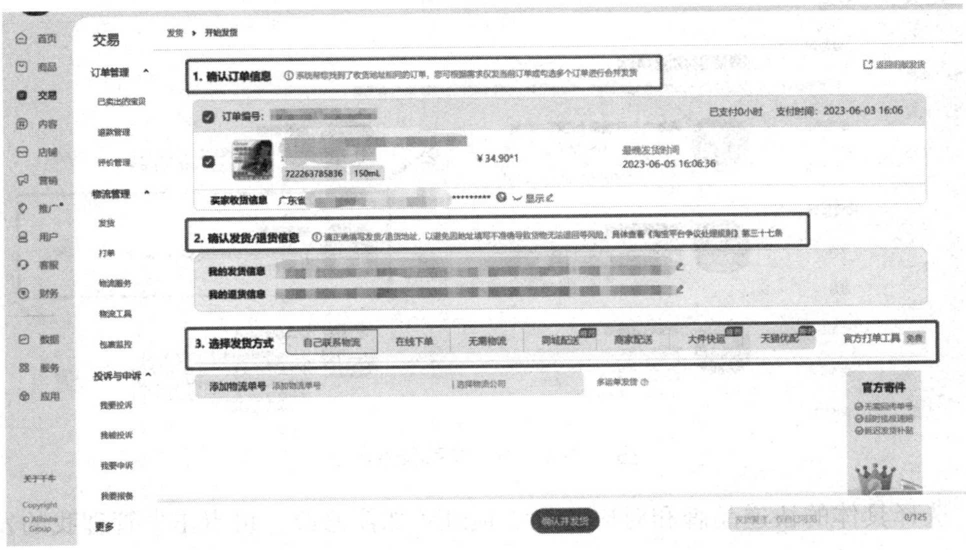


图 4–2–3　发货方式选择界面

这里要注意，提前确认好商家发货和退货的地址，以免在产生退货或者换货流程时出现问题。此外，如果订单商品属于虚拟商品，例如话费、软件服务等，一经发货且使用，退货申请一般不予通过。

（3）录入物流单号

无论是平台在线下单，还是自行联系物流，发货后都需要将快递单上的物流单号录入后台，如图 4–2–4 所示，录入后才能追踪物流信息。

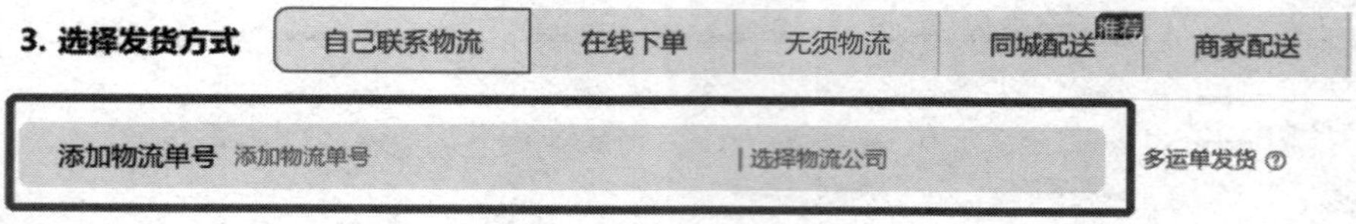


图 4–2–4　物流单号录入界面

## 2. 批量发货流程

对于订单量较大的商家，开通电子面单服务会大幅度提升发货效率，下面以千牛工作台为例，展示批量发货的具体流程。

（1）开通电子面单服务

在“交易”模块中的“物流管理”中找到电子面单服务，如图 4–2–5 所示。

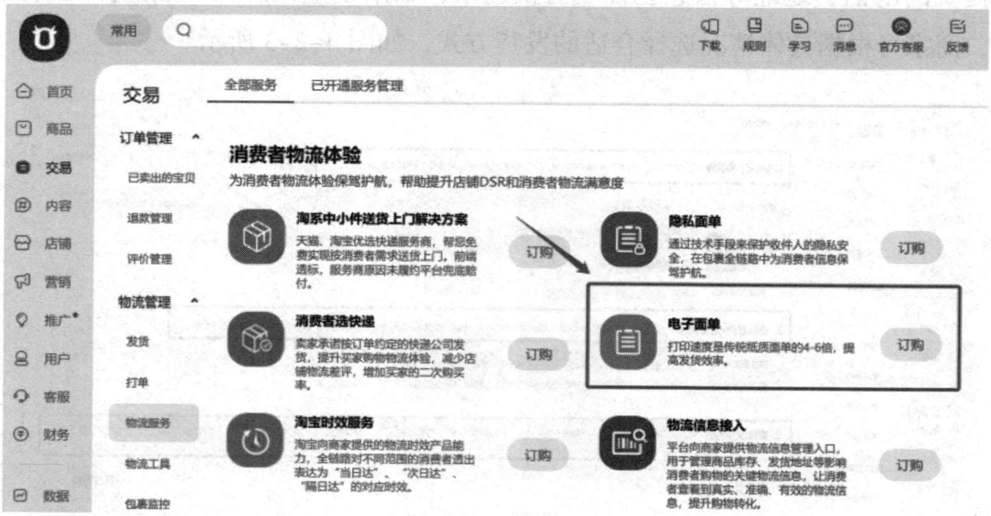


图 4–2–5　电子面单服务入口

选择具体的快递品牌和对应的发货地址（如需修改，可点击“管理我的发货地址”进行操作），准确填写物流服务商的相关信息，如图 4–2–6 所示。

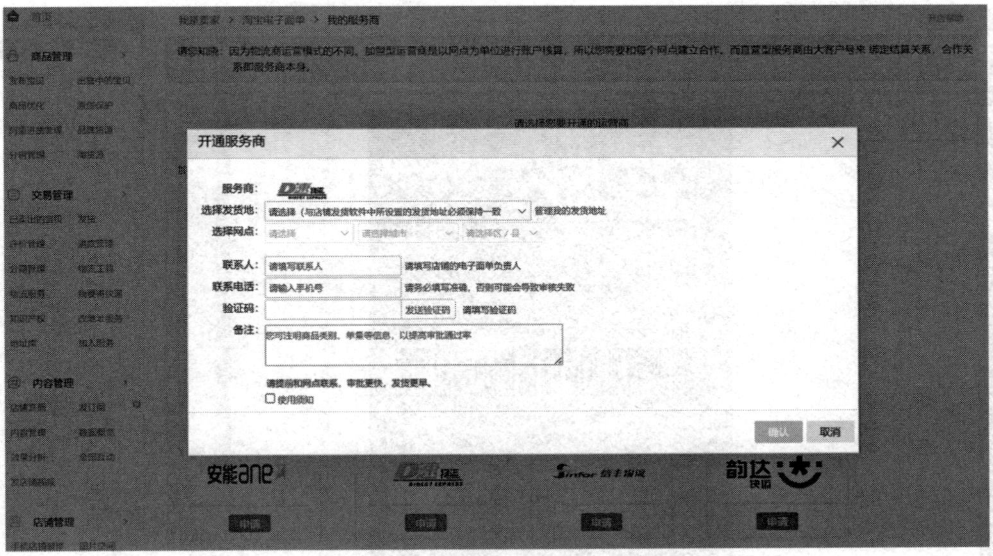


图 4-2-6　物流服务商开通界面

申请提交后，由快递网点进行审核，审核通过后才能使用电子面单服务。

（2）设置电子面单信息

开通电子面单服务后，要进行电子面单的设置，依次打开“交易”“物流管理”“物流工具”，选择“菜鸟发货”，如图 4-2-7 所示。

图 4-2-7　电子面单设置入口

选择“我的电子面单”，即可进入已开通的快递运营商的电子面单设置界面，设置好面单信息后，可进行打印测试，若没有问题，则保存该设置，如图 4-2-8 所示。

图 4–2–8　电子面单信息设置界面

（3）批量打单与发货

选择“打印发货”，再选中所有待发货的订单，点击“打印快递单”，如图 4–2–9 所示。

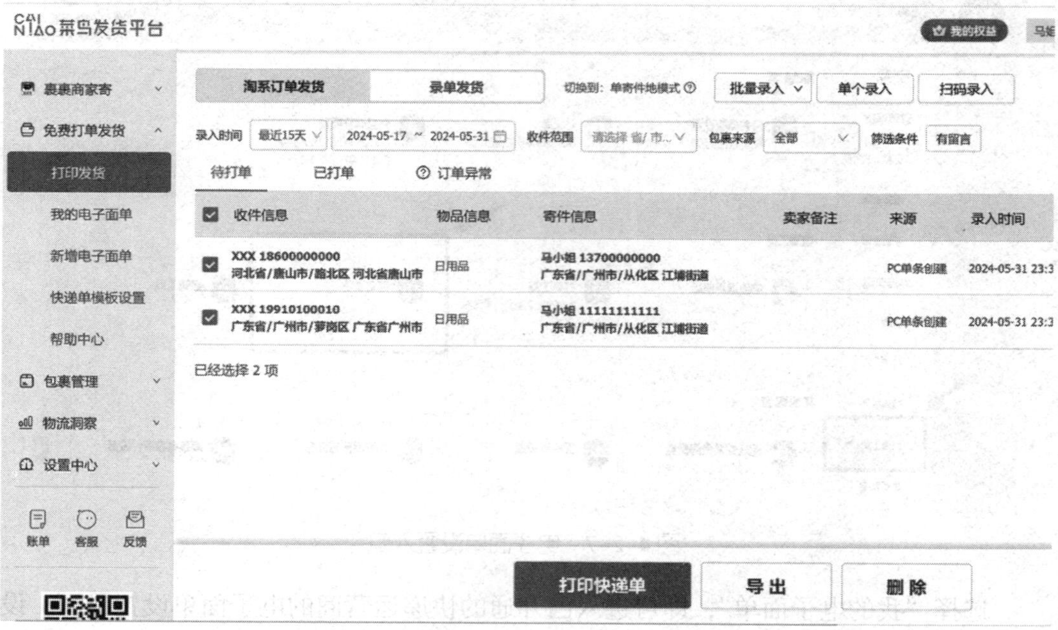


图 4–2–9　批量打印订单入口

选择正确的寄件信息与快递模板，勾选“打印完成后将自动发货，无须您二次操作”，点击“打印快递单”，如图 4-2-10 所示，即可进行批量打单与发货。

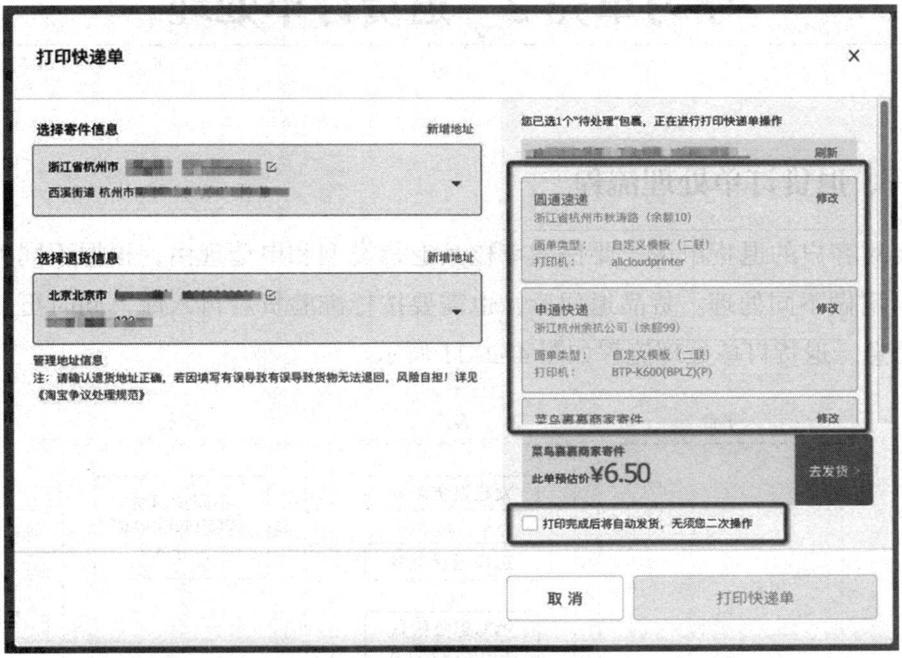


图 4-2-10 打印快递单界面

## 二、发货订单处理技巧

### 1. 按时发货

如果商家未按约定时间发货，可能会收到顾客的投诉，投诉成功后则会面临一定金额的罚款，因此商家要注意按时发货，如果因为特殊原因无法发货，一定要提前向平台报备。

### 2. 监控发货流程

如果有条件，最好能在发货区安装摄像头，监控打包发货的全流程，万一发货环节出现问题，可以调出监控，找到原因，追踪到责任人。

### 3. 注重打包质量

在商品发货后，会经过多次装载和长途颠簸，因此商家应根据商品特点和运输需求进行包装，避免商品的损坏。

### 4. 贵重物品保价

商家对贵重物品进行保价，可以避免因货物在途中丢失或破损带来的损失。

# 学习单元 2　退货订单处理

## 一、退货订单处理流程

面对客户的退货申请，要仔细审核其退货类型和申请理由，根据不同类型的退货申请做不同处理。货品退回后，也需要按标准验货后再入库，同时更新产品库存信息。退货订单处理流程如图 4–2–11 所示。

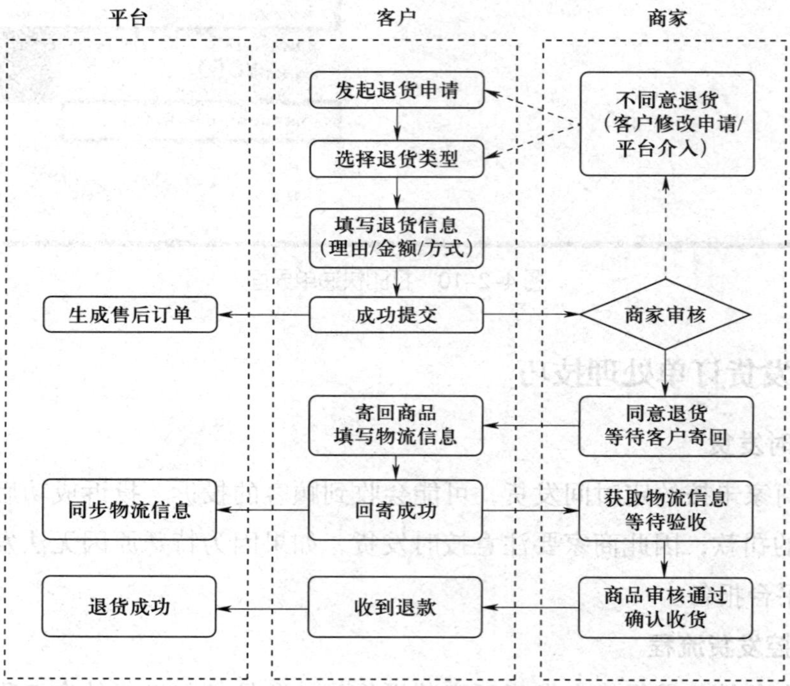


图 4–2–11　退货订单处理流程

### 1. 退货申请审核

商家在后台看到客户的退货申请后，要先进行退货订单的审核，不要盲目通过。因为不同的退款理由对店铺的影响不同，所以需要商家对平台规则和相关法律法规有清晰的认知，在审核客户申请时先自查商品类目是否支持退货、是否承诺了发货时间，遇到各种异常情况优先与客户协商解决，避免矛盾激化，并且注意留存协商证据，以备平台介入后的举证。

客户的退货理由通常有以下 5 种。

（1）无理由退换货

大部分平台都有一定时效内的无理由退换货服务，若客户选择了该项服务，且商家确有该项服务，则需要商家积极履行该服务，配合客户处理退货，否则到一定时间系统会自动判定退货申请成立。

（2）未按约定时间发货

若该申请涉及的订单处于未发货状态，说明商家未按承诺时间发货，若该货品是预售、定制，或其他额外约定的发货时间，商家需联系客户，确认其购买意向，并保留沟通凭证，协商更换退款原因。若涉及的订单已经在规定时间内发出，则商家可以先拒绝退款申请，并主动联系客户协商处理。如果直接同意客户的退货申请，需要进行相应的违约赔付。

（3）质量问题或与描述不符

商家需查看客户提供的商品图片或视频，进行自检，积极与客户进行协商处理。若双方无法协商一致，需要平台客服介入处理，则需要准备好品牌授权、进货清单、产品质量检验凭证等能证明商品质量的文件，平台核实后会做相应处理。

（4）商品错发 / 漏发 / 空包裹

商家需积极联系客户，提供补偿方案，在确认客户是要退款还是补发货物后及时配合客户进行处理。

（5）客户未收到货

先与物流服务商和客户沟通，确认情况是否属实，若客户确实未收到货，商家需进行举证，提供发货证明及客户已签收商品的证明，提交平台客服处理。

**2. 退货商品返仓**

客户的退货申请经审核确认后，就进入了货物返仓流程，如果客户在规定时间内填写退回商品的物流单号，则订单系统会触发仓储管理系统，形成退货单。客户的退货商品返仓流程如图 4-2-12 所示。

承运的物流服务商会实时反馈商品返仓过程的在途信息以及货物的入仓信息，仓库人员根据售后单中的物流单号匹配实物物流单号进行收货。如果客户未在规定时间内填写物流单号，则退货单自动关闭。

图 4–2–12　退货商品返仓流程

### 3. 退货商品审核

退回商品到货后，仓库人员要和物流人员进行交接，审核商品外包装及商品的状态，规格及数量等是否与订单一致。若一致且可二次销售，需放入指定区域等待重新入库，并通知订单处理人员实施退款；若所退货物不一致，则要告知客服部门，向客户进行反馈，了解实际情况，做出相应处理。

各平台对于退货商品是否完好的审核标准大同小异，淘系平台的“通用完好标准”如下。

（1）商品能够保持原有品质、功能；客户应当确保退回的商品及相关配（附）件（如吊牌、说明书、三包卡等）齐全，并保持原有品质、功能，无受损、受污、刮开防伪、产生激活（授权）等情形，无难以恢复原状的外观类使用痕迹、不合理的个人数据使用痕迹。

（2）客户基于查验需要而打开商品包装，或者为确认商品的品质、功能而进行合理的调试，应不影响商品的完整性。对超出查验和确认商品品质、功能需要而使用商品，导致商品价值贬损较大的，视为商品不完好。

（3）商品包装作为商品的必要组成部分，其缺损状况易导致商品价值贬损，故退回时应确保商品包装完整。部分具有特定价值或功能的特殊商品包装，可依卖家事前显著明示的包装保护要求处理。

## 二、退货订单处理技巧

在退货过程中，可能伴随着客户的质疑和对抗情绪，可能会遇到恶意退货、恶意投诉的问题，也有可能出现无头包裹、商品不符，或者商品破损等异常情况，这时候需要客服人员及时与客户沟通，并保留相关凭证，用于责任判定。

**1. 及时沟通，协商补偿方案**

无论哪种退货情况，一旦退货发生，都会对店铺运营带来影响，所以退货处理的第一原则是尽量避免退货。在具体操作时，需要在退货申请发生时认真审核，及时与客户沟通联系，了解客户真实想法，对不同的退款原因进行灵活处理。例如，经过沟通发现，客户是由于忘记领取优惠券等原因，导致未按优惠价格购买，可进行订单修改或差价补偿，不必进行退款。

**2. 保留凭证，及时申诉维权**

对于恶意退货、商品破损等情况，先与客户沟通原因，保留与客户的聊天记录、与快递的交接凭证，以及商品的首次开箱视频，同时在退款申请中上传凭证，拒绝申请。如果沟通后确认客户属于恶意退款，可以向平台发起投诉，交于平台核实处理。

注意，商品的开箱视频需要清晰完整地呈现快递单号及外包装，以及拆包过程和包裹内商品的情况。

**3. 设置自动发送退货地址**

网购诚信记录良好的客户，在签收货物的一定时间内，申请无理由退货或因个人原因退货，且商家也有该项服务时，平台会自行判定退货申请成功，并提供商家设置的退货地址给客户，让客户能按照系统显示的退货地址进行退货。建议商家设置好该地址，这可以提升客户的购物体验及购物信心，降低退货沟通成本。淘系平台退货地址设置如图 4–2–13 所示。

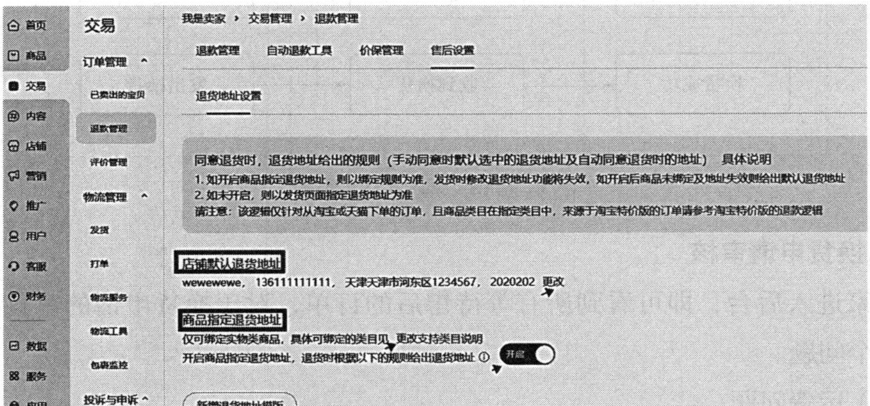


图 4–2–13　淘系平台退货地址设置

# 学习单元 3　换货订单处理

## 一、换货订单处理流程

换货处理流程在退货处理流程的基础上，增加了更换商品的发货流程。当商家收到客户的换货申请后，要仔细审核其换货理由，根据不同类型的换货申请做不同处理，收到退回的商品后，也要按照标准进行检查，确定商品可以进行二次销售后，再发出更换的商品，客户收到更换的商品并确认收货后，换货流程结束，具体如图 4–2–14 所示。

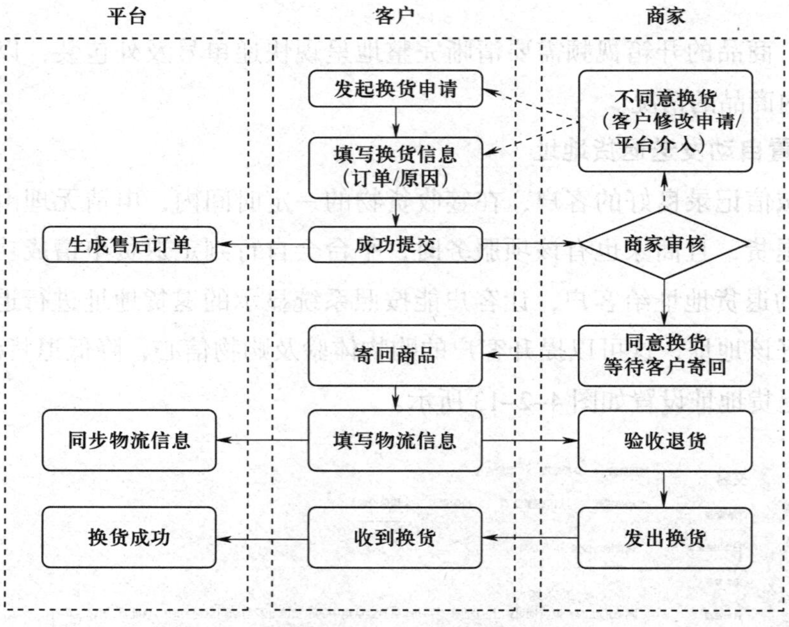


图 4–2–14　换货处理流程

### 1. 换货申请审核

商家进入后台，即可看到所有等待售后的订单，对于换货申请的审核，一般注意两个问题。

（1）运费问题

如果因质量问题或错发等问题而导致换货，退回运费一般由商家承担；如果是尺码问题或其他非质量问题，退回运费一般由客户承担，商家需要根据不同的情况，与客户进行换货运费的协商，并达成一致。

（2）库存问题

同意换货申请前，商家还应核实自身的库存情况，如果顾客想要的商品库存不足，要及时沟通，进行协商。

**2. 退货商品返仓**

商家同意客户的换货申请后，就进入了换货商品返仓流程，客户需要在平台规定的时间内，将换货商品寄到商家提供的地址，等待商家验收。商家收到退回的商品后，要检查其是否符合再次销售的标准，如果符合，则准备发出换货商品；如果不符合，要及时与客户沟通，查明原因后再做处理。

**3. 换货商品发货**

商家按照客户的地址，寄出换货商品，并告知客户换货商品的物流信息。

## 二、换货订单处理技巧

虚拟商品一般不允许换货，实体商品由于需要进行退回商品的回收和换货商品的发货，涉及的交易流程和物流程序更为复杂，因此商家需要在换货过程中及时与客户沟通，确认好细节，并保留好相关凭证。

**1. 能退则退，降低成本**

相比退货流程，换货流程增加了二次发货的过程，其中可能会增加不必要的沟通成本、运费成本。因此商家一般都更倾向于与顾客协商，改为退货申请。

**2. 检查退货，保留凭证**

商家收到客户的退货后要认真检查，必要时可以录制完整的开箱视频，避免发生因商品损坏而追责困难的问题。

**3. 及时换货，保留凭证**

商家收到客户的退货后要及时进行换货，避免因为超时未发货，收到客户的投诉。此外，商家应保留好换货流程中的相关凭证，包括沟通记录、物流凭证等，做好申诉准备。

# 职业模块 5 客户服务

培训课程 1　智能客服训练

学习单元 1　网店智能客服配置

学习单元 2　智能客服知识库搭建

学习单元 3　智能客服应答测试

培训课程 2　客户关系维护

学习单元 1　客户信息收集

学习单元 2　客户分类

学习单元 3　差异化营销服务及方法

# 培训课程 1

# 智能客服训练

## 学习单元 1 网店智能客服配置

### 一、智能客服概述

**1. 智能客服的概念**

智能客服指的是在人工智能、大数据、云计算等技术赋能下，通过客服机器人协助人工进行会话、业务处理等，从而释放人力成本、提高响应效率的客户服务形式。

**2. 智能客服的特点**

（1）人机协作，优化客户体验

智能客服辅助人工客服可以完成一部分重复性工作，释放人工客服的时间和精力来回答客户个性化问题。同时，智能客服能够缓解店铺客流高峰时段的问答速度，降低网店客服成本。而且，智能客服还能够为客户提供不间断 7×24 小时服务，能够实现一位智能客服同时服务多位客户，优化客户体验。

（2）以知识库为基础，提供智能服务

智能客服要实现快速、准确地回答客户问题，就需要配置内容全面、搭建逻辑清晰的知识库。知识库的质量决定了智能客服能够回答哪些问题、怎样回答问题以及回答问题的满意度。

（3）智能客服能实现多类型资源的识别

智能客服最大的特点是以智能技术为基础，通过机器人为客户提供服务。随着数字化、智能化技术的发展，除文本以外，智能客服将逐步学会识别图片、表格、音频、视频等多类型数据，并且具有不断提升的自我学习能力。

（4）智能客服能够提升网店数字化运营能力

智能客服能够时刻观察并记录每一位客户进入店铺后的浏览行为、搜索行为等，并结合之前的购买历史不断优化用户画像，分析客户消费特点，为店铺营销活动的设计提供了有利的数据支撑，也能够为人工客服赋能，实现对客户的精准营销。全自动追踪客户在网店的行为并形成统计数据，是传统人工客服不具备的能力和优势。

**3. 智能客服的功能**

（1）智能应答功能

智能应答功能是智能客服的基本职责之一，能够为客户提供 7×24 小时快速应答服务，客户无须排队等候。

（2）主动营销功能

主动营销是智能客服的增值功能，使客户服务不再单纯是网店的支出业务，更是营销增收业务的重要途径。具体包括：①主动向客户发送问候和关怀；②智能推荐，为客户进行商品推荐、优惠推荐、商品或服务的卖点推荐；③智能促单，根据客户在网店的交易进展进行智能催单和智能催付。

（3）关键流程自动化服务

当客户咨询物流信息时，智能客服能够快速回复该订单的物流状况，是将网店关键业务流程与智能客服对接的结果，此外还有订单信息确认、发货提醒等，可供客户自助查询，提高了网店业务流程的自动化程度。

（4）构建用户画像

智能客服会根据客户在网店的浏览情况、咨询情况，以及购买历史等行为对客户进行画像，利用客户画像可以对客户进行更加精准的营销活动。

根据服务流程来划分，智能客服可提供售前、售中和售后全流程服务。

（1）售前服务

智能客服在售前服务环节要完成智能接待功能，回复客户重复性售前咨询问题，记录客户数据并进行个性化偏好推荐。

（2）售中服务

智能客服在售中环节要辅助人工客服回复重复性咨询，尤其是在咨询高峰期可以缓解人工客服压力，更重要的是还可以完成智能营销，如在接待中主动进行智能推荐、智能跟单，如图 5–1–1 所示，通过洞察营销机遇促进成交，提升店铺转化。

（3）售后服务

智能客户在售后环节要提供答疑、回访、用户数据追踪管理等服务，以完善用户画像，加强智能客服服务满意度管理等。

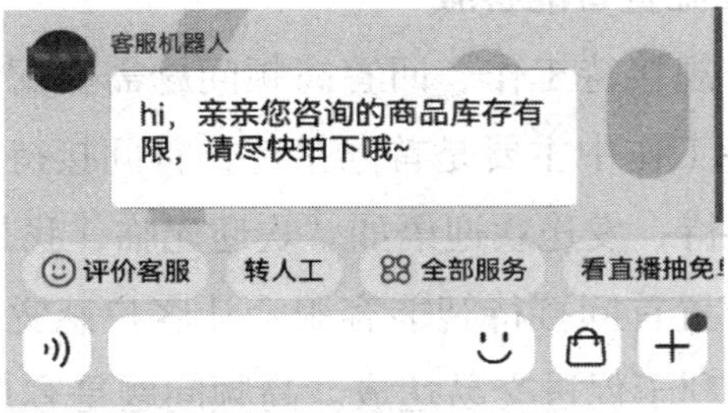


图5-1-1　智能客服跟单示例

## 二、问题场景分类

在网店运营中主要的问题场景包括聊天互动、商品咨询、活动咨询、购买咨询、物流咨询、售后咨询以及订单投诉等，贯穿整个消费过程的售前、售中和售后，覆盖整个业务场景的全流程。

（1）聊天互动是指日常接待客户所用的问候语、结束语以及在接待过程中的常用语等。

（2）商品咨询类问题是客户咨询中的高频问题，包括商品价格、商品使用方法、商品品质、商品选购、商品属性、功能用途、使用保养方法等。

（3）活动咨询是客户对店铺促销活动进行的咨询，也是店铺的高频场景问题，包括会员福利、满赠活动、红包相关、讨价还价、通用活动、优惠券相关、赠品相关、满减折扣等。

（4）购买咨询是指客户针对下单过程中存在的问题进行咨询，如不会下单、下单时显示库存不足、买多了等情况。

（5）物流咨询是对店铺物流政策的咨询，包括邮费减免、物流时长、物流查询、快递丢失等问题。

（6）售后咨询是客户对已经购买了的商品或服务进行的咨询，包括保价返现、错发漏发、发票相关、售后咨询、换货咨询、退货相关、安装问题、退款相关、维修相关等。

（7）订单投诉是客户因与店铺产生交易而带来的问题。一般情况下，当客户实际得到商品或服务与预期相差较远而又得不到满意的解决方案时，往往选择投诉。

## 三、智能客服配置规则

### 1. 高频问答场景要配置智能客服

在网店运营中，常规接待工作、回答高频问题需要配置智能客服来提高网店客服效率和效果。接待工作中主要是首问接待，首问接待是指买家进线准备咨询时智能客服先行一步接待，发送欢迎语如“欢迎光临，我是贴心的店铺智能助理，有什么可以帮您！”配置首问接待智能客服会让客户感觉自身被重视，推进网店与客户之间的交流，有利于促进交易达成。高频问题是客户咨询量比较高的问题，如商品咨询、物流咨询、促销活动咨询等，智能客服根据知识库及时进行回答，能够提升客户咨询体验，如果不能快速给出回复，则会造成客户流失。

### 2. 营销服务环节要配置智能客服

商品推荐、催拍催付、收货评价等营销服务环节可以配置智能客服。商品推荐包括进店商品推荐（对进店的买家进行商品推荐）和求购商品推荐（对客户咨询的商品进行推荐）。催拍催付包括对咨询未下单和下单未支付两种情况进行催促。收货评价是指智能客服对已签收的客户催其收货确认，对已收货的客户催其进行评价。

总体上，智能客服的配置要以提高客服效率和网店营收为目的，将常规性、重复性的操作交由智能客服完成。

## 四、智能客服配置流程

智能客服配置流程的操作以淘宝千牛工作台为例进行介绍。

### 1. 诊断店铺接待情况

检查店铺是否存在客户重复咨询问题较多、客户咨询订单后未下单且店铺未能跟进、店铺响应客户咨询较慢等情况，如果存在说明店铺需要配置智能客服，需借助智能客服解决现状。

### 2. 配置咨询问答

店铺对高频问题配置答案，如针对客户发送了商品链接、咨询发什么快递、如何取消订单等高频问题配置答案，配置界面如图 5–1–2 所示，把高频问题配置完成即完成了咨询问答配置，可进入下一步。

图 5-1-2　智能客服咨询问答配置

### 3. 接待模式设置

（1）机器人优先模式

选择机器人优先模式意味着智能客服优先人工客服进行回答，但是需要完成以下设置才可以实现该模式。

1）配置接待时间与流量。完成接待时间的设置，若需全天接待请选择 00:00—23:59。支持跨天接待，当开始时间＞结束时间，设置项显示为“次日”，则为跨天接待；当开始时间＜结束时间，设置项显示为“当日”，则为非跨天接待。流量设置即机器人分流比例，设置为 100% 表示全部优先机器人接待，答不上转接人工；设置为 0% 表示全部由人工接待；设置为 80% 则随机分配给机器人优先接待的咨询量为店铺总咨询量的 80%。设置界面如图 5-1-3 所示。

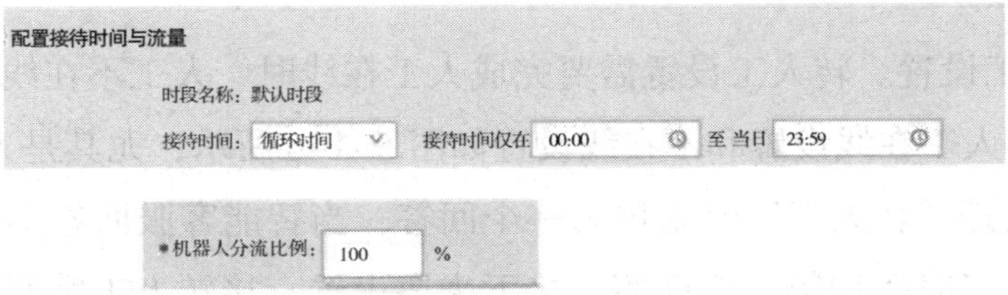

图 5-1-3　智能客服接待模式设置

2）入场卡片设置。包括入场时的欢迎语和活动卡片以及售后自助入口卡片设置。欢迎语和活动卡片设置界面如图 5–1–4 所示，当客户进入店铺时可主动与客户联系，增加销售机会。

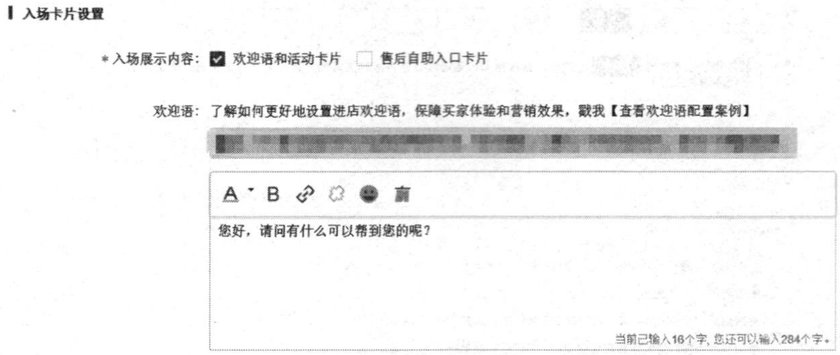


图 5–1–4　智能客服欢迎语和活动卡片设置

售后自助入口卡片的设置如图 5–1–5 所示，可以看到该平台售后自助卡片的展示规则是当用户进入咨询时，如果 1～180 天内无本店订单，展示欢迎语和活动卡片，有订单展示售后自助入口卡片，具体时间店铺可以根据业务情况个性化设置。

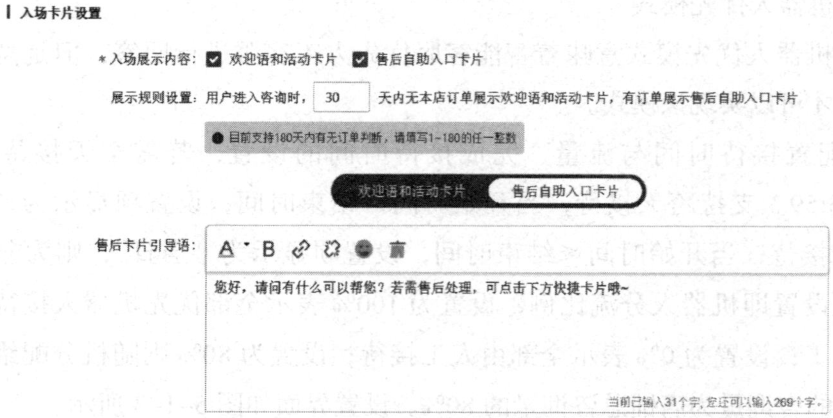


图 5–1–5　智能客服售后自助入场卡片设置

3）转人工设置。转人工设置需要完成人工在线时、人工不在线时和直接转人工场景设置。人工在线设置和不在线设置如图 5–1–6 所示，尤其是人工不在线时，当客户主动发送“转人工”时采用第一个回答，当智能客服回答不了客户咨询而客户要求转人工时采用第二个回答。接下来要设置直接转人工客服的场景，如出现订单签收异常、发错货、少商品与少配件、拒收以及投诉等场景时可直接转人工客服。当客户输入“发错货了”，此时会直接连到人工客服而不是智能客服。

完成以上 3 项设置后即可配置机器人优先模式，最后点击页面的保存按钮。

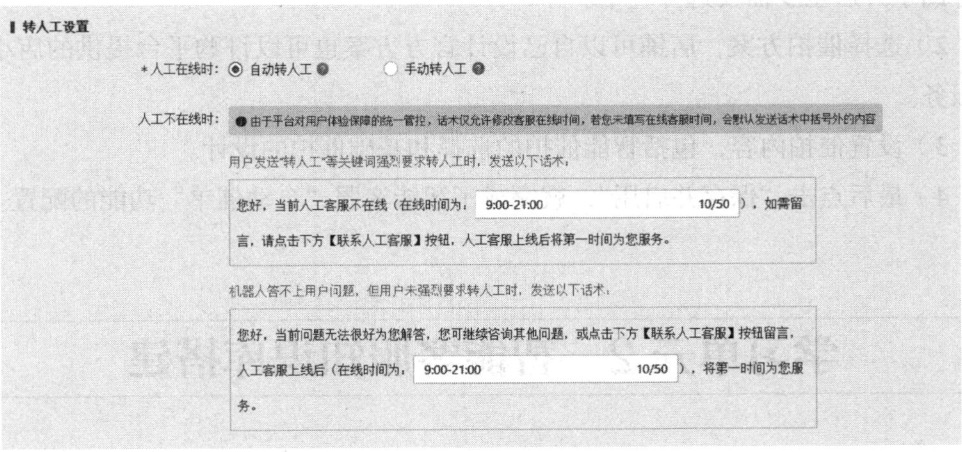


图 5-1-6　转人工设置

（2）辅助人工模式

1）开启页面辅助人工模式开关。开启辅助人工模式后有两种回复模式：当机器人识别买家意图准确，答案会自动发送；当买家问法表达模糊，系统识别准确性较低时，答案仅会在工作台输入框上方悬浮提示，由人工确定后再发送。

2）选择店铺客服账号进行授权。智能辅助开关开启时需向客服授权后，客服才能使用，将要参与接待的客服子账号添加至客户账号列表中，已添加的客服可接待消费者的咨询。

3）被授权客服在客服工作台启用机器人，如淘宝店铺需要在旺旺页面设置，京东店铺需要在咚咚页面设置。

**4. 营销服务功能配置**

除智能问答之外，还可以为智能客服配置其他营销服务功能，如自动催拍、自动催付、自动核单等。以淘宝店铺配置自动催拍为例，自动催拍是在售前阶段买家询单 5 分钟后未下单的客户，根据客户特点推荐搭配、优惠券、买家秀等内容辅助催拍，可设置自动推送催拍话术及商品，帮助店铺实现对有意向客户的下单提醒，从而促进店铺成交转化。对自动催拍功能的配置步骤如下。

（1）在千牛工作台—客户—接待工具栏中选择“自动催拍”。

（2）对“自动催拍”页面进行设置。

1）发送设置，人工客服账号开启包括人工直接接待的用户和服务助手转人工接待的用户，将由最近一个接待过的客服发送催拍话术；服务助手账号开启是服务助手账号接待的用户，将由服务助手账号发送催拍话术。人工服务账号开启与服务助手开启至少需要选择一个。

2）选择催拍方案，店铺可以自己设计官方方案也可以订购平台提供的店小蜜等服务。

3）设置催拍内容，包括智能催拍的选择和基础催拍的设计。

4）最后点击“保存并启用”，就完成了智能客服“自动催单”功能的配置。

# 学习单元 2　智能客服知识库搭建

## 一、智能客服问答知识库概述

### 1. 知识库

知识库是用于相关领域知识的采集、整理及提取的特殊数据库。知识库中的知识来源于历史日志、历史知识、文档文章以及相关领域的专家等，是求解问题所需领域知识的集合。

### 2. 智能客服问答知识库

问答知识库即给定自然语言问题，通过对问题进行语义理解和解析，并基于知识库进行查询、推理得出答案。问答知识库包括问题和答案两部分。智能客服是以智能技术为基础，当客户对网店进行咨询时，店铺借助智能机器人提供服务，客服机器人对客户提出的问题进行解析理解，在知识库寻找匹配的答案并回复。

### 3. 搭建问答知识库的必要性

（1）问答知识库是智能客服应用的基础

智能客服在众多领域已经得到了广泛应用，凡是有应用智能客服的环境都需要有问答知识库的支撑，没有问答知识库就无法提供智能客服。

（2）问答知识库有利于知识积累，提升组织竞争力

通过搭建问答知识库能够促使组织梳理业务流程，提取关键知识点，并将工作中的经验进行积累形成知识，从而避免知识流失。同时，也有利于员工进行知识学习、知识共享以及知识的再利用和创新等，降低组织培训成本和组织运营成本，增强企业核心竞争力，提高决策能力。

（3）问答知识库能够使客户自助服务，降低客服成本

即使不提供智能客服功能，企业或事业单位以及政府部门等组织都可以建立问答知识库，当用户进入网页自助查询时，可以得到相应的解答。客户借助问答知识库进行自助服务能够降低对人工客服的需求，在一定程度上降低组织的客服成本。

## 二、智能客服问答知识库搭建原则

### 1. 围绕业务场景选择高频知识点搭建

业务场景是搭建知识库的基础，可从业务场景出发，优先解决高频知识点。高频知识点就是客户咨询次数最多的问题。例如，在知识库中有20%的知识是80%的客户都会咨询的，80%的知识只有20%的客户咨询。因而，在知识库搭建初期的首要任务就是解决80%的客户面临的20%的问题，其次才是低频知识点与时效性较强的知识点。

### 2. 注意知识点的表达形式要易于理解

知识点的表达要让客户一看就明白，不能一味地使用专业术语，避免带来二次问题，要尽量采用客户能够理解的表达方式。当必须使用专业术语进行回答时，可以采用辅助手段进行解释说明，例如，可以画图表，加图片，进行注释或举例等。

### 3. 知识库的管理要遵循动态优化原则

市场环境瞬息万变，客户需求也在不断发生变化，智能客服机器人要满足客户咨询服务就需要不断优化知识库。有些知识点可能会从低频知识点升级为高频知识点，网店要关注是否有遗漏的高频知识点，注意知识点的查缺补漏，或者更新问题的答案，以提升客户咨询体验。

## 三、智能客服问答知识库搭建方法

### 1. 选择平台提供的行业通用包

行业通用包是由店铺所在平台提供的行业通用的高频率知识库，平台通过将不同行业的高频、共性问题进行筛选，留下关键场景进行解析，提供答案配置建议和参考话术等。行业通用包覆盖聊天互动、商品咨询、活动优惠、购买操作、物流问题、售后问题等高频场景，能够帮助新手店铺快速理解高频业务场景，设置合理的问题和答案，提高高频问题的答案配置率。行业通用知识库需要订购才能使用，店铺可以通过订购来搭建店铺的知识库。

2. 选择平台提供的行业知识库

行业知识库也称行业包，是平台针对不同行业提供的通用知识库。例如，京东平台已有手机、手机配件、电视平板、服装、食品、药品保健品、医疗器械、厨房小电器、奶粉营养品、洗护剂、空调、冰箱等行业通用包。不同电商平台行业知识库所涉及的行业可能有所不同。行业知识库是只有对应行业才会涉及的知识点，如手机行业涉及像素，服装行业涉及尺码，家电行业涉及安装等。与行业知识库不同，通用知识库中的知识点基本每个行业都会涉及，如物流、活动、发票等有关问题的答案。店铺可以通过订购行业知识库来搭建店铺知识库。

3. 店铺搭建自定义知识库

商家可自定义官方知识库未覆盖、无法命中或识别错误的知识，需要由商家定义每个知识点的应答范围、问法及答案。也就是除通用知识库和行业知识库以外，如果还有高频知识点就可以自定义知识库，由店铺自主设置问题和答案。

4. 设定关键词

在商家配置关键词后，若买家问法中包含配置的关键词就会自动弹出答案，平台会限制关键词的配置，例如，京东平台上限配置 20 组关键词。由于关键词对客户咨询的问题没有意图识别能力，无法揣摩客户想要得到的回复，因而如果关键词配置较多容易误识别，建议谨慎配置。

此外，还有平台提供的智能补充应答。智能补充应答是指平台客服机器人，如京小智、店小蜜等在人工日志里面挖掘的答案，商家只能开启或关闭，不能修改，也不是所有的问题都能挖到答案。但是可以起到进一步补充店铺知识库的作用。

需要说明的是，当客户咨询的问题在关键词、自定义知识库、行业知识库、通用知识库、智能补充应答中都提供了答案时，不同知识库应答的优先级不同，一般来说是按照关键词＞自定义知识库＞行业知识库＞通用知识库＞智能补充应答的顺序进行应答。

## 四、知识库配置操作流程

以京小智平台为例讲解各类知识库配置的操作流程如下。

1. 配置关键词

（1）输入问题信息

点击页面“添加关键词”输入问题信息，如图 5-1-7 所示，输入“50+ 优惠券”，点击右下角的“保存并添加答案”，进入答案编辑页面。

（2）添加关键词答案

可以给关键词问题设置多个答案，添加好“答案 1”后可点击左上角“新增答案”继续添加，如图 5–1–8 所示。当客户不满意第一个答案并再次询问时，可弹出第二个答案。另外，所添加的答案要考虑订单状态是下单后才能领取还是不区分订单，考虑关联商品是全部商品、指定商品还是某类商品可以领取优惠券，还要考虑优惠券的使用时效，这些都可以在页面右侧进行配置。

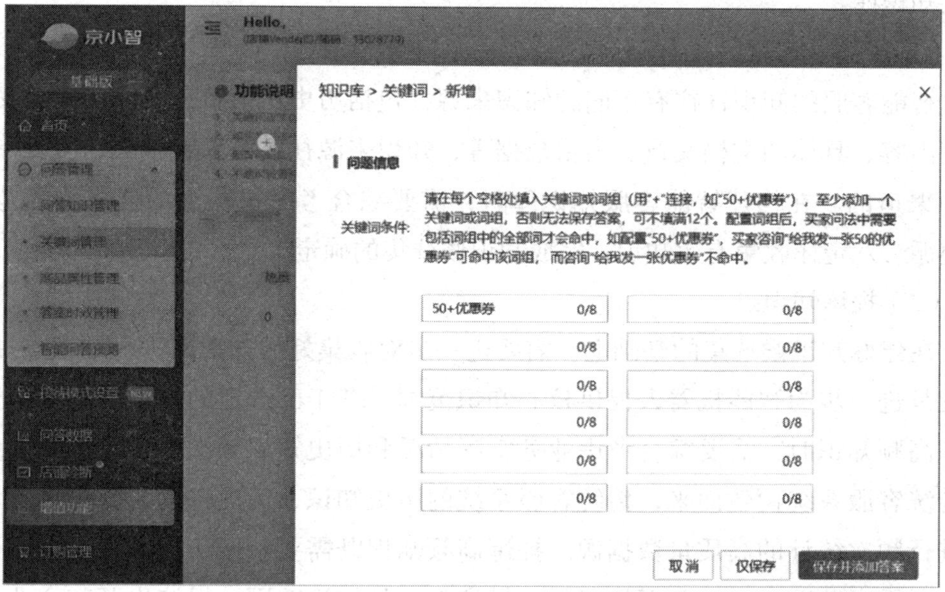


图 5–1–7　输入问题信息

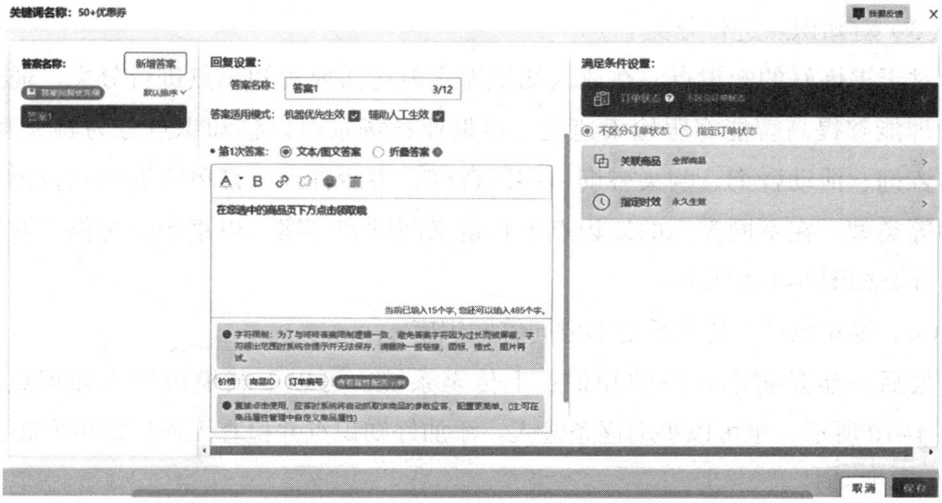


图 5–1–8　添加关键词答案

### 2. 配置通用知识库和行业知识库

通用知识库和各行业知识库汇总了大量高频问题，每一类高频问题涵盖多种不同的问法，店铺只需编写答案即可快速应答，但是都需要进行订阅才能使用。

### 3. 配置自定义知识库

当出现通用知识库和行业知识库未覆盖到的高频问题时，就需要店铺配置自定义知识库。

（1）收集知识点

智能客服的知识往往有不同的知识来源，包括历史对话日志、网店政策文件、官网内容、具体的文档文章、表格数据等，知识来源往往是多种格式、多种形态、多种渠道的。在构建智能客服知识库时，需要综合考虑机器人的业务覆盖范围，并遵循二八定律收集有效知识，完成知识候选集的确定。

（2）提炼知识点

在建好知识候选集的基础上，需要进一步对收集好的知识库进行知识点提炼，也就是进一步为智能机器人提供核心知识范围。基于已选定的知识范围和候选集提炼高频知识时，需要综合考虑业务实际情况和历史知识频次。智能客服大多基于传统客服系统构建而来，传统客服系统的历史知识、历史咨询、历史日志均为可进行频次统计的高质量数据源。提炼高频知识既需要基于历史频次，也需要基于业务需求范围，在业务框架下寻求最高频次的知识范围，提炼出既契合业务需求，也能够高效完成服务的知识。

（3）对知识点进行分类

对于提炼好的知识点，在放入知识库之前还需要对知识点进行分类。通过分类管理能够提高智能客服检索速度，根据业务场景可以将知识点分为聊天互动、商品咨询、活动咨询、购买咨询、物流咨询、售后咨询、订单咨询以及投诉建议咨询等类型，在不同类型的知识点下自定义问题和答案。以京小智为例，对知识点的分类如图 5–1–9 所示。

（4）将知识点上传至系统形成问答知识库

最后一步是将准备好的知识点上传至系统，可以下载模板导入知识点，如图 5–1–10 所示，也可以手动逐条输入。添加好知识点并检查无误后即可发布。

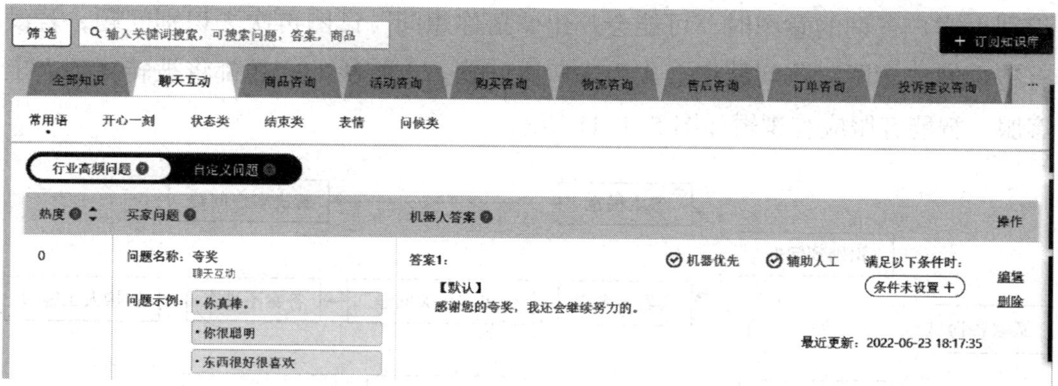


图 5-1-9　自定义知识点分类

图 5-1-10　批量导入知识点界面

### 4. 配置智能补充应答

开启智能补充应答功能，系统将自动从店铺人工日志中挖掘准确度高的答案应答，可快速扩大可应答范围。

# 学习单元 3　智能客服应答测试

## 一、智能客服应答逻辑

智能客服是根据配置的知识库对客户咨询的问题进行应答，当客户咨询的问题被智能机器人识别并在知识库中找到知识点时，就能给出客户应答。答案可能使客户满意从而解决了客户问题，如果答案不能使客户满意则会弹出“相关问题”以进一步解决客户的问题，如果仍未解决将成为未解决的问题。当智能客服无法识别出客户咨询的意图时，可能会弹出“猜你想问”试图再次去识别问题，若没有猜中客户意图，该问题将会成为未解决问题。未解决的问题都将被转接到人工客服。智能客服应答逻辑如图 5–1–11 所示。

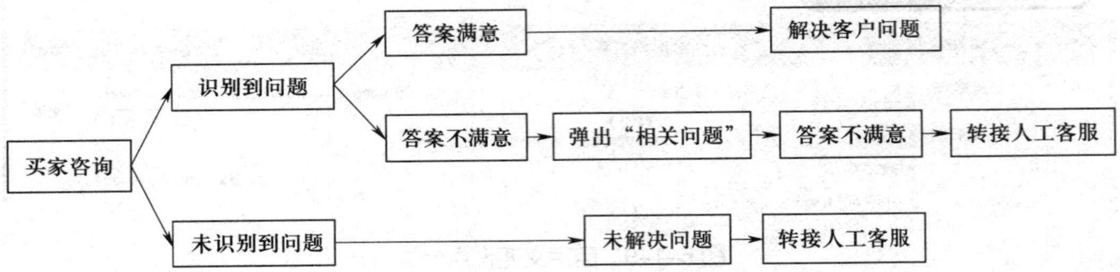


图 5–1–11　智能客服应答逻辑

## 二、智能客服应答测试方法

测试应答是机器人在正式应答客户咨询之前，进行的内部应答测试。如果应答效果较差就需要继续对知识库进行优化才能开启应答，否则应答错误会影响用户体验。

智能客服应答测试可以在网店平台后台进行，也可以在网店前台进行。在网店前台进行测试说明知识库已经发布，知识库在发布之前需要完成测试。

**1. 测试窗口单个测试**

测试窗口是商家测试智能客服应答效果的工具，可以在测试窗测试问题是否能够应答到正确的知识点并且触发对应的答案。

**2. 批量测试**

批量测试与批量自定义知识库类似，需要按照平台提供的批量测试文件格式，将测试问题批量导入，等待整体输出测试结果。为了确保测试效果，需要随机找一批真实的客户在测试窗提问，观察是否能够得到正确答案。尽量选择非客户服务部门的人员来进行测试。若客户的问题能够匹配到知识点，但答案错误或不够好，需要针对答案内容进行调整。若客户的问题未能匹配到知识点，就需要将客户的问法添加到正确的知识点下进行完善。

## 三、智能客服应答测试流程

智能客服应答测试方法包括利用测试窗口单个测试和批量测试，接下来以京小智平台的单个测试流程为例进行示范。

1. 唤起测试窗

在京小智平台点击左侧“问答管理”“问答知识管理”时，右侧边栏显示有“测试窗口”，如图 5–1–12 所示，点击测试窗口进入测试页面。

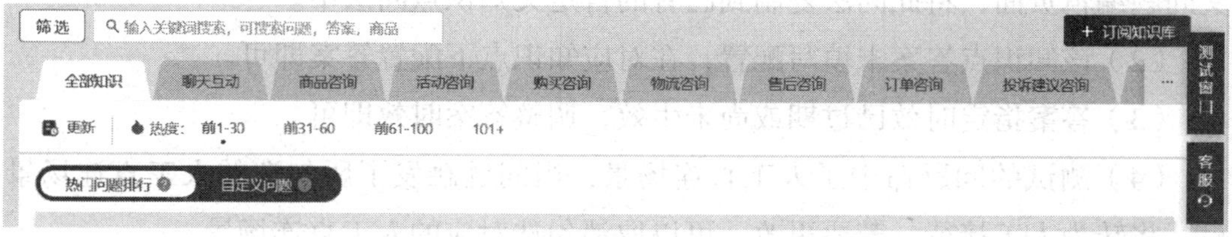


图 5–1–12　唤起应答测试窗口

2. 测试模式选择

进入测试窗后，需要进行模式选择。由于机器人优先模式与辅助人工模式应答流程有一定差异，可以分别选择两种模式进行测试。在机器人优先模式下，完全由机器独立优先接待咨询，解决不了再转人工，可以帮助提前过滤买家的简单、标准问题，节约大量人力。尤其是夜间和大促期间，可以辅助增加转化，应对流量咨询高峰。辅助人工模式是买家转接到人工后，机器人和人工客服混合一起接待，如果机器人可以识别买家问法则会自动发送答案，可大幅提高人工接待效率，同时也能有效守护平均响应时间和 30 秒应答率。

3. 准备测试问题

模式选择后即可发送问题进行测试。例如，采用机器人优先模式分别对不同类型的问题进行提问。

4. 分析回答情况

将准备好的问题输入测试窗口后会得到智能客服的应答，如图 5–1–13 所示。“命中知识”是指命中知识的来源，店铺知识库会按一级分组＞二级分组＞问题名称来显示。当输入高频问题“你好”时，命中了知识库中的“聊天互动”类问题中的一级问题“问候类”中的二级问题“问候语”，触发到该知识点后就弹出了知识库中设置好的答案并给出当前答案，当前答案即答案内容，“您好，请问有什么能为您解答的吗？”。

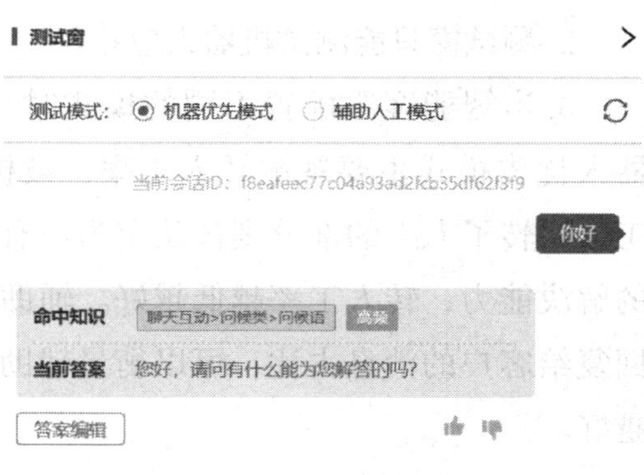


图 5–1–13　智能应答测试

### 5. 答不上原因分析

智能客服答不上问题的原因及解决方法如下。

（1）该问法没有匹配的知识点，可以点击“添加新问题”按钮后跳转到自定义问题编辑页面，将此问法复制到已有的自定义知识点问法中。

（2）该知识点答案未填写配置，在对应知识点下配置答案即可。

（3）答案指定时效已过期或尚未生效，调整答案时效即可。

（4）测试的问题命中了人工直连场景，当问题触发了所勾选的人工直连场景后，将转为人工接待。若要更改，可以取消勾选对应的人工直连场景。

### 6. 优化后再测试

对于测试中出现的问题需要进行优化。

（1）处理新增问题，对测试中没有命中的知识点需要添加新的问法到自定义知识库，并编辑问题和答案。

（2）处理缺少答案的问题，对测试中命中了知识库但没有匹配答案的问题需要完成对已有场景的学习并编辑答案。

（3）修改不准确的答案，对应答测试中现有回答不满意的问题，需要为已有场景推荐比当前配置更好的答案。

优化之后需要再次进行测试，结果满意后才能发布到知识库。

## 四、智能客服应答测试注意事项

1. 若测试的问题与商品有关，需要先发送商品链接再进行测试。若命中的知识点关联了商品但又没有发送商品，则会触发反问商品链接。

2. 测试窗只能测试机器人应答。

3. 当智能客服配置不同的模式时，对其应答测试效果的评价指标不同。机器人优先模式主要观测转人工率，被机器优先模式直接解决的部分将不再转人工，而转了人工的部分则被认定为没有解决，所以转人工率可以直接衡量机器人的解决能力，转人工率越低越好。辅助人工模式主要观测回复率，即以辅助模式回复给客户的消息占比，可以衡量辅助人工模式对客服的辅助效果，回复率越高越好。

# 培训课程 2

# 客户关系维护

## 学习单元 1 客户信息收集

### 一、客户信息概述

**1. 客户信息的概念**

客户信息是指客户喜好、客户细分、客户需求、客户联系方式等一系列关于客户的基本资料。掌握客户信息是建立、维系客户关系的基础，只有充分掌握客户信息才能对客户有更加具体的了解，客户画像也就更加清晰。客户画像越清晰，越能为客户提供个性化的产品和服务，从而使客户满意，进而获得客户的信任和忠诚。

**2. 客户信息的类型**

本质上关于客户的任何信息都属于客户信息，可以将客户信息分为人口属性信息、偏好特征信息、交易消费信息三个类型。

人口属性信息是用来识别客户个人基本特征的信息，包括姓名、性别、年龄、家庭状况、学历、职业、住址、联系方式、信用评分、资信等级、收入水平等。客户个人属性信息繁多，不同行业或不同部门对属性信息的要求不同，如金融行业更关注客户职业、收入水平、资信等级等，母婴行业更关注客户家庭结构、收入水平等。

偏好特征信息是记录客户行为和描述客户偏好特征的相关信息，包括客户的浏览点击轨迹、生活理念、行为习惯、社交偏好、互动内容、兴趣爱好等。通过分析客户在网络上留下的行为轨迹可以分析其行为偏好，进而挖掘其需求偏好。

交易消费信息包括客户购买产品和服务的交易时间、交易内容、交易金额、交易方式等信息。交易消费信息是客户信息中与交易行为相关的信息，通过分析客户的交易消费信息能够较好地识别客户需求、预测客户未来可能购买的产品以及能够为商家带来的价值利益。

**3. 收集客户信息的意义**

通过掌握大量客户信息可以构建出客户信息与客户需求特征之间的关系，形成较为合理的模型。此外还可以分析客户人群的地域特征、职业类型、收入水平、生活理念等细节。通过客户信息提取客户数据，并构建客户人群和消费特征之间的关系模型，一方面能够提高企业营销效率，另一方面能够更有针对性地向不同类型人群推荐不同的产品，提供差异化营销服务，改善客户体验感，增强客户黏性。

## 二、客户信息收集方法

**1. 直接收集的数据**

直接收集的数据是指企业或组织在经营管理或向客户提供服务的过程中直接记录和获得的数据信息。具体来源渠道包括以下几方面。

（1）客户在线注册时输入的身份信息。

（2）客户开立账户或会员时提交的身份信息。

（3）通过使用信息技术手段收集到的客户经常浏览的内容、关注的商品，以及浏览时长、浏览时段等信息。

（4）客户在线购物的交易记录。

（5）客服中心的通话交流记录。

（6）借助营销活动收集的客户信息。

（7）通过短视频、直播等方式获取到的客户信息。

**2. 间接收集的数据**

间接收集的数据是指商家通过与其他商家的合作，或者向其他专门从事客户数据收集的企业购买的数据。具体来源渠道包括以下两方面。

（1）通过合作收集的数据，包括多方联合发起的用户调查收集到的数据，上下游合作商家的系统接口产生的交换数据，跨界合作带来的客户数据。

（2）如果商家收集数据能力有限，可以向第三方购买数据，包括专业的第三方调研咨询公司或平台提供的各种行业报告等，以弥补自身数据积累的不足。

## 三、客户信息收集流程

### 1. 明确要收集的客户信息

在收集客户信息之前，先要明确需要收集客户的哪些信息。每位客户的信息量都比较大，对于商家而言最重要的是提取到关键指标，不能盲目挖掘客户各类信息，需要衡量获取信息带来的利益和获取成本之间的关系。如果数据收集目标不明确，不仅会使工作量倍增，而且会花费不必要的精力和资金。有些企业会将关联的客户信息标准化到客户关系管理（Customer Relationship Management，CRM）软件中，如图 5-2-1 所示，业务人员只需要按照信息要求收集即可。

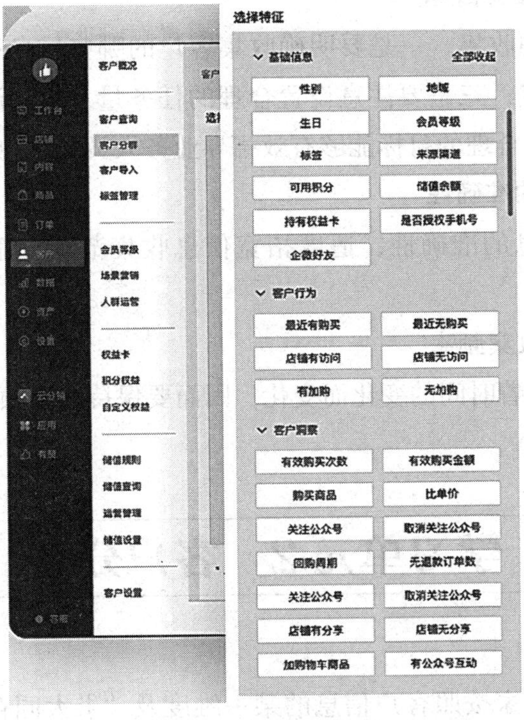


图 5-2-1　CRM 软件界面

### 2. 明确客户信息的收集方法

不同类型的客户信息有不同的收集方法。例如，通过为客户办理会员收集客户的人口属性信息，通过抓取客户的网页浏览行为、关注内容和社交活动等收集客户的偏好特征信息，通过分析客户的消费记录收集客户的交易消费信息。

### 3. 收集客户信息的准备活动

如果是通过信息技术手段收集客户信息，就需要提前配置好相应的技术；如果是通过交流沟通获取客户信息，就需要提前设计好沟通内容和话术。

**4. 收集、整理客户信息**

对收集到的客户信息需要完成数据清洗、有效性验证和排除错误等程序。如果企业使用CRM软件可能会带有信息检查的功能，将收集到的客户信息输入软件，当信息前后逻辑有问题时会进行错误提示。同时，CRM软件可能还带有分析客户信息的功能，企业会按照业务经验制定标准，从而使软件能够针对客户进行贴标签和分类。

## 四、客户信息收集技巧

**1. 要有明确的任务目标**

对于客户信息的收集，一是要明确收集客户的哪些信息；二是要明确收集客户的数量和时间节点；三是要注意设置合理的任务量，起到激励业务人员工作积极性的作用。具体、合理的目标能够有效指导业务人员的客户信息收集工作。

**2. 要确保信息的准确性**

要确保客户信息的准确性，适度拓宽信息收集范围，避免对客户产生错误判断。

**3. 要注意信息收集频率**

客户的信息会随着时间的变化而变化，因而要保持适当频率的动态更新。

# 学习单元2　客户分类

客户分类是指商家按照客户信息的某一维度及“求大同存小异”的原则将客户分成不同类型。不同类型客户之间存在较大差异，而同一种类型客户之间存在较大相似性。

## 一、客户分类的方法

**1. 按照客户特征分类**

（1）可以按照客户的性别、年龄、职业、所在区域、受教育水平、支付能力等对客户进行分类。

（2）可以按照客户浏览过的商品、加入购物车未支付的商品、关注的社交话题、发布的社交内容、使用的手机品牌型号等对客户进行分类。

（3）可以按照客户购买频率、购买周期、平均订单金额、产品偏好、交易渠道选择、对促销活动的反映等对客户进行分类。

**2. 按照客户价值分类**

一般情况下，企业会根据客户为其带来的价值而评价客户的重要程度。最为常见且简单的划分方法是根据客户的消费金额，将客户分为钻石客户、白金客户、黄金客户、普通客户。此外，有些企业也会关注客户成长潜力，有些客户虽然当前为企业带来的价值不高，但未来价值潜力较大，如大学生群体。因而对客户价值的划分会结合客户的当前价值和未来潜在的价值进行综合判断，即综合考虑客户终身价值（Customer Lifetime Value，CLV）。

**3. 按照客户关系生命周期分类**

客户关系生命周期是指企业与客户从建立关系到完全终止关系的全过程，是客户关系随着时间变化的发展轨迹。根据客户关系在不同阶段的特点，可将客户关系生命周期划分为考察期、形成期、稳定期、退化期四个阶段，具体特征见表 5–2–1。

表 5–2–1　客户关系生命周期的不同阶段及特征

| 变量 | 考察期 | 形成期 | 稳定期 | 退化期 |
| --- | --- | --- | --- | --- |
| 交易量 | 较小 | 逐渐上升 | 最大并保持稳定 | 逐渐减少 |
| 交易金额 | 较小 | 逐渐上升 | 最大并保持稳定 | 逐渐减少 |
| 价格敏感度 | 较为敏感 | 敏感度降低 | 不太敏感 | 敏感度提高 |
| 营销成本 | 较高 | 逐渐降低 | 降到最低值 | 逐渐提高 |
| 推荐意愿 | 不强 | 逐渐增强 | 达到最高值 | 逐渐降低 |
| 利润水平 | 较低 | 逐渐提高 | 提高至最大值 | 逐渐降低 |

可以看到，从考察期到退化期，客户与企业的交易量、交易金额，以及推荐意愿、利润水平都是从低到高再回落的过程，而客户对价格的敏感度和企业对客户实施的营销成本都是从高到低再上升的过程。此外，还可以简单地将考察期的客户称为潜在客户，将形成期的客户称为新客户，将稳定期的客户称为忠诚客户。

**4. 按照客户来源分类**

按照客户的来源，可以将客户分为终端客户、中间客户、内部客户和公众客户。

（1）终端客户也称消费者客户，是指最终购买产品或服务的个人或家庭。

（2）中间客户是指以再销售为目的的企业、购买产品或服务的组织，包括经销商、零售商等中间商。

（3）内部客户是指来自企业内部的员工，也称企业内部客户。

（4）公众客户是指与企业经营相关的社会组织，如政府部门、行业组织、新闻媒体部门以及企业所在社区等。

**5. 按照获取客户的途径分类**

按照获取客户的不同途径，可将客户分为老客户的转介绍客户、电商平台客户、社交平台客户等。

**6. 按照交易进度分类**

根据交易进度可以将客户划分为销售线索、销售商机和成交客户。销售线索一般指目标客户和潜在客户，当销售线索出现明确的购买意向后，可以转为销售商机，最终成交后就转为了成交客户。

**7. RFM 分类法**

RFM 模型是衡量客户价值和客户创造效益能力的重要工具和手段。从客户最近一次消费（recency）、消费频率（frequency）、消费金额（monetary）三方面信息对客户进行分类。

最近一次消费（R）是指客户上一次购买的时间，与客户再次购买意愿息息相关。如果上次购买的时间在 3 个月之内，那么该客户再次购买的可能性就比 3～6 个月的客户要大。消费频率（F）是指客户在一定时间内消费的次数，时间可以是一年，也可以根据商品或服务的特殊性来设定。消费频率越高说明客户对商品或服务的满意度越高，相应的忠诚度也越高，即消费频率较高的客户一般情况下都是忠诚客户。消费金额（M）是指客户在一定时间内的消费金额，同样，时间可以是一年，也可以根据商品或服务的特殊性来设定。消费金额的多少表明了客户的消费能力，一定时间内客户消费金额越高，其消费水平和消费能力就越高。高消费金额的客户都是企业需要重点维护的客户。

根据客户的 RFM 信息对客户进行分类有两种方法。一种是分别按照客户最近一次消费、消费频率、消费金额采用某个单一指标对客户进行分类；另一种是综合三项指标进行分类，可将客户分为重要保持客户、重要发展客户、重要挽留客户、一般发展客户和一般价值客户五种类型。

**8. ABC 分类法**

ABC 分类法又称主次分析法，是根据事物在某些方面的主要特征进行分类排序，分清重点和主次，从而有区别地确定管理方式的一种分析方法。

A 类客户是企业最重要的客户，这类客户对产品或服务的满意度和忠诚度比较高，对企业的销售贡献力度最大，但是在客户群体中占比较少，一般情况下占比可能在 10% 左右。

B 类客户是企业的关键客户，这类客户对产品或服务的满意度和忠诚度还不够稳定，对销售金额的贡献比较高但还有进一步开发的潜力，需要企业持续跟进以进一步深化客户关系。一般情况下这类客户占客户群体的 20% 左右。

C 类客户是企业的普通客户，这类客户缺乏对企业产品或服务的忠诚感，会由于价格等因素"摇摆不定"，对销售金额的贡献不高。这类客户占比一般会达到企业总客户群体的 70%。

**9. 客户价值矩阵分类法**

客户价值矩阵分类法是根据客户终身价值的大小对客户进行分类，将客户当前价值和潜在价值作为衡量客户的两个重要指标，并根据这两个指标将客户划分到了四个区域，如图 5-2-2 所示。

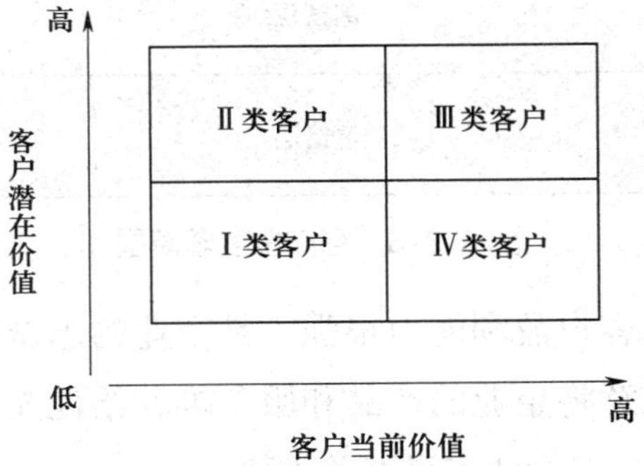


图 5-2-2 客户价值矩阵

Ⅰ类客户：这类客户当前价值和潜在价值都比较低，无法给企业带来较高利益，即对价格敏感又对服务要求苛刻的客户就属于该类群体。

Ⅱ类客户：这类客户当前价值比较低，潜在价值比较高，说明企业可以继续维护关系，激发客户潜力。例如，大学生群体虽然当前价值比较低，但未来潜力巨大，有些企业就针对大学生群体开发产品和服务，以培养未来长期的客户关系。

Ⅲ类客户：这类客户当前价值比较高，但潜在价值有限。从客户关系生命周期来看，这类客户可能是已经进入稳定期的忠诚客户，未来可能会进入退化期。例如，经营青少年服装的某品牌企业，其忠诚客户是青少年或青少年的家长，但当这部分客户度过青少年时期后，对该品牌的需求就会逐渐下降。

Ⅳ类客户：这类客户的当前价值和潜在价值都较高，是企业需要极力维护的客户。

**10. 客户金字塔模型**

客户金字塔模型是根据客户的盈利能力对客户进行划分的一种客户分类方法。对客户盈利能力的考察可从企业与客户的交易关系、客户对价格的敏感度、客户的消费金额、客户对企业新产品的接受程度以及是否愿意向其他人推荐等方面综合考虑。客户金字塔模型将客户分为铂金层客户、黄金层客户、钢铁层客户和重铅层客户，如图 5–2–3 所示。

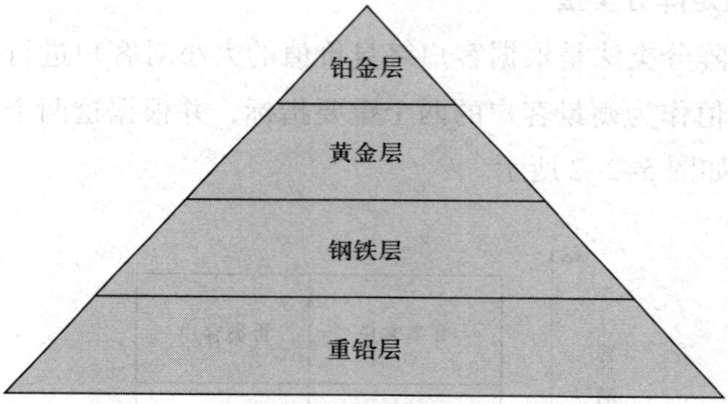


图 5–2–3　客户金字塔模型

铂金层客户，表示客户盈利能力很强，是企业的忠诚客户，对价格敏感度较低，消费金额较高，愿意将企业的产品和服务推荐给他人，也愿意购买企业的新产品和服务等，这类客户对企业来说至关重要。

黄金层客户，表示客户盈利能力比较强，但与铂金层客户还有一定差距。这类客户会考虑价格因素，对企业具有一定的满意度和忠诚度，但也有进一步提高的空间。总体来说，由于这类客户的盈利能力相对较强，因而企业需要通过向客户提供更高的价值来维护客户、稳定客户。

钢铁层客户，表示客户盈利能力一般。这部分客户群体数量较大，是企业的长尾客户，企业对该类客户的维护成本和从该类客户群体中获得的收益相比，最终所得利润有限。

重铅层客户，表示客户盈利能力较差，企业难以从这类客户群体中获得正常的收益。这类客户群体对企业来讲更多的是负担。

整体来看，从重铅层到铂金层客户的盈利能力不断提升，每一层客户群体的重要性也是不断提升的，但每一层客户群体的数量在不断减少。铂金层客户和黄金层客户是企业的重要客户，钢铁层客户虽然是企业的长尾客户，但对于电商行业而言仍然是可以争取的客户群体。对于重铅层客户，企业需要谨慎处理对其的支出成本。

## 二、客户分类实操流程

企业要完成对客户的分类，首先要结合行业、企业特点明确分类的标准，选择适合企业的客户分类方法，然后借助软件系统完成对客户群体的分类，最后通过实践效果来不断优化客户分类的标准和方法，以更合理、更精确地完成客户分类。下面以千牛工作台为例来介绍客户分类实操流程。

### 1. 确定客户分类标准

千牛工作台为商家提供客户分类的四种指标，包括基础信息、店铺关系、全网属性、行业属性等，如图 5-2-4 所示。

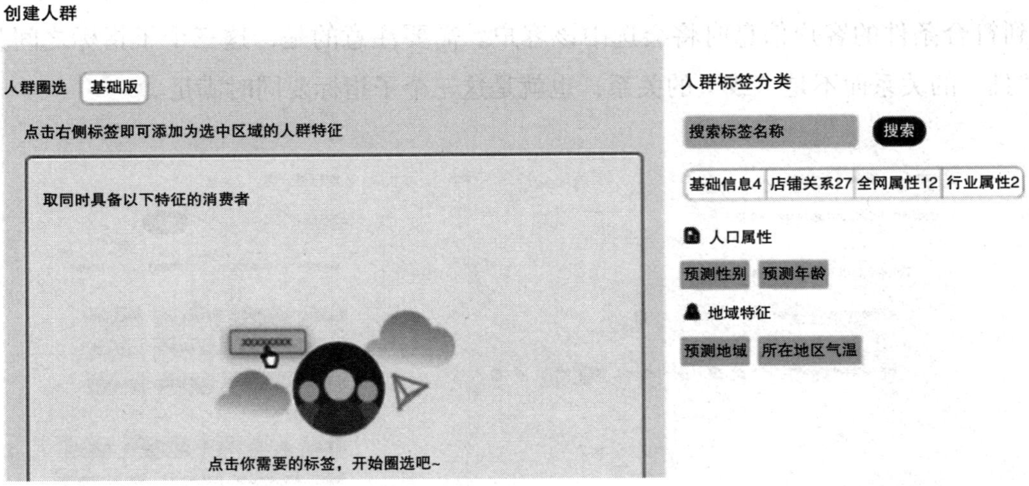


图 5-2-4　千牛工作台人群管理界面

商家要对平台提供的四类指标及其子指标进行选择，可直接将右侧的子指标拖至左侧框中，并设定该子指标的数值。如图 5-2-5 所示，当要按照客户的店铺关系进行分类时，可先选中“店铺有购买”或“店铺无购买”等，再在弹出的对话框中编辑设定数值。其他子指标的添加也是同样的方法。

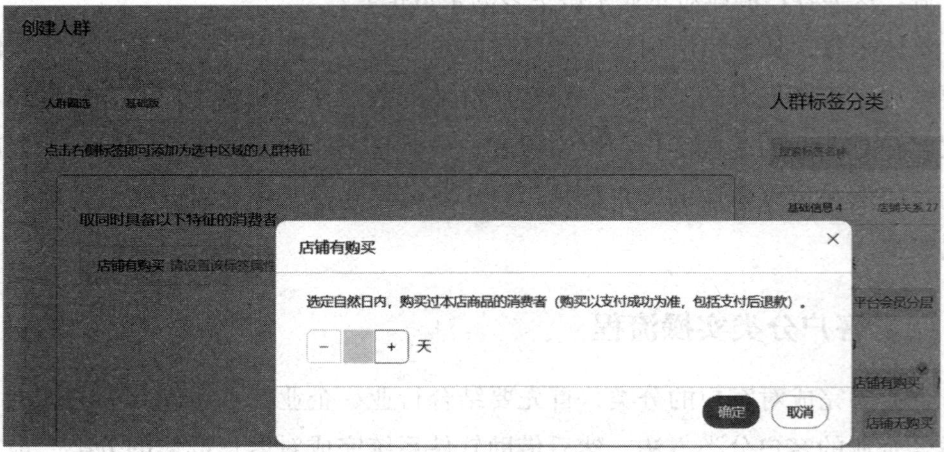


图 5-2-5　按照客户的店铺关系进行分类示例

## 2. 选择客户分类方法

根据上述提供的客户分类标准，商家可对分类方法进行选择，只需要将相关指标选中即可。例如，要采用 RFM 分类法，就要选择“最近成功交易时间”“客户平均回购周期”和“付款金额”，并设定相应指标数值，然后对符合条件的人群命名，如图 5-2-6 所示，最后点击右下角“立即保存人群”即可。当系统识别到符合条件的客户信息时将会选中该客户。需要注意的是，这三个子指标之间是“且”的关系而不是“或”的关系，也就是这三个子指标要同时满足。

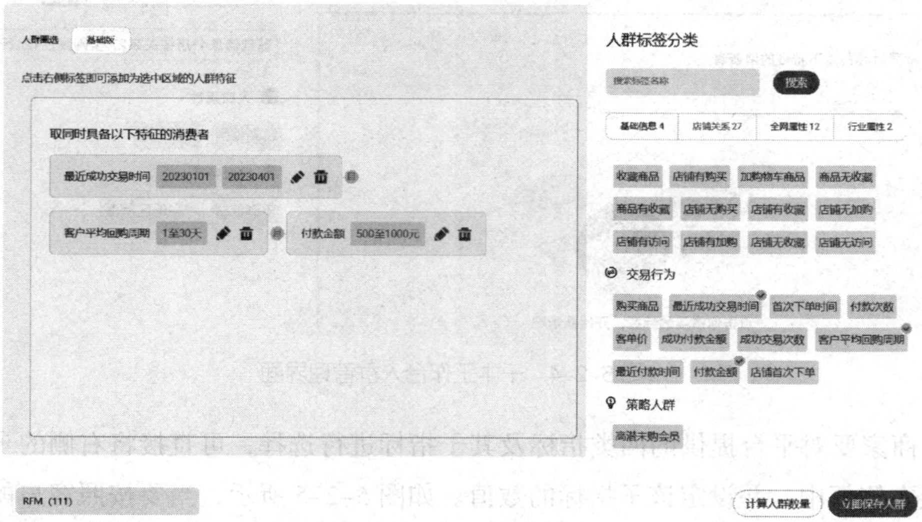


图 5-2-6　RFM 分类法运用示例

### 3. 实施客户分类管理

当商家设置好分类方法时，千牛工作台人群管理功能模块的自定义人群中就会出现商家上一步定义好的人群，如图 5–2–7 所示，系统将会自动对客户信息进行识别并分类。另外，商家也可以根据千牛工作台提供的“官方推荐”分类方法对客户进行分类。

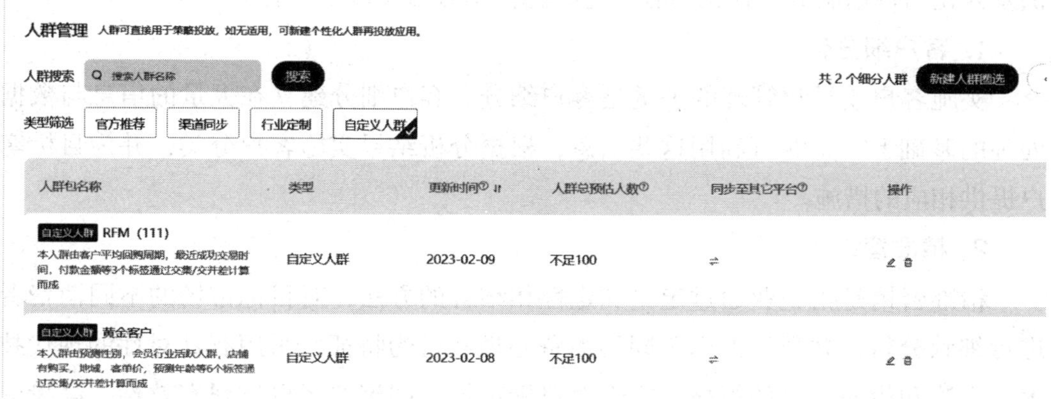


图 5–2–7 客户分类管理界面

### 4. 优化客户分类管理

完成以上三个流程后就初步完成了客户分类工作，接下来商家可以针对不同类型的客户开展营销活动，进行精准营销。营销效果是否理想，是检验客户分类是否准确、营销活动是否匹配的重要标准，当确定营销活动匹配时就需要考虑客户分类是否合理，从而不断优化、完善客户分类的标准和方法。

# 学习单元 3 差异化营销服务及方法

## 一、客户差异化营销服务

客户的需求多种多样，按照客户需求的不同往往会把客户分为多种类型，企业在有限的资源条件下如果选择了某类客户或某几个类型的客户提供产品或服务，并且针对不同类型的客户提供不同产品和服务，就是差异化营销服务。企业实施差异化营销服务的根本原因是客户需求有差异，通过差异化营销可以为客户提供个性化的产品或服务，从而提升客户满意度，最终实现企业盈利能力的提升。

## 二、客户差异化营销方法

在为客户服务过程中，要将有限的服务资源匹配给价值较高的客户，一般的资源匹配给普通客户。分析不同级别客户的个性化需求，根据客户需求的不同提供差异化的营销服务。常见的客户差异化营销方法有以下几种。

**1. 客户细分化**

实施客户差异化管理的关键是客户细分。客户细分建立在大量的信息与数据处理的基础上，企业可利用这些信息，根据分析结果实施客户分类，并为目标客户提供相应的措施。

**2. 精准营销化**

精准营销是指企业通过定量和定性相结合的方法，对目标市场的不同消费者进行细致分析，并根据他们不同的消费心理和行为特征，采用有针对性的现代技术、方法和指向明确的策略，实现对目标市场不同消费者群体强有效性、高投资回报的营销沟通。

精准营销是在确定目标对象后，划分客户生命周期的各个阶段，抓住消费者的心理，进行细致、有效的沟通。精准营销为客户提供增值服务，为客户细致分析、量身定做，节约了客户的时间成本，同时满足客户的个性化需求，提高了客户的让渡价值（总价值与总成本之差）。

**3. 组织差异化**

组织差异化是指企业对不同层级或类型的客户提供不同的组织服务。在企业内部，客户服务部门的组织架构中有部门经理、部门主管、星级客户经理等，不同职级的人员具有的权限和能够调动的资源不同。面对不同级别的客户，企业要配置不同职级的人员来提供服务。

**4. 流程差异化**

流程差异化是指通过差异化的流程为不同级别的客户提供差异化服务。业务流程差异化能够反映出客户价值的不同，业务流程越简便、快捷，说明该客户的价值相对越高，反之越低。

**5. 价值差异化**

企业可以通过产品、服务、人员、形象和成本的差异化向客户提供更加个性化的价值，让不同层级或类别的客户都能各取所需，以满足不同客户的期望。

（1）产品差异化

产品差异化是指产品在功能、特性、品质、品种以及式样等方面的差异化。具体包括外观差异化、技术差异化、功能差异化和体验差异化等。

（2）服务差异化

服务差异化是指企业利用服务创造差异化效果，根据不同级别客户的情况和特点，在普遍提供基本服务的基础上，针对不同客户群体的不同特点及不同需求，提供具有可行性的差异化服务。在实施服务差异化的过程中，要对企业服务进行等级划分，划分时要考虑不同等级或类型客户的需求特点，尽量满足不同等级或类型客户的需求。将客户等级和服务等级进行匹配，一般而言，客户价值越高，享受到的服务价值也就越高，通过服务差异化能够让重要客户感觉到被重视、被尊重。

（3）人员差异化

人员价值是指企业员工的经营思想、知识水平、业务能力、工作效率与质量、经营作风以及应变能力等所产生的价值。人员差异化是指企业根据不同客户提供差异化的人员价值。一般来说，当客户购买同类产品中价格比较高的产品时，会享受到比较高的人员价值。较高的人员价值需要企业投入高成本，因为经验丰富、业务能力强、综合素质较高的业务人员往往需要较高的成本投入，企业要将有限的优质资源配置给高价值的客户，通过为高价值客户提供满意的人员价值来获取更多收益。

（4）形象差异化

形象价值是指企业及其产品在社会公众中形成的总体形象所产生的价值。一般情况下，品牌形象价值越高，相应的产品或服务的形象价值就越高。企业可以通过多品牌运作的模式向不同等级的客户提供不同的形象价值。

（5）成本差异化

客户购买产品或服务时所付出的成本包括货币成本、时间成本、精力成本、体力成本。成本差异化是指根据不同等级客户的需求形成差异化的成本组合。也就是说，不同等级客户对以上四种类型的成本敏感度是不同的，有些客户可能注重货币成本，从而愿意花费更多的时间成本而换来货币成本的节约；有些客户可能注重时间成本和精力成本，从而选择放弃货币成本的节约。因而，企业可根据客户对四种成本的需求偏好，实现成本差异化营销。

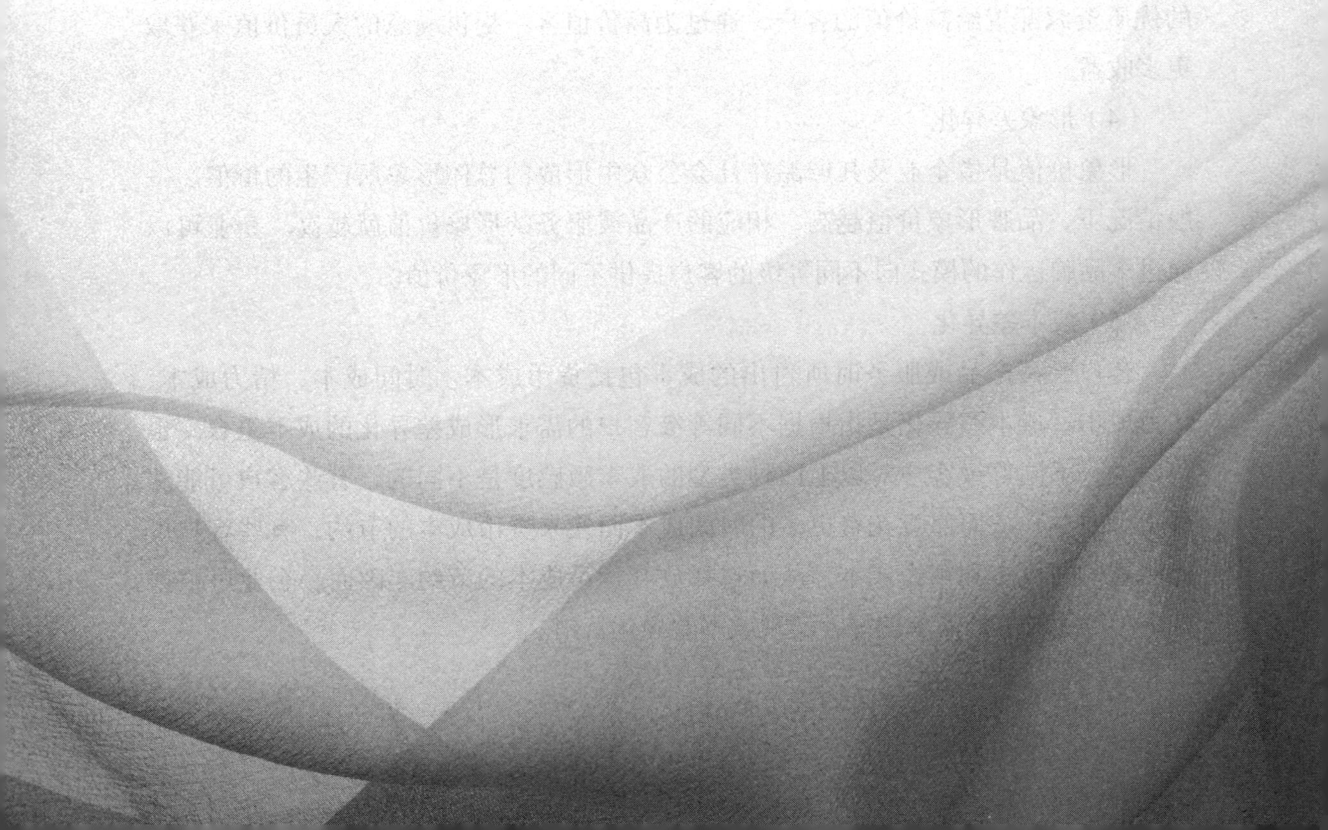

# 职业模块 6 商务数据分析

**培训课程 1　电子商务数据采集**

**培训课程 2　电子商务数据清洗**

学习单元 1　空值和缺失值的处理

学习单元 2　重复值处理

学习单元 3　异常值处理

学习单元 4　修改数据类型

# 培训课程 1 电子商务数据采集

## 一、网店数据采集概述

### 1. 网店数据采集定义

网店数据采集也叫作网店数据获取，是指在网店平台内外获取市场、产品、用户、运营等数据内容的过程，它将为后续进行数据分析提供数据准备。数据伴随用户和网店的行为实时产生，类型多种多样，既包含用户交易信息、用户基本信息、网店的产品信息与交易信息，也包括用户评论信息、行为信息、社交信息和地理位置信息等。在大数据环境下，网店平台中的数据是公开、共享的，但数据间的各种信息传输和分析需要经过采集与整理。通过数据采集与整理，网店可以将大量离散的数据整合在一起，从而发现隐藏在数据背后的秘密。

### 2. 网店数据采集原则

在进行网店数据采集的过程中，只有对及时、有效且准确的数据进行分析才能得出对网店运营和决策有帮助的结论。网店数据采集应遵循以下 4 个原则。

（1）及时性原则

及时性原则是指在进行网店数据采集时，需要尽可能地获取平台的最新数据。只有将最新的数据与往期数据进行对比，才能更好地发现当前的问题并预测变化趋势。

（2）有效性原则

有效性原则是指在进行网店数据采集的过程中，需要注意数值期限的有效性。例如，采集某产品的采购价，由于市场行情变化，被采购的产品都有相应的报价时效，一旦超过时效价格就可能发生变化，从而影响采购预算。

（3）准确性原则

准确性原则是指在数据分析的过程中，每个指标的数据可能需要参与各种计算，有些数据的数值本身比较大，一旦出错，参与计算之后就可能出现较大的偏差。数据分析人员在进行网店数据采集时需要确保所采集的数据准确无误，避免数据分析时出现较大的偏差。

（4）合法性原则

网店数据采集还需要注意数据采集的合法性。在进行竞争对手数据采集的过程中，只能采集相关机构已经公布的公开数据，或在对方同意的情况下获取的数据，而不能采用商业间谍、非法窃取等手段获取数据。例如，某网店为了让更多的用户了解并浏览自己，通过购买用户资料的手段获取用户联系信息，并通过短信、邮件等方式进行营销，这种数据采集方式不会受到法律保护。企业要遵守职业道德，一定要规避使用非法手段采集数据的行为。

## 二、网店数据采集渠道及常用工具

### 1. 网店数据采集渠道

电子商务网店数据采集的及时性、准确性与有效性，都是建立在可靠数据来源的基础上的。在进行数据采集的过程中，应对数据的来源做可信度划分，确定哪些数据可信度更高，这就要求数据采集人员必须建立相应的机制。

进行电子商务数据分析与采集时，数据来源渠道通常可以分为内部渠道与外部渠道。内部渠道包括电子商务网站、店铺后台或平台提供的数据工具；外部渠道包括政府部门、行业协会、媒体、权威网站、数据机构、电子商务平台、指数工具等。

（1）内部渠道

内部渠道是指在电子商务项目运营的过程中，电子商务站点、店铺自身所产生的数据信息，如站点的访客数、浏览量、收藏量等数据，以及商品的订单数量、订单信息、加购数量等数据。这些数据可以通过电子商务网站、店铺后台或平台提供的数据工具，如生意参谋、京东商智等获取。对于独立站点的流量数据，还可使用百度统计等工具进行统计采集。

（2）外部渠道

在进行行业、竞争对手、产品及人群数据采集时，通常需要借助外部数据。在借助外部数据时尤其需要注意数据的真实性、有效性以及合法性。常用的外部渠道有以下几种。

1）政府部门、行业协会、媒体。政府部门、行业协会、新闻媒体、出版社等发布（发行）的统计数据、行业调查报告、新闻报道、出版物等都会涉及相关的数据报告。例如，国家统计局每个阶段都会发布宏观经济指数、居民消费价格指数、各行业产业的相关数据统计等数据报告。

2）权威网站、数据机构。权威网站、数据机构发布的报告、白皮书等也会涉及相应的数据报告，常见的权威网站和数据机构有中国互联网络信息中心、阿里研究院、艾瑞咨询等。这些平台提供了行业或行业龙头企业的数据，其数据参考性较高，是重要的行业及企业数据采集渠道。

3）电子商务平台。电子商务平台聚集着众多行业的商家和买家，是电子商务数据的重要来源，尤其是行业相关数据，具有很高的参考价值。

4）指数工具。百度指数、360 趋势、阿里指数等工具依托于浏览器海量的用户行为数据，将相应搜索数据趋势、需求图谱、用户画像等通过指数工具向用户公开。此类渠道数据可为行业、用户需求和用户画像数据分析提供重要的参考依据。如图 6–1–1 所示为百度指数的数据展示情况。

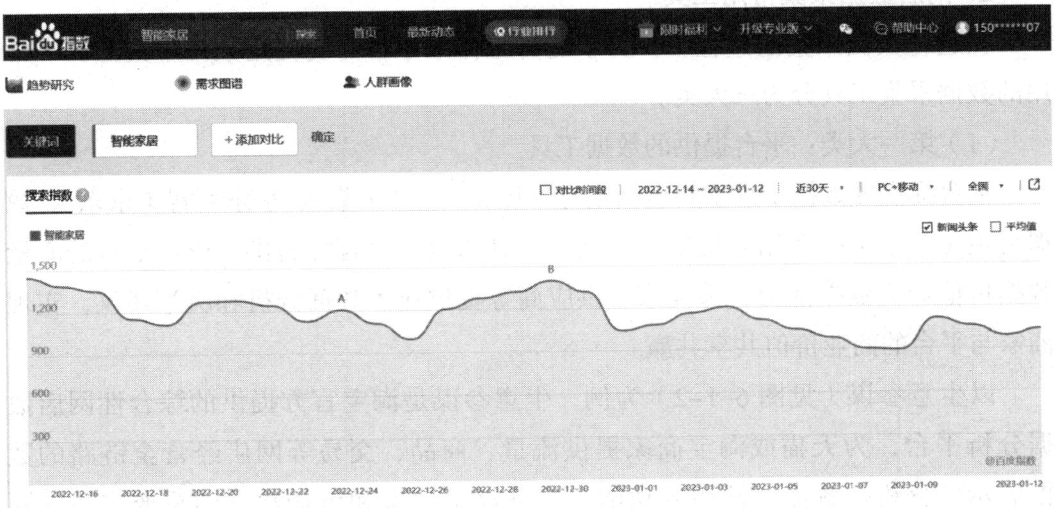


图 6–1–1 百度指数数据展示

针对以上数据源，数据采集人员如何从中选择适合自身数据分析需求的数据源是一个关键的问题。数据分析人员需要明确各类数据来源渠道所能获取到的数据指标，见表 6–1–1，选择具有所需数据指标的数据源。另外，数据分析人员需要对数据源按照精准度划分等级，优先获取等级更高的数据源。例如，某网店进行商品的购买人群画像分析，指数工具及平台提供的生意参谋均可获得人群数据，但对于平台网店来说，平台提供的生意参谋软件中所提供的人群数据精准度更高，所以应优先使用生意参谋进行数据采集，然后使用百度指数、360 趋势等指数工具作为辅助数据采集渠道。

表 6–1–1　数据采集渠道适用场景

| 数据来源 | | 数据指标 | 典型代表 |
|---|---|---|---|
| 内部渠道 | 电子商务网站、店铺后台或平台提供的数据工具 | 产品数据、市场数据、运营数据、人群数据等 | 淘宝、京东店铺后台及提供的数据工具（生意参谋、京东商智等） |
| 外部渠道 | 政府部门、行业协会、媒体 | 行业数据 | 各级统计局，各类协会，电视台，各类报纸、杂志等 |
| | 权威网站、数据机构 | 行业数据、产品数据 | 阿里研究院、艾瑞咨询等 |
| | 电子商务平台 | 行业数据 | 淘宝、京东、苏宁等 |
| | 指数工具 | 行业数据、人群数据 | 百度指数、360 趋势等 |

**2. 网店数据采集常用工具**

在进行数据采集的过程中，为了提升工作效率，需要使用数据采集工具。常用的数据采集工具分为三大类。

（1）第一大类：平台提供的数据工具

平台提供的数据工具主要包括生意参谋（淘宝 / 天猫）、京东商智（京东）、数据易道（苏宁）等数据采集工具。这些工具均由平台官方提供，依托平台的海量数据价值和大数据能力，为商家、供应商等提供业务数据分析和决策建议，实现商家与平台的商业价值共享共赢。

以生意参谋（见图 6–1–2）为例，生意参谋是淘宝官方提供的综合性网店数据分析平台，为天猫或淘宝商家提供流量、商品、交易等网店经营全链路的数据展示、分析、解读、预测等功能，其不仅是商家和市场数据的重要来源，同时也是淘宝或天猫平台商家的重要数据采集工具。通过生意参谋，数据采集人员不仅可以采集自己网店的各项运营数据，如流量、交易、服务、产品等数据，通过其中的市场行情板块还能够获取淘宝或天猫平台上的行业销售经营数据。

（2）第二大类：第三方专项数据采集工具

第三方专项数据采集工具主要包括多多情报通（拼多多）、店侦探（淘宝 / 天猫）、淘数据（淘宝 / 京东等）、逐鹿工具箱等。多多情报通是拼多多电商平台的数

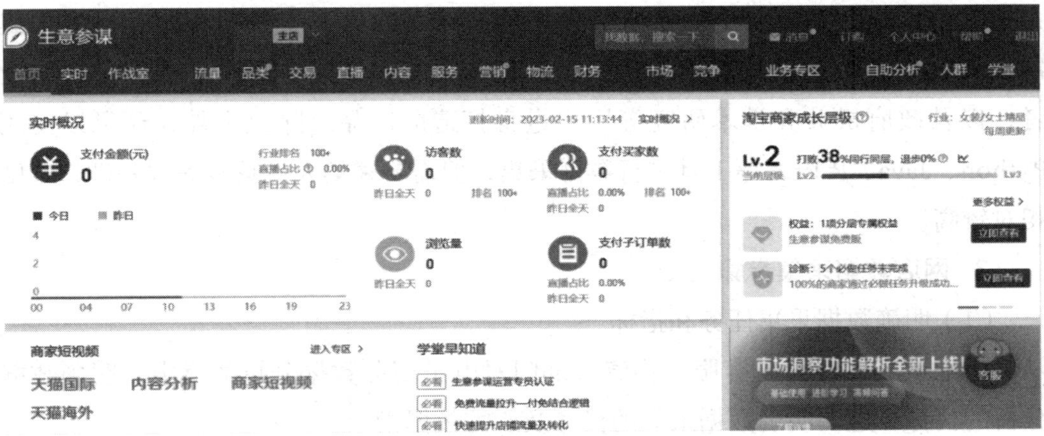

图 6-1-2 生意参谋界面

据工具；店侦探是专门为淘宝或天猫卖家提供数据采集分析的数据工具；淘数据是为世界范围内的电子商务卖家提供数据采集与分析的工具；逐鹿工具箱是帮助电商卖家全面提升店铺经营效率，提供查排名、选款选品、主图评测、关键词挖掘等诸多功能的电商多领域营销软件。

以店侦探（见图 6-1-3）为例，通过对店铺、商品数据进行采集分析，可以快速提供竞争对手店铺的销售数据，引流途径，广告投放、活动推广方式，买家购买行为等数据信息。

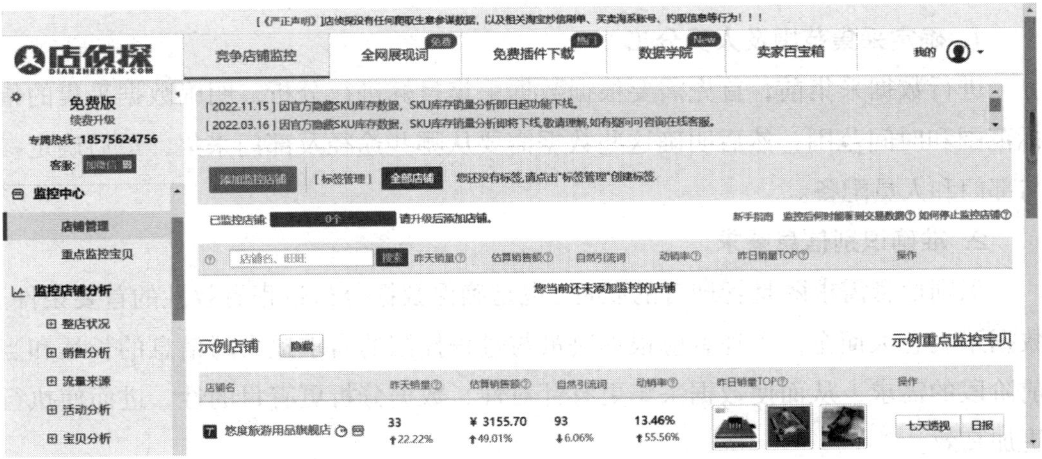

图 6-1-3 店侦探界面

（3）第三大类：网页数据采集工具（爬虫）

网页数据采集工具（爬虫）主要包括八爪鱼采集器、火车采集器、后羿采集器等。八爪鱼采集器是一款通用的网页数据采集器；火车采集器是一个供各大主流内容平台系统、论坛系统等使用的多线程内容采集发布程序；后羿采集器是一款为广大无编程基础的运营、销售、金融、新闻、电商和数据分析从业者，以及政府机关和学术研究等用户量身打造的产品。除此之外，还可以使用Python、Java、R语言等工具进行数据采集，但需要采集人员具备编程基础，难度相对较高。

**3. 网店数据采集步骤**

（1）明确数据采集任务和指标

听取市场、运营、客服、物流等部门对电子商务数据分析的诉求，明确数据分析的目标，进而明确数据采集的任务及所需数据指标。

（2）根据指标特征，选择合适的数据渠道

明确要采集的数据指标后，需要根据指标特征选择合适的数据渠道。

（3）选择有效的数据采集工具

结合选择的数据渠道，选择有效的数据采集工具。

（4）明确任务分工，实施数据采集任务

在正式进行数据采集工作前，应明确数据采集的时间范围，确定参与数据采集的部门和人员配备，实施数据采集任务。

## 三、网店数据采集注意事项

**1. 确定采集范围及人员分工**

进行数据采集前，首先需要根据数据采集目标进行分析，明确数据采集的指标范围和时间范围，然后明确这些数据需要从哪些途径及部门采集，最后确定参与部门和人员配备。

**2. 准确识别信息需求**

识别信息需求既是管理者的职责，也是确保数据分析过程有效性的首要条件。数据采集忌大而全，管理者应根据决策与过程控制的需求提出对信息的长远和当前阶段的需求，从而使数据采集更有针对性，数据分析更有目的性，进而使执行更加高效。

要想准确地识别信息需求，管理者需要运用各种指标来衡量具体的运营效果，指标包括浏览量、销售额、转化率等。指标的选择源于具体的业务需求。首先，要明确核心指标。电商网店的主要业务是销售商品，若网店希望通过数据分析来提升销售额，其核心指标就是销售额。其次，要找到用户的关键购买行为，包括访问网店、浏览商品、注册账号、加入购物车、结算支付等。最后，基于用户的关键购买行为进行指标分解，找到对应的指标，如访客流量、下单转化率、支付转化率、客单价等。构建了指标体系，就能更好地采集企业需要的数据，完成数据分析工作。

3. 明确分析对象的维度

无论是哪种运营岗位，都需要明确其目标用户的特征、关注的重点及痛点，即明确分析对象的维度，如图 6–1–4 所示。

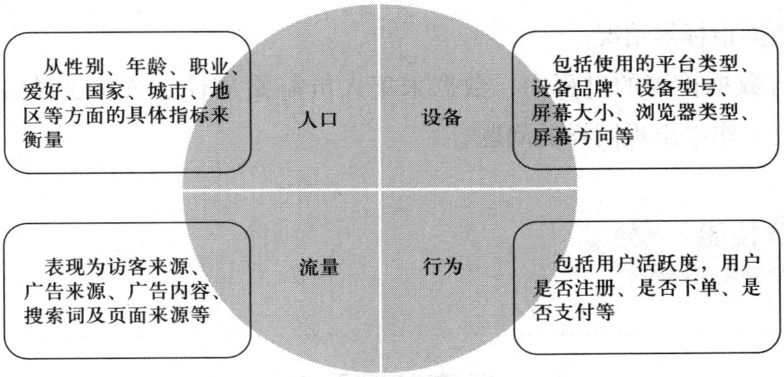


图 6–1–4 分析对象的维度

4. 按需求采集数据

明确分析对象及维度后，接下来的工作就是按需求采集数据。由数据需求人员整理出数据指标和分析对象维度后，由技术人员采集数据。这样可以避免因数据冗余而无从下手。数据需求人员和技术人员的协同，能够有效地提升后期数据分析的价值和效率。

5. 建立必要的数据指标规范

进行数据采集前，需要对数据进行唯一性标识，即确定数据指标。确定数据指标贯穿于之后的数据查询、分析和应用过程。建立数据指标规范是为了使后续工作有可以遵循的原则，也为庞杂的数据分析工作确定可以识别的唯一标识。

6. 数据采集后对数据进行检查

完成数据采集后，还需要进行数据的检查，确保数据的完整性、准确性、规范性。

（1）完整性检查

完整性即记录数据是否完整。完成数据采集后，需要对数据进行复查或计算合计数据，将其和历史数据进行比较，同时还要检查字段的完整性，保证核心指标数据完整。

（2）准确性检查

在数据采集录入的过程中，可能会有个别数据出现录入错误，可以通过平均、求和等操作与原始数据进行比对，如果发现比对结果不匹配，则需要找出错误数据。

（3）规范性检查

规范性检查包括检查采集的数据是否存在多个商品标识编码相同或同一数据出现多个数据指标等情况。

在进行数据检查的过程中，数据采集人员需要及时记录并通报出现的问题，避免在后续工作中出现同样的问题。

**操作技能**

## 网店数据采集

### 一、网店运营数据采集

1. 操作情景

某淘宝店铺打算预测分析上周的流量情况，现需要对店铺的流量情况进行数据采集。

2. 操作步骤

步骤 1　选择合适的数据采集渠道

明确数据采集任务和指标，根据指标特征，选择合适的数据采集渠道。

步骤 2　选择有效的数据采集工具

确定使用生意参谋工具进行数据采集。

步骤 3　明确任务分工，实施数据采集任务

为此任务安排一名数据分析人员，在生意参谋中依次点击“流量”“店铺来源”“流量来源构成”，如图 6–1–5 所示，在界面中点选相关数据指标下载即可。

图 6-1-5 “流量来源构成”界面

## 二、行业数据采集

1. 操作情景

小李想在淘宝开一家护肤品店铺，但是她不确定目前淘宝护肤品类店铺发展情况如何，竞争是否激烈，是否可以开一家这样的淘宝店铺。这就需要采集相关行业数据来进行分析。

2. 操作步骤

步骤 1　明确数据采集任务和指标

小李是否可以开一家这样的店铺，需要进行行业发展分析和市场需求分析。先明确需要采集的数据：行业排名前 50 位品牌的交易指数，护肤品往年的市场情况，近几年护肤品行业的市场规模，护肤品的采购指数、交易指数以及客户偏好情况。

步骤 2　根据指标特征，选择合适的数据采集渠道

（1）行业排名前 50 位品牌的交易指数，可通过淘宝平台提供的工具进行采集。

（2）护肤品行业往年的市场情况，近几年护肤品行业的市场规模，可通过政府部门、行业协会、媒体以及第三方权威网站数据机构发布的行业报告获取。

（3）护肤品的采购指数，可通过阿里指数工具获取。

（4）护肤品的交易指数、客户偏好情况，可通过平台提供的工具获取。

步骤 3　选择有效的数据采集工具

综上，使用生意参谋获取行业排名前 50 位品牌的交易指数，护肤品的交易指数、客户偏好情况；使用阿里指数获取护肤品的采购指数；通过研读行业报告获

取护肤品往年的市场情况，近几年护肤品行业的市场规模。

步骤 4　明确任务分工，实施数据采集任务

如有团队，可进行相应分工，每个人使用上一步提及的数据采集工具进行数据采集即可。例如，获取行业排名前 50 位品牌的交易指数，可进入生意参谋—市场—市场排行—店铺，如图 6-1-6 所示，下载相关数据即可完成数据采集工作。

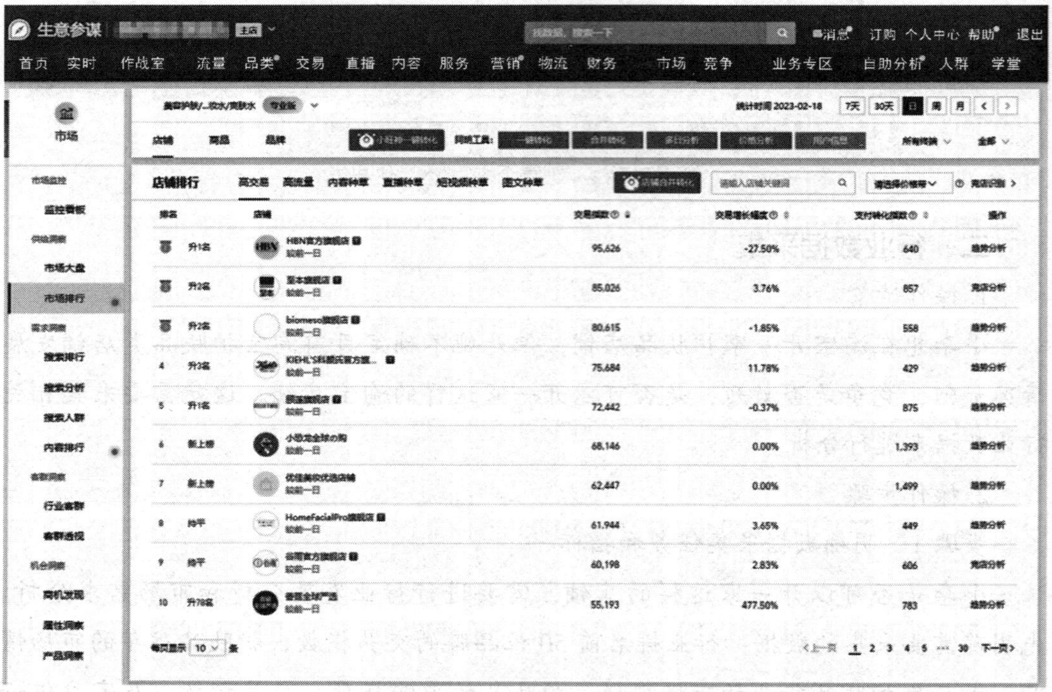


图 6-1-6　生意参谋市场交易指数界面

## 三、竞争对手数据采集

1. 操作情景

某护肤品淘宝店铺通过竞争对手识别确定了两家店铺为竞争对手，现打算对这两家店铺进行竞店分析，需要对这两家店铺的相关情况进行数据采集。

2. 操作步骤

步骤 1　明确数据采集任务和指标

采集竞店的数据，具体可以从竞店属性数据、商品类目、销售数据、推广活动、商品上下架时间等方面进行数据采集。

步骤 2　根据指标特征，选择有效的数据采集工具

可采用人工采集、生意参谋专业版、店侦探、逐鹿工具箱进行采集。根据成本和便捷性指标，本店使用店侦探进行采集。

步骤 3　明确任务分工，实施数据采集任务

店侦探使用便捷，一名数据分析人员即可从店侦探中获取相关数据。如图 6–1–7 所示，为店侦探的竞争店铺监控界面。操作步骤为：注册并登录店侦探网站，点击左侧导航栏中“监控中心”功能下的“店铺管理”选项，随后点击右侧“添加监控店铺”按钮，在文本框中输入竞店某个商品的网址，点击“添加监控”即可完成竞店的添加，开始对竞店数据的采集。

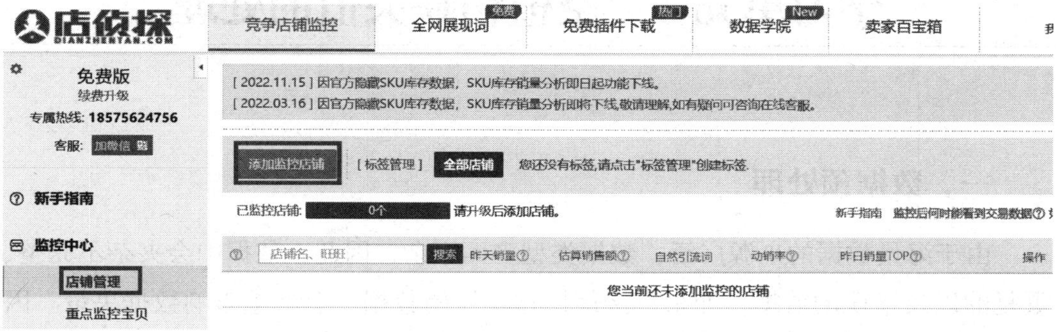

图 6–1–7　店侦探“添加监控店铺”界面

### 小贴士

电商企业在进行行业集中度分析时，一般通过赫芬达尔—赫希曼指数（Herfindahl–Hirschman Index，HHI）来反映，该指数在 $1/n$～1 变动，指数的数据越小，说明行业集中度越小，趋于自由竞争。该方法通常采集行业排名前 50 位品牌的交易指数，通过交易指数拟合交易金额，随后计算出各个品牌的市场份额（交易指数占比），进而完成 HHI 的计算。

# 培训课程 2 电子商务数据清洗

## 学习单元 1　空值和缺失值的处理

### 一、数据预处理

由于海量数据的来源广泛，数据类型多而繁杂，因此，数据中会夹杂不完整、重复的以及错误的数据，如果直接使用这些原始数据，会严重影响数据决策。因此，对原始数据进行预处理是数据分析和应用过程中的关键环节。

数据预处理的方法主要包括数据统计特征处理、数据清洗、数据集成、数据转换和数据归约。数据统计特征处理是指对数据总体或者对感兴趣的目标总体的集中趋势和离散程度进行测度，从整体上把握总体的基本特征、相关指标（如总体均值、总体方差、总体变异系数）等。数据清洗是指对数据集中可能存在的重复数据、缺失数据、异常值及格式问题等进行必要的处理。数据集成是对同一目标总体不同来源、异构数据的合并。数据转换是将数据转换成统一的、适用于数据分析方法使用的数据形式。数据归约是在尽量保证原数据完整性的前提下将数据集的规模缩小，以提高数据分析的效率。数据预处理方法及其解决的问题见表 6–2–1。

表 6–2–1　数据预处理方法及其解决的问题

| 预处理方法 | 解决的问题 |
| --- | --- |
| 数据统计特征处理 | 集中趋势、离散趋势 |
| 数据清洗 | 重复数据、缺失数据、异常值、数据格式问题 |
| 数据集成、数据转换和数据归约 | 数据合并、不一致数据、冗余数据 |

## 二、数据清洗概述

数据清洗是指对数据进行重新审查和校验的过程，目的在于删除重复信息，纠正错误，并保证数据一致性。

简单来说，数据清洗就是把“脏”“乱”的数据“洗掉”，是发现并纠正数据文件中可识别错误的最后一道程序，包括缺失数据清洗、重复数据清洗、异常数据清洗、数据格式清洗等。

## 三、常用数据清洗工具软件简介

数据清洗工具软件很多，功能的侧重点也不同，这里介绍几款常用的数据清洗工具软件。

### 1. Excel

Excel 是一款很好的数据入门软件，是许多数据相关从业者的主要分析工具。可以处理各种数据，支持多种来源的数据导入，例如，Access、网页、文本文档、SQL Server 等。Excel 为数据清洗提供了一系列函数，如删除重复、查找替换以及拼音检查，除此之外还有 TRIM 函数、CLEAN 函数、SUBSTITUTE 函数等。如果不考虑性能和数据量，Excel 可以处理大部分数据相关的处理工作。WPS 表格和 Excel 的功能十分接近，在实际应用中通常可以互相替代。

### 2. OpenRefine

OpenRefine 是一款在数据清洗、数据探索以及数据转化方面非常有效的格式化工具，操作通常分为三步，即数据导入、格式转换、数据导出。OpenRefine 支持多种数据格式的导入导出，例如 Excel、JSON、XML 和 XHTML 等格式。数据导入成功后，OpenRefine 会提供很多功能和工具来进行数据处理，数据处理的操作都会被记录下来，可以随时进行浏览和撤销。

### 3. Trifacta Wrangler

Trifacta Wrangler 和 Excel、OpenRefine 不同，是一种对多种数据类型进行清洗的半自动化工具，数据类型包括文本和数值数据、二进制数据等。下载并安装应用程序之后需要创建一个账户，它会按时间顺序生成该账户的使用日志，所有的数据操作和工作流程都在本地完成，并且能够保证程序总是处于最新的状态。Trifacta Wrangler 的数据清洗是基于列的手动操作，但是其操作要比 Excel 和 OpenRefine 容易。虽然 Trifacta Wrangler 需要手动识别数据中的错误和问题，但是它可以自动将数据清洗操作应用于所有列。Trifacta Wrangler 可以轻松地拆分、合并列，也可以通过“Transformer”进行一些复杂操作。

Python、VBA、PyCharm 等也可作为数据清洗工具，但需要有编程基础，对操作人员要求较高。综上所述，Excel 是零基础人员的入门工具，稍微有数据采集和数据分析基础的人员可以考虑使用 OpenRefine 和 Trifacta Wrangler，可以更快、更简单、更准确地进行数据清洗。

## 四、数据校验

数据校验是在数据清洗完成之后，通过一系列的校验规则，定位异常数据，并将异常数据推送给下游处理，最终提升数据质量的环节，是数据质量的重要保障。

### 1. 数据质量标准

（1）准确性：数据是否与其对应的客观实体的特征相一致。

（2）完整性：数据是否存在缺失记录或缺失字段。

（3）一致性：同一实体的同一属性值在不同的系统是否一致。

（4）有效性：数据是否满足用户定义的条件或在一定的域值范围内。

（5）唯一性：数据是否存在重复记录。

（6）及时性：数据的产生和供应是否及时。

（7）稳定性：数据的波动是否是稳定的，是否在其有效范围内。

以上列出的数据质量标准是通用的规则，这些标准可以根据数据的实际情况和业务要求进行扩展。

### 2. 校验规则

（1）单字段校验：通过单一字段的约束条件进行校验，包括不为空、比较运算、包含、不包含、取值范围（区间）、取值范围（枚举）、字段长度、字段类型、正则表达式等规则，可用于校验数据的准确性、完整性等。

（2）钩稽关系校验：通过将校验字段和其他字段进行钩稽对比，利用字段平衡关系（衍生计算）来进行校验。

（3）唯一性校验：将单一字段或者多个字段组合后做唯一性约束校验。

（4）关联性校验：针对字段的关联关系进行校验，通过引入其他关联字段来验证字段的存在和缺失，从而进行校验。

（5）记录行统计型校验：针对某个字段的记录行总数做校验，通过统计记录行数量与比较合理阈值范围进行校验。

（6）多源对比校验：针对多个数据源的数据进行对比校验，通过关联字段和对比字段的对比，校验通过率高或匹配率高的数据，从而确定高质量数据源。

## 五、去除或补全空值、缺失值的规则和方法

缺失数据是指原始数据中存在的空缺或无效的数据。缺失数据产生的原因主要分为机械原因和人为原因。机械原因是指因机械问题导致的数据收集或保存失败造成的数据缺失，如数据存储的失败、存储器损坏等。人为原因是指人的主观失误、历史局限或有意隐瞒造成的数据缺失，例如，在市场调查中被调查者拒绝透露相关问题的答案，或者被调查者回答的问题是无效的，数据录入人员失误漏录数据等。

对于缺失数据的处理，从总体上来说分为删除个案、去除缺失值和补全缺失值三种处理方法。

### 1. 删除个案

删除个案就是将有缺失数据的个案都删除，不让其参与数据分析。这种方法一般适用于样本量很大、缺失数据个案的比例不太大，而且有缺失数据的个案和无缺失数据的个案在分布上无显著差异的情况，否则会使分析结果产生严重偏差。

### 2. 去除缺失值

去除缺失值是指不删除有缺失数据的所有个案，仅在分析时去除相应变量的缺失数据，即变量完整的个案才参与计算，变量有缺失的个案不参与计算。这样，在分析中，参加不同计算的样本数可能不同。此种方法适用于样本量不大、缺失数据较少并且变量间不存在高度相关的情况。

### 3. 补全缺失值

补全缺失值是指用其他数据替代缺失值或估算缺失值的方法。在数据挖掘中，通常面对大型的数据库，其属性有几十个甚至几百个，因为一个属性值的缺失而放弃大量的其他属性值，这种删除是对信息的极大浪费，所以产生了用可能值补全缺失值的思路。常用的补全方法有以下几种。

（1）均值、众数补全

数据的属性分为定距型和非定距型。如果缺失值是定距型，就以该属性存在值的平均值来补全缺失值；如果缺失值是非定距型，就根据统计学中的众数原理，用该属性的众数来补全缺失值。

（2）同类均值补全

此方法和均值、众数补全的方法都属于单值补全，不同的是，同类均值补全用层次聚类模型预测缺失值的类型，再以该类型的均值补全。假设 $X=(X_1, X_2, \cdots, X_P)$ 为信息完全的变量，$Y$ 为存在缺失值的变量，那么对 $X$ 或其子集行聚类后，按缺失个案所属类来补全不同类型均值。此方法的缺点是如果在以后统计分析中还需以引入的解释变量和 $Y$ 做分析，那么这种补全方法将在模型中引入自相关，会给分析造成障碍。

（3）极大似然估计

在缺失类型为随机缺失的条件下，假设模型对于完整的样本是正确的，那么通过观测数据的边际分布可以对未知参数进行极大似然估计。这种方法也称忽略缺失值的极大似然估计，对于极大似然的参数，实际常采用的计算方法是期望值最大化。该方法比删除个案和单值补全误差更小，但它只适用于大样本数据。有效样本的数量应足够多，才能保证极大似然估计值是渐近无偏并服从正态分布的。采用这种方法的缺点是可能会陷入局部极值，其收敛速度也不是很快，并且计算很复杂。

（4）多重补全

多重补全方法认为待补全的值是随机的，它的值是自己观测到的值。在具体实践中，通常先估计出待补全的值，然后再加上不同的噪声，形成多组可选补全值。根据某种选择条件，选取最合适的补全值。

当选择好补全方法后，将需要补全的数据插入不连续的空白单元格中的方法如下（以 Excel 操作为例）。

1）选中所有含有缺失值的单元格，录入所需数据。录入完成后，按住“Ctrl+Enter”组合键，数据将被录入到所有被选中的单元格中，即所有缺失数据都会被填补。

2）如果缺失值是以错误标识符的形式出现的，可以采用“查找和替换”的方法。在“开始”选项卡的“编辑”组中，点击“查找和选择”按钮，在弹出的下拉列表中选择“替换”选项，打开“查找和替换”对话框，在“查找内容”文本框中输入“#DIV/O!”（被零除，也就是除数为 0，分母为 0），在“替换为”文本框中输入需要替换的数据，点击“全部替换”按钮即可完成缺失数据补全。

## 操作技能

# 去除缺失值

## 一、操作情景

某网店计划统计分析网店客户性别情况，从网店后台收集了相关数据，如图 6-2-1 所示，发现其中有部分缺失值，在分析之前需要对缺失值进行处理。

| 订单编号 | 客户性别 |
|---|---|
| 001 | 男 |
| 002 | 女 |
| 003 | 女 |
| 004 | 女 |
| 005 | 女 |
| 006 | 女 |
| 007 | |
| 008 | 男 |
| 009 | 女 |
| 010 | 男 |
| 011 | 女 |
| 012 | 女 |
| 013 | 女 |
| 014 | |
| 015 | 男 |
| 016 | 女 |
| 017 | 女 |
| 018 | 女 |
| 019 | 女 |
| 020 | 男 |
| 021 | 女 |

图 6-2-1　某网店客户性别情况数据

## 二、操作步骤

步骤 1　查找缺失数据

在 Excel 中打开源数据，点击“开始”菜单中的“查找和选择”按钮，在弹出的下拉列表中选择“定位条件”选项，打开“定位条件”对话框，如图 6-2-2 所示，选择定位条件为“空值”，点击“确定”按钮，则所有的空值都会被选中。也可以按“Ctrl+G”组合快捷键，在弹出的对话框中点击“定位条件”也会弹出“定位条件”对话框。

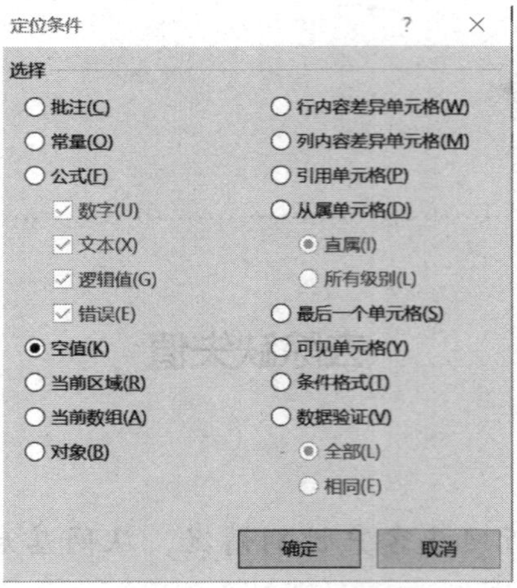

图 6-2-2 “定位条件”对话框

步骤 2　去除缺失值

选中空值，点击鼠标右键，选择“删除”“整行”选项，如图 6-2-3 所示，即可去除缺失值。

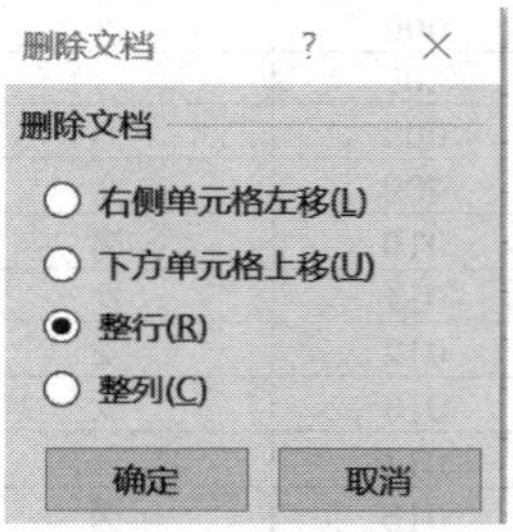

图 6-2-3 “删除文档”对话框

# 学习单元 2　重复值处理

## 一、重复值定义

重复值通常是指数据值完全相同的多条记录。造成重复值的原因大多是多次采集数据或重复合并数据，造成数据冲突。如果重复值过多必然会影响分析结果，通常需要将重复值删除。

## 二、重复值的处理方法

处理重复值先要进行重复值的检测，检测方法有很多，以 Excel 为例，可以通过筛选、COUNTIF 函数、条件格式等多种方法实现，再对重复值进行去重处理。

## 操作技能

### 数据去重除噪的方法

#### 一、操作情景

某网店计划统计分析网店客户信息，从网店后台收集了相关数据，其中有部分重复信息，在分析之前需要对重复值进行处理。

#### 二、操作步骤 – 检测重复值

1. 通过筛选检测重复值

步骤 1　在 WPS 表格中打开源数据，选中“客户”所在行的数据区域，在“开始”选项卡中点击“筛选”，如图 6-2-4 所示。

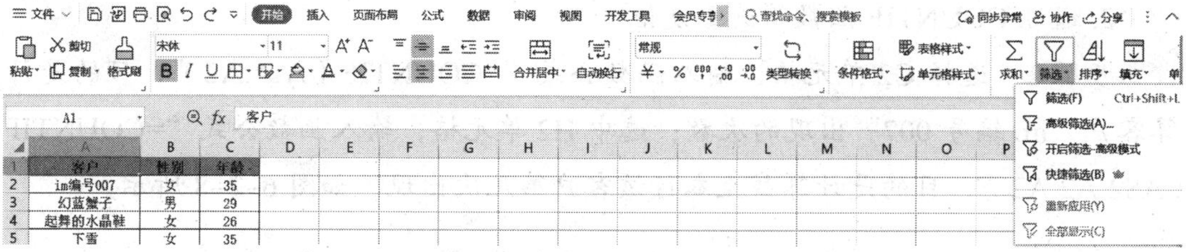

图 6-2-4　筛选操作

步骤 2　点击“客户”单元格的下拉按钮，弹出筛选对话框，如图 6-2-5 所示。

步骤 3　在弹出的对话框中取消“全选”，勾选数据非“1”的客户名称，如图 6-2-6 所示。

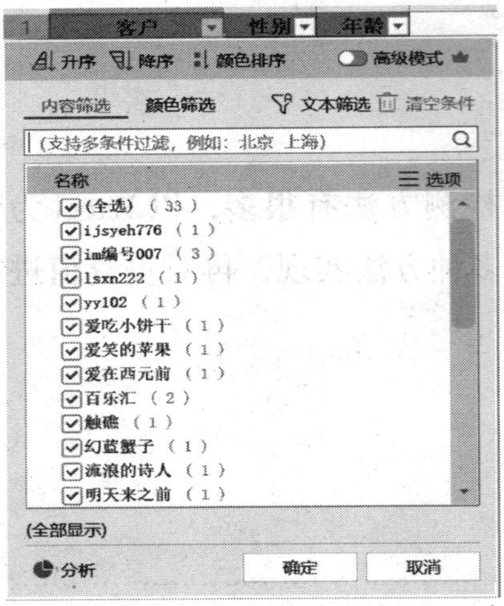


图 6-2-5　筛选对话框

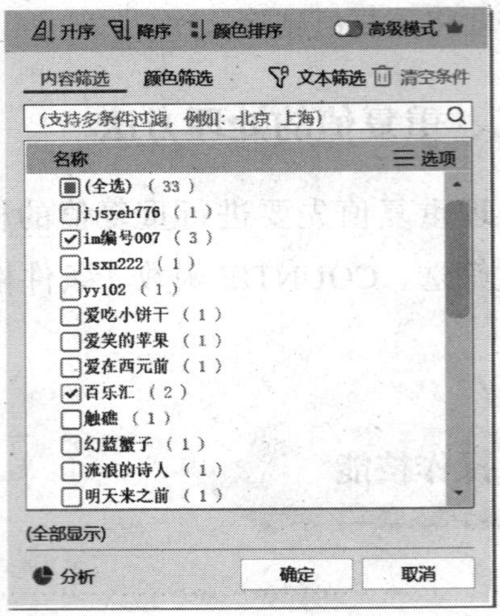


图 6-2-6　勾选数据非“1”的客户名称

步骤 4　勾选后点击“确定”按钮，即可显示所有重复值数据，如图 6-2-7 所示。

| 客户 | 性别 | 年龄 |
|---|---|---|
| im编号007 | 女 | 35 |
| 百乐汇 | 男 | 40 |
| 夏天柠檬 | 女 | 38 |
| 一起走 | 女 | 32 |
| im编号007 | 女 | 35 |
| 最好的遇见 | 女 | 26 |
| 百乐汇 | 男 | 40 |
| 夏天柠檬 | 女 | 38 |
| 一起走 | 女 | 32 |
| im编号007 | 女 | 35 |
| 最好的遇见 | 女 | 26 |
| 一起走 | 女 | 32 |

图 6-2-7　重复值检测结果

2. 通过 COUNTIF 函数筛选重复值

步骤 1　选择 G2 单元格，输入函数公式“=COUNTIF（A:A,A2）”，目的是计算客户“im 编号 007”出现的次数；选中 H2 单元格，输入函数公式“=COUNTIF（A$2:A2,A2）”，目的是计算截至本行该客户第几次出现，如图 6-2-8 所示。

|  | A | B | C | D | E | F | G | H |
|---|---|---|---|---|---|---|---|---|
| 1 | 客户 | 性别 | 年龄 |  |  |  | 出现次数 | 第几次出现 |
| 2 | im编号007 | 女 | 35 |  |  |  | 3 | 1 |
| 3 | 幻蓝蟹子 | 男 | 29 |  |  |  |  |  |
| 4 | 起舞的水晶鞋 | 女 | 26 |  |  |  |  |  |
| 5 | 下雪 | 女 | 35 |  |  |  |  |  |
| 6 | 漂亮的银杏叶子 | 女 | 30 |  |  |  |  |  |
| 7 | 青岛小美 | 女 | 32 |  |  |  |  |  |
| 8 | 百乐汇 | 男 | 40 |  |  |  |  |  |
| 9 | 向日葵 | 女 | 43 |  |  |  |  |  |

图 6-2-8　COUNTIF 函数使用

步骤 2 将公式复制到 G 列和 H 列的剩余单元格，可以观察到所有重复值，如图 6-2-9 所示。

| | A | B | C | D | E | F | G | H |
|---|---|---|---|---|---|---|---|---|
| 1 | 客户 | 性别 | 年龄 | | | | 出现次数 | 第几次出现 |
| 2 | im编号007 | 女 | 35 | | | | 3 | 1 |
| 3 | 幻蓝蟹子 | 男 | 29 | | | | 1 | 1 |
| 4 | 起舞的水晶鞋 | 女 | 26 | | | | 1 | 1 |
| 5 | 下雪 | 女 | 35 | | | | 1 | 1 |
| 6 | 漂亮的银杏叶子 | 女 | 30 | | | | 1 | 1 |
| 7 | 青岛小美 | 女 | 32 | | | | 1 | 1 |
| 8 | 百乐汇 | 男 | 40 | | | | 2 | 1 |
| 9 | 向日葵 | 女 | 43 | | | | 1 | 1 |
| 10 | 1sxn222 | 女 | 45 | | | | 1 | 1 |
| 11 | 夏天柠檬 | 女 | 38 | | | | 2 | 1 |
| 12 | 微笑的猫猫 | 女 | 35 | | | | 1 | 1 |
| 13 | 沙漠骆驼 | 男 | 43 | | | | 1 | 1 |
| 14 | 咫尺天涯 | 男 | 45 | | | | 1 | 1 |
| 15 | 一起走 | 女 | 32 | | | | 3 | 1 |
| 16 | 流浪的诗人 | 男 | 29 | | | | 1 | 1 |
| 17 | 四眼照万丈 | 女 | 29 | | | | 1 | 1 |
| 18 | 明天来之前 | 男 | 38 | | | | 1 | 1 |
| 19 | 爱笑的苹果 | 女 | 31 | | | | 1 | 1 |
| 20 | im编号007 | 女 | 35 | | | | 3 | 2 |
| 21 | 最好的遇见 | 女 | 26 | | | | 2 | 1 |

图 6-2-9 公式复制

3. 通过条件格式筛选重复值

步骤 1 选中“客户”所在列的数据区域，点击“开始”选项卡中的“条件格式”下拉按钮，选择“突出显示单元格规则”中的“重复值”选项，如图 6-2-10 所示。

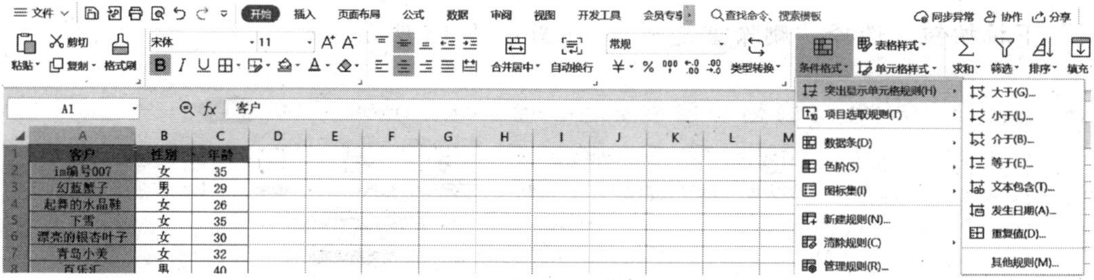


图 6-2-10 条件格式—突出显示重复值

步骤 2 在“重复值”对话框中设定显示样式，如图 6-2-11 所示。

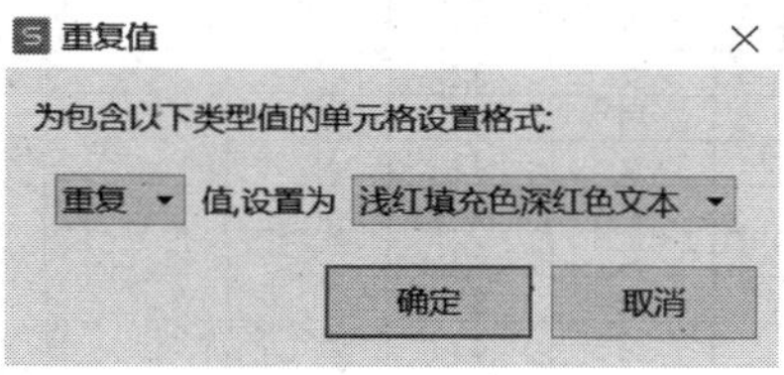


图 6-2-11 设置显示样式

步骤3　选中样式后点击“确定”按钮，重复值即按照步骤2设定的样式显示，如图6-2-12所示。

| 客户 | 性别 | 年龄 |
|---|---|---|
| im编号007 | 女 | 35 |
| 幻蓝蟹子 | 男 | 29 |
| 起舞的水晶鞋 | 女 | 26 |
| 下雪 | 女 | 35 |
| 漂亮的银杏叶子 | 女 | 30 |
| 青岛小美 | 女 | 32 |
| 百乐汇 | 男 | 40 |
| 向日葵 | 女 | 43 |
| lsxn222 | 女 | 45 |
| 夏天柠檬 | 女 | 38 |
| 微笑的猫猫 | 女 | 35 |
| 沙漠骆驼 | 男 | 43 |
| 咫尺天涯 | 男 | 45 |
| 一起走 | 女 | 32 |
| 流浪的诗人 | 男 | 29 |
| 四眼照万丈 | 女 | 29 |
| 明天来之前 | 男 | 38 |
| 爱笑的苹果 | 女 | 31 |
| im编号007 | 女 | 35 |
| 最好的遇见 | 女 | 26 |
| 爱在西元前 | 女 | 22 |

图6-2-12　重复值显示结果

## 三、操作步骤－删除重复值

1. 可以直接通过“删除重复项”处理重复值

步骤1　选中“客户”所在列的数据区域，打开“数据”选项卡，点击“重复项”下拉按钮，选择“删除重复项”，如图6-2-13所示。

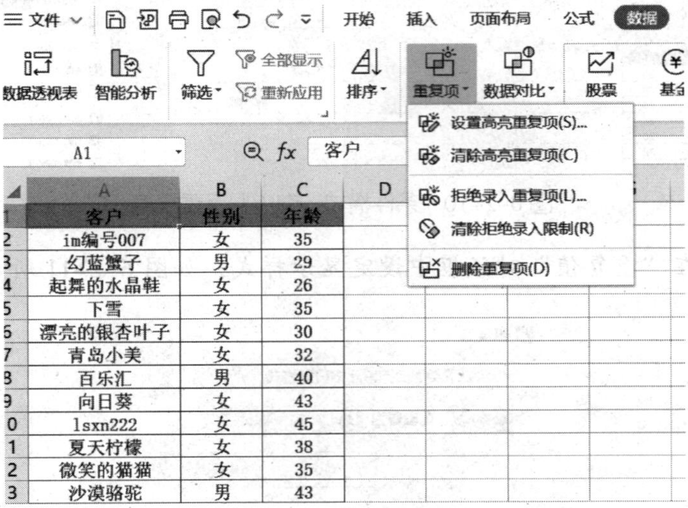


图6-2-13　“删除重复项”选项

步骤 2　在弹出的“删除重复项”对话框中，勾选“客户”选项，如图 6-2-14 所示，点击“删除重复项”，即可将重复项删除，保留唯一项。

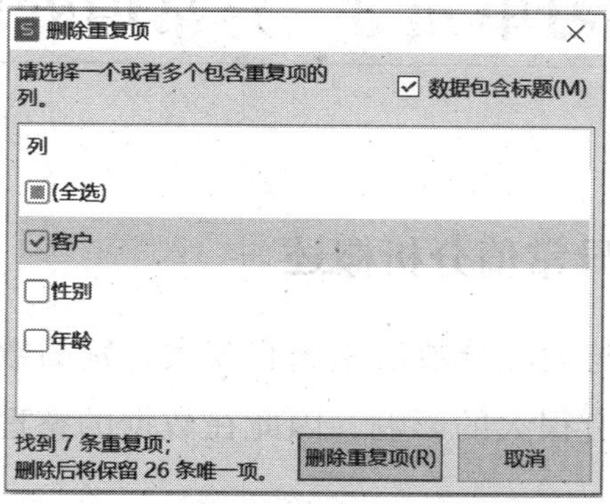


图 6-2-14　“删除重复项”对话框

2. 在 COUNTIF 函数计算出重复项的基础上删除重复值

步骤 1　在图 6-2-9 所示数据表基础上，选择“第几次出现”字段所在单元格 H1，然后打开“开始”选项卡，在“筛选”下拉列表中选择“筛选”选项，如图 6-2-15 所示。

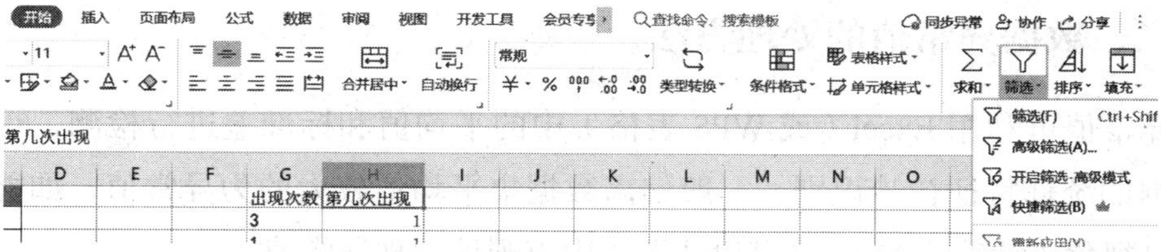


图 6-2-15　选择“筛选”选项

步骤 2　点击“第几次出现”单元格的下拉按钮，勾选不等于“1”的值，如图 6-2-16 所示，点击“确定”按钮将重复值筛选出来，并删除所在行即可。

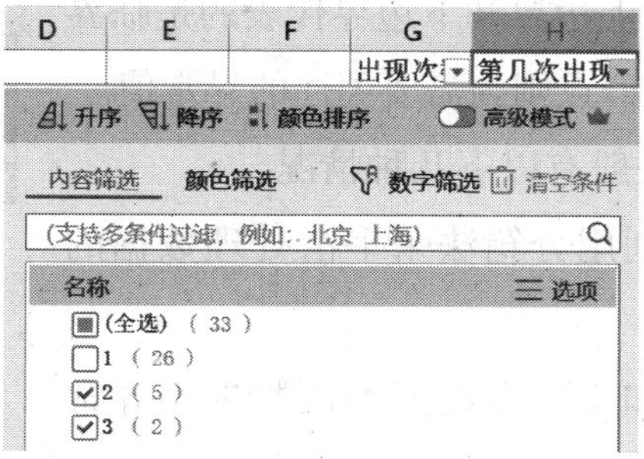


图 6-2-16　勾选不等于“1”的值

# 学习单元 3　异常值处理

## 一、数据监控与异常值分析概述

在大规模数据中，与大部分数值相比有较大差别的数据称为异常值。异常值的存在对抽样估计误差有很大的影响，因此在数据的整理过程中，需要对异常值进行识别、诊断和处理。

对异常值进行处理前，需要先辨别出哪些数据是真正的异常值。从数据异常的状态来看，异常值分为两种：一种是“伪异常”，这种异常是由业务特定的运营动作产生的，是正常的业务状态反应，不是数据本身的异常规律；另一种是“真异常”，这种异常不是由特定的业务动作引起的，而是客观反映数据本身分布的异常。

## 二、数据异常值的处理方法

异常值可利用 Excel（或 WPS 表格）中的平均值和标准差进行检测，也可通过数据的统计特征初步识别，一般偏离数据集平均值较大的为异常值。如能将数据集可视化（如箱线图），也可以从图表中直观地发现异常值。

绘制箱线图是检测异常值的常用方法，其优点是简便、直观。如图 6-2-17 所示，是由离群点及数据的上边界、上四分位数、平均值、中位数、下四分位数和下边界组成的图形，其中上边界和下边界代表的是临界值，超过上、下边界的离群点则为需要关注的异常值。

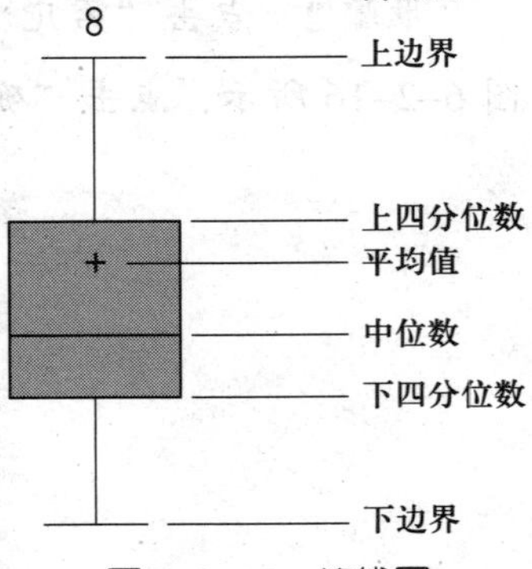

图 6-2-17　箱线图

对异常值的处理，一般有以下几种情况。

（1）分箱法处理：利用分箱法来平滑处理数据的异常值。

（2）删除异常值：如果可以明显看出数据是异常的且数量较少，可以直接将其删除。

（3）不处理：如果算法对异常值不敏感，可以不处理；如果算法对异常值敏感，则最好不要采用。

（4）平均值替代：采用这种方法损失的信息少，简单高效。

（5）降低异常值的权重：将异常值单独分组赋予很小的抽样权重可以有效降低抽样的误差，但主观降低权重也可能导致低估总体参数。

**操作技能 1**

## 数据异常值检测

### 一、操作情景

将所获得的数据中与平均值的偏差超过两倍标准差的数据界定为异常值。以某网店的客户订单次数为例，在 WPS 表格中对异常值进行检测。

### 二、操作步骤

步骤 1　利用函数 AVERAGE 和 STDEVP 计算订单次数的平均值和标准差，如图 6-2-18 所示。

| | A | B | C | D | E | F | G |
|---|---|---|---|---|---|---|---|
| 1 | 客户 | 年龄 | 性别 | 订单总额 | 订单次数 | | |
| 11 | 夏天柠檬 | 38 | 女 | 23314.97 | 127 | | |
| 12 | 微笑的猫猫 | 35 | 女 | 12301.06 | 133 | | |
| 13 | 沙漠骆驼 | 43 | 男 | 26070.64 | 167 | | |
| 14 | 咫尺天涯 | 45 | 男 | 19644.20 | 145 | | |
| 15 | 一起走 | 32 | 女 | 75718.24 | 93 | | |
| 16 | 流浪的诗人 | 29 | 男 | 59738.14 | 200 | | |
| 17 | 四眼照万丈 | 29 | 女 | 28428.04 | 159 | | |
| 18 | 明天来之前 | 38 | 男 | 44622.53 | 108 | | |
| 19 | 爱笑的苹果 | 31 | 女 | 5728.98 | 165 | | |
| 20 | 最好的遇见 | 26 | 女 | 5280.84 | 119 | | |
| 21 | 爱在西元前 | 22 | 女 | 7986.80 | 173 | | |
| 22 | 爱吃小饼干 | 26 | 女 | 8178.42 | 177 | | |
| 23 | 紫色的眼睛 | 29 | 女 | 16941.63 | 137 | | |
| 24 | 触礁 | 34 | 女 | 37471.80 | 148 | | |
| 25 | 遇见更好的自己 | 32 | 女 | 37498.70 | 159 | | |
| 26 | ijsyeh776 | 34 | 女 | 3996.73 | 130 | | |
| 27 | | | | 平均值 | 134 | | |
| 28 | | | | 标准差 | 35 | | |

图 6-2-18　计算平均值和标准差（为显示完全，省略了部分数据）

步骤 2　利用函数 ABS，求出订单次数与平均值的偏差，如图 6-2-19 所示。

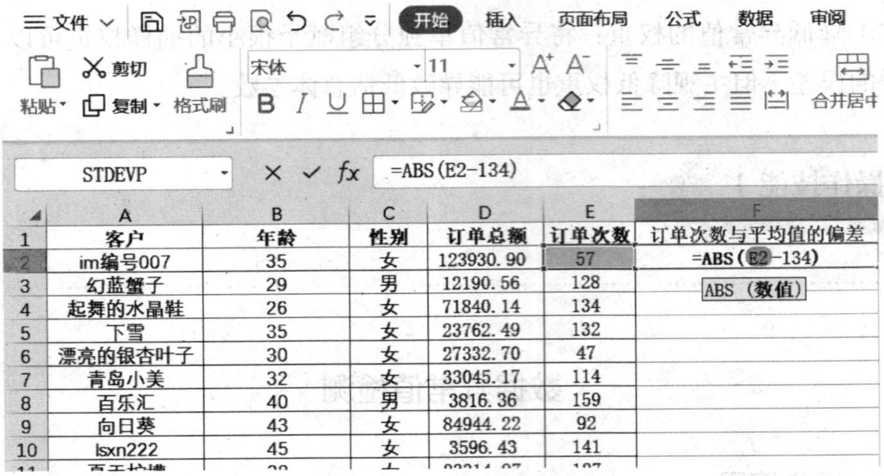


| | A | B | C | D | E | F |
|---|---|---|---|---|---|---|
| 1 | 客户 | 年龄 | 性别 | 订单总额 | 订单次数 | 订单次数与平均值的偏差 |
| 2 | im编号007 | 35 | 女 | 123930.90 | 57 | =ABS(E2-134) |
| 3 | 幻蓝蟹子 | 29 | 男 | 12190.56 | 128 | |
| 4 | 起舞的水晶鞋 | 26 | 女 | 71840.14 | 134 | |
| 5 | 下雪 | 35 | 女 | 23762.49 | 132 | |
| 6 | 漂亮的银杏叶子 | 30 | 女 | 27332.70 | 47 | |
| 7 | 青岛小美 | 32 | 女 | 33045.17 | 114 | |
| 8 | 百乐汇 | 40 | 男 | 3816.36 | 159 | |
| 9 | 向日葵 | 43 | 女 | 84944.22 | 92 | |
| 10 | lsxn222 | 45 | 女 | 3596.43 | 141 | |

图 6-2-19　计算订单次数与平均值的偏差

步骤 3　选中 F2 单元格，使用填充柄填充公式，完成所有客户的订单次数与平均值的偏差的计算，如图 6-2-20 所示。

| | A | B | C | D | E | F |
|---|---|---|---|---|---|---|
| 1 | 客户 | 年龄 | 性别 | 订单总额 | 订单次数 | 订单次数与平均值的偏差 |
| 2 | im编号007 | 35 | 女 | 123930.90 | 57 | 77 |
| 3 | 幻蓝蟹子 | 29 | 男 | 12190.56 | 128 | 6 |
| 4 | 起舞的水晶鞋 | 26 | 女 | 71840.14 | 134 | 0 |
| 5 | 下雪 | 35 | 女 | 23762.49 | 132 | 2 |
| 6 | 漂亮的银杏叶子 | 30 | 女 | 27332.70 | 47 | 87 |
| 7 | 青岛小美 | 32 | 女 | 33045.17 | 114 | 20 |
| 8 | 百乐汇 | 40 | 男 | 3816.36 | 159 | 25 |
| 9 | 向日葵 | 43 | 女 | 84944.22 | 92 | 42 |
| 10 | lsxn222 | 45 | 女 | 3596.43 | 141 | 7 |
| 11 | 夏天柠檬 | 38 | 女 | 23314.97 | 127 | 7 |
| 12 | 微笑的猫猫 | 35 | 女 | 12301.06 | 133 | 1 |
| 13 | 沙漠骆驼 | 43 | 男 | 26070.64 | 167 | 33 |
| 14 | 咫尺天涯 | 45 | 男 | 19644.20 | 145 | 11 |
| 15 | 一起走 | 32 | 女 | 75718.24 | 93 | 41 |
| 16 | 流浪的诗人 | 29 | 男 | 59738.14 | 200 | 66 |

图 6-2-20　公式填充

步骤 4　将步骤 3 得到的偏差与标准差的两倍“70”对比，其中 F2、F6 超出两倍的标准差较多，代表 E2、E6 是需要关注的异常值，如图 6-2-21 所示。

| | A | B | C | D | E | F | G |
|---|---|---|---|---|---|---|---|
| 1 | 客户 | 年龄 | 性别 | 订单总额 | 订单次数 | 订单次数与平均值的偏差 | 倍的标准 |
| 2 | im编号007 | 35 | 女 | 123930.90 | 57 | 77 | 70 |
| 3 | 幻蓝蟹子 | 29 | 男 | 12190.56 | 128 | 6 | 70 |
| 4 | 起舞的水晶鞋 | 26 | 女 | 71840.14 | 134 | 0 | 70 |
| 5 | 下雪 | 35 | 女 | 23762.49 | 132 | 2 | 70 |
| 6 | 漂亮的银杏叶子 | 30 | 女 | 27332.70 | 47 | 87 | 70 |
| 7 | 青岛小美 | 32 | 女 | 33045.17 | 114 | 20 | 70 |
| 8 | 百乐汇 | 40 | 男 | 3816.36 | 159 | 25 | 70 |
| 9 | 向日葵 | 43 | 女 | 84944.22 | 92 | 42 | 70 |
| 10 | lsxn222 | 45 | 女 | 3596.43 | 141 | 7 | 70 |
| 11 | 夏天柠檬 | 38 | 女 | 23314.97 | 127 | 7 | 70 |
| 12 | 微笑的猫猫 | 35 | 女 | 12301.06 | 133 | 1 | 70 |
| 13 | 沙漠骆驼 | 43 | 男 | 26070.64 | 167 | 33 | 70 |
| 14 | 咫尺天涯 | 45 | 男 | 19644.20 | 145 | 11 | 70 |
| 15 | 一起走 | 32 | 女 | 75718.24 | 93 | 41 | 70 |

图 6-2-21　异常值检测结果

**操作技能 2**

# 数据异常值处理

## 一、操作情景

以某网店的客户订单次数为例，利用分箱法在 WPS 表格中对异常值 E2、E6 进行处理。

## 二、操作步骤

步骤 1　选择 E2 单元格，打开“开始”选项卡，在“排序”下拉列表中选择“升序”选项，对订单次数一列进行升序排列，如图 6-2-22 所示。

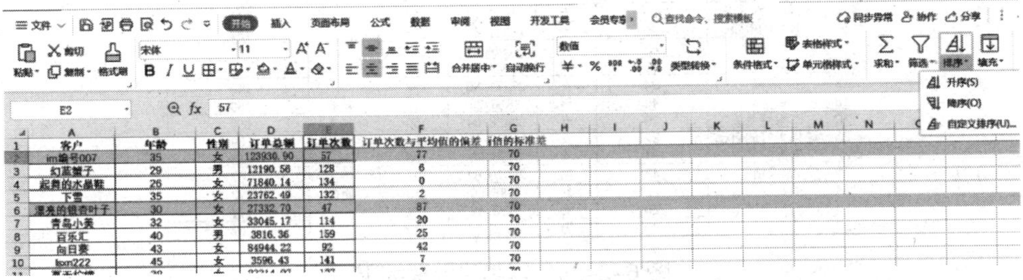


图 6-2-22　升序排列

步骤 2　采用等深分箱法，并设定权重“箱子深度”为 5，将所有数据分成 5 个区间，如图 6–2–23 所示。

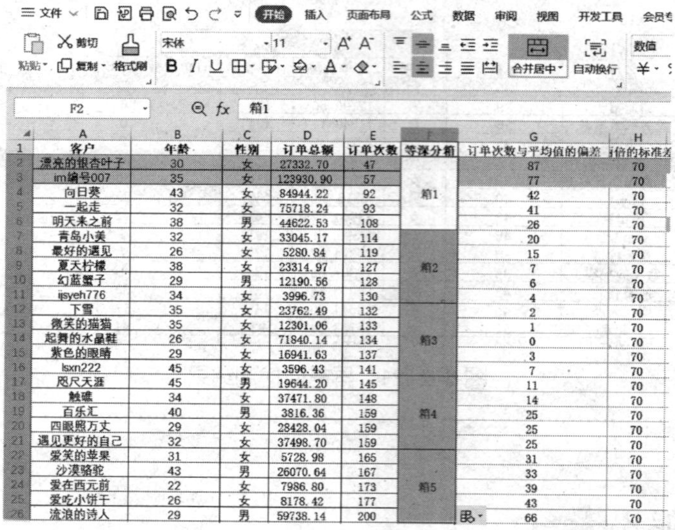

| | A 客户 | B 年龄 | C 性别 | D 订单总额 | E 订单次数 | F 等深分箱 | G 订单次数与平均值的偏差 | H 倍的标准差 |
|---|---|---|---|---|---|---|---|---|
| 2 | 漂亮的银杏叶子 | 30 | 女 | 27332.70 | 47 | 箱1 | 87 | 70 |
| 3 | im编号007 | 35 | 女 | 123930.90 | 57 | | 77 | 70 |
| 4 | 向日葵 | 43 | 女 | 84944.22 | 92 | | 42 | 70 |
| 5 | 一起走 | 32 | 女 | 75718.24 | 93 | | 41 | 70 |
| 6 | 明天来之前 | 38 | 男 | 44622.53 | 108 | | 26 | 70 |
| 7 | 青岛小美 | 32 | 女 | 33045.17 | 114 | 箱2 | 20 | 70 |
| 8 | 最好的遇见 | 26 | 女 | 5280.84 | 119 | | 15 | 70 |
| 9 | 夏天柠檬 | 38 | 女 | 23314.97 | 127 | | 7 | 70 |
| 10 | 幻蓝蟹子 | 29 | 男 | 12190.56 | 128 | | 6 | 70 |
| 11 | ijsyeh776 | 34 | 女 | 3996.73 | 130 | | 4 | 70 |
| 12 | 下雪 | 35 | 女 | 23762.49 | 132 | 箱3 | 2 | 70 |
| 13 | 微笑的猫猫 | 35 | 女 | 12301.06 | 133 | | 1 | 70 |
| 14 | 起舞的水晶鞋 | 26 | 女 | 71840.14 | 134 | | 0 | 70 |
| 15 | 紫色的眼睛 | 29 | 女 | 16941.63 | 137 | | 3 | 70 |
| 16 | lsxn222 | 45 | 女 | 3596.43 | 141 | | 7 | 70 |
| 17 | 咫尺天涯 | 45 | 男 | 19644.20 | 145 | 箱4 | 11 | 70 |
| 18 | 触礁 | 34 | 女 | 37471.80 | 148 | | 14 | 70 |
| 19 | 百乐汇 | 40 | 男 | 3816.36 | 159 | | 25 | 70 |
| 20 | 四眼照万丈 | 29 | 女 | 28428.04 | 159 | | 25 | 70 |
| 21 | 遇见更好的自己 | 32 | 女 | 37498.70 | 159 | | 25 | 70 |
| 22 | 爱笑的苹果 | 31 | 女 | 5728.98 | 165 | 箱5 | 31 | 70 |
| 23 | 沙漠骆驼 | 43 | 男 | 26070.64 | 167 | | 33 | 70 |
| 24 | 爱在西元前 | 22 | 女 | 7986.80 | 173 | | 39 | 70 |
| 25 | 爱吃小饼干 | 26 | 女 | 8178.42 | 177 | | 43 | 70 |
| 26 | 流浪的诗人 | 29 | 男 | 59738.14 | 200 | | 66 | 70 |

图 6–2–23　等深分箱结果

步骤 3　对异常值进行平滑处理。订单次数为 47、57 的值（原异常值 E2、E6）均在“箱 1”，这里采用该区间数据的平均值 79（取整数）代替，如图 6–2–24 所示。

| | A 客户 | B 年龄 | C 性别 | D 订单总额 | E 订单次数 | F 等深分箱 | G 处理后的订单次数 |
|---|---|---|---|---|---|---|---|
| 2 | 漂亮的银杏叶子 | 30 | 女 | 27332.70 | 47 | 箱1 | 79 |
| 3 | im编号007 | 35 | 女 | 123930.90 | 57 | | 79 |
| 4 | 向日葵 | 43 | 女 | 84944.22 | 92 | | 92 |
| 5 | 一起走 | 32 | 女 | 75718.24 | 93 | | 93 |
| 6 | 明天来之前 | 38 | 男 | 44622.53 | 108 | | 108 |
| 7 | 青岛小美 | 32 | 女 | 33045.17 | 114 | 箱2 | 114 |
| 8 | 最好的遇见 | 26 | 女 | 5280.84 | 119 | | 119 |
| 9 | 夏天柠檬 | 38 | 女 | 23314.97 | 127 | | 127 |
| 10 | 幻蓝蟹子 | 29 | 男 | 12190.56 | 128 | | 128 |
| 11 | ijsyeh776 | 34 | 女 | 3996.73 | 130 | | 130 |
| 12 | 下雪 | 35 | 女 | 23762.49 | 132 | 箱3 | 132 |
| 13 | 微笑的猫猫 | 35 | 女 | 12301.06 | 133 | | 133 |
| 14 | 起舞的水晶鞋 | 26 | 女 | 71840.14 | 134 | | 134 |
| 15 | 紫色的眼睛 | 29 | 女 | 16941.63 | 137 | | 137 |
| 16 | lsxn222 | 45 | 女 | 3596.43 | 141 | | 141 |
| 17 | 咫尺天涯 | 45 | 男 | 19644.20 | 145 | 箱4 | 145 |
| 18 | 触礁 | 34 | 女 | 37471.80 | 148 | | 148 |
| 19 | 百乐汇 | 40 | 男 | 3816.36 | 159 | | 159 |
| 20 | 四眼照万丈 | 29 | 女 | 28428.04 | 159 | | 159 |
| 21 | 遇见更好的自己 | 32 | 女 | 37498.70 | 159 | | 159 |
| 22 | 爱笑的苹果 | 31 | 女 | 5728.98 | 165 | 箱5 | 165 |
| 23 | 沙漠骆驼 | 43 | 男 | 26070.64 | 167 | | 167 |
| 24 | 爱在西元前 | 22 | 女 | 7986.80 | 173 | | 173 |
| 25 | 爱吃小饼干 | 26 | 女 | 8178.42 | 177 | | 177 |
| 26 | 流浪的诗人 | 29 | 男 | 59738.14 | 200 | | 200 |

图 6–2–24　异常值处理结果

# 学习单元 4　修改数据类型

## 一、电子商务数据的数据类型概述

不同角度、不同学科对数据类型的分类不尽相同。在 Excel 中，数据类型细分起来有很多种，如图 6-2-25 所示，常用的数据类型有数值、货币、日期、时间和文本。

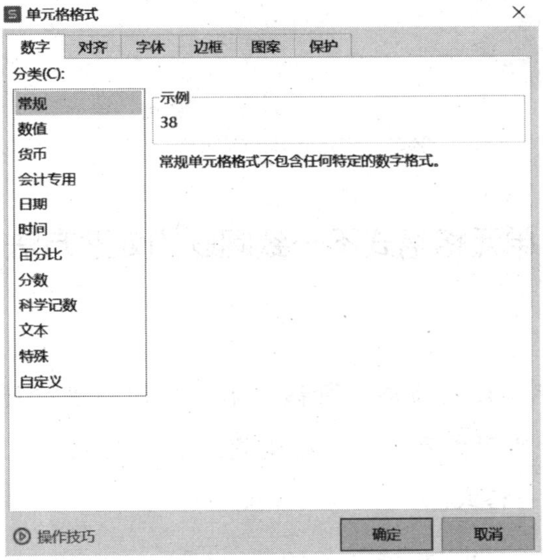


图 6-2-25　单元格数据类型

在 Excel 数据分析中，把数据类型分为两种：数值型数据和文本型数据。在数据运算过程中，数值、货币、日期与时间都可以进行加、减、乘、除等算数运算，统称为数值型数据；而文本只能进行简单的“计数”，不能进行算数运算，称为文本型数据。数值型数据对应统计学中的数量标志的标志表现，文本型数据对应统计学中的品质标志的标志表现。

## 二、修改数据类型的目的和需求分析

一般情况下，数据是由用户和访客产生的，有很大可能存在数据类型不一致的情况。数据类型不一致，尤其是数值型数据不一致，就没有办法进行后续相关计算和分析，所以在进行数据处理之前需要先进行数据类型的修改。

数据类型问题主要有以下几种。

（1）时间、日期、数值、半全角等显示格式不一致

直接将数据转换为同一类型格式即可，该问题一般出现在多个数据源整合的情况下。

（2）内容中有不该存在的字符

例如，身高字段下有些变量带单位，有些没有，这时去除不需要的字符即可。

（3）数据格式不满足计算要求

不同的计算方式对数据格式要求不同，可根据分析要求进行格式调整。

## 操作技能 1

### 单元格格式不一致问题的处理方法

#### 一、操作情景

以京东网店好评率数据为例，对格式不一致问题进行处理，如图 6-2-26 所示，有些变量以百分比形式表示，有些变量以小数表示，可以通过“设置单元格格式”将其调整为统一格式。

| | A | B |
|---|---|---|
| 1 | 店铺名称 | 店铺好评率 |
| 2 | 京东自营旗舰店 | 97.30% |
| 3 | 京东自营旗舰店 | 0.67 |
| 4 | 京东自营旗舰店 | 84.20% |
| 5 | 京东店 | 0.92 |
| 6 | 自营官方旗舰店 | 69.20% |
| 7 | 产品全球购 | 0.94 |
| 8 | 产品京东 | 85% |
| 9 | 京东自营旗舰店 | 0.72 |

图 6-2-26　京东网店好评率

#### 二、操作步骤

步骤 1　在 WPS 表格中打开源数据，选中 B 列，点击鼠标右键，选择“设置单元格格式”命令，如图 6-2-27 所示。

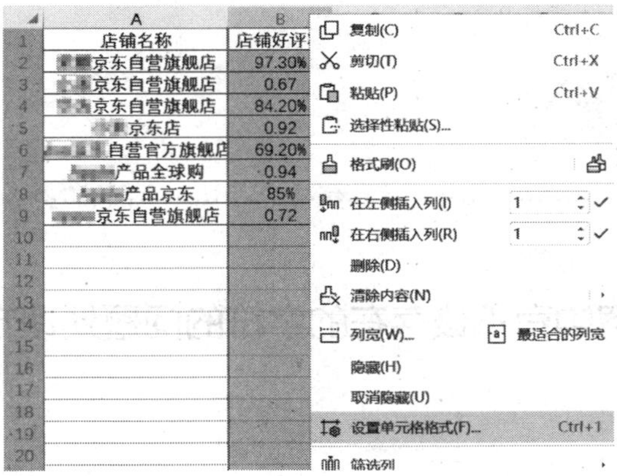


图 6–2–27 设置单元格格式命令

步骤 2 在弹出的“单元格格式”对话框中，选择“数字”选项卡下的“百分比”分类，保留小数位数为“1”，如图 6–2–28 所示。

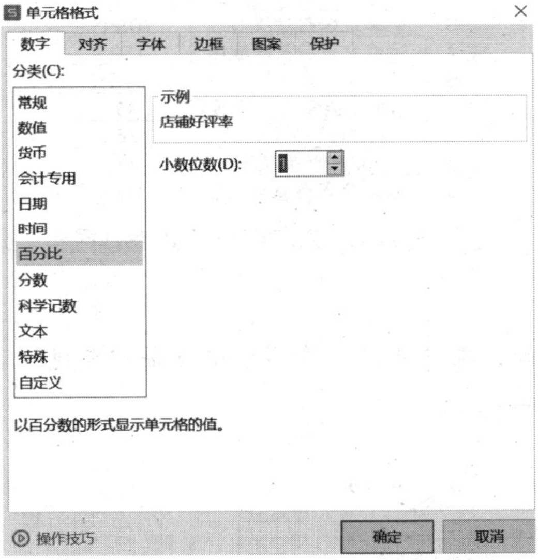


图 6–2–28 单元格格式对话框

步骤 3 点击“确定”按钮，即可将 B 列所有变量统一设置成百分比的格式，结果如图 6–2–29 所示。

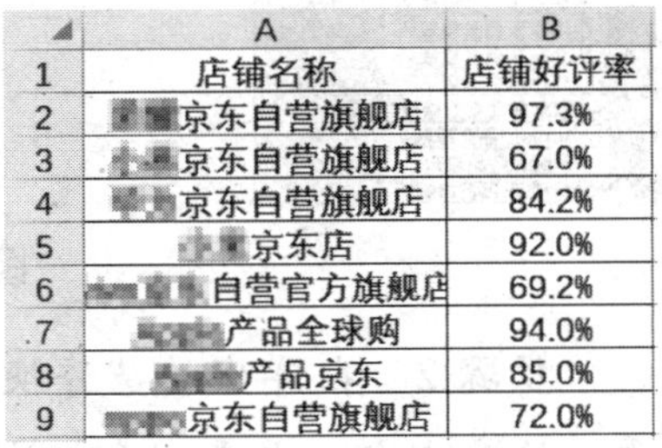

| | A | B |
|---|---|---|
| 1 | 店铺名称 | 店铺好评率 |
| 2 | 京东自营旗舰店 | 97.3% |
| 3 | 京东自营旗舰店 | 67.0% |
| 4 | 京东自营旗舰店 | 84.2% |
| 5 | 京东店 | 92.0% |
| 6 | 自营官方旗舰店 | 69.2% |
| 7 | 产品全球购 | 94.0% |
| 8 | 产品京东 | 85.0% |
| 9 | 京东自营旗舰店 | 72.0% |

图 6–2–29 单元格格式一致化结果

## 操作技能 2

# 内容中有不该存在的字符的问题处理方法

## 一、操作情景

以京东网店产品数量数据为例，对内容中有不该存在的字符的问题进行处理，如图 6-2-30 所示，可以通过“替换”操作将“个”替换掉。

| | A | B |
|---|---|---|
| 1 | 店铺名称 | 产品数量 |
| 2 | [redacted]京东自营旗舰店 | 125 |
| 3 | [redacted]京东自营旗舰店 | 103个 |
| 4 | [redacted]京东自营旗舰店 | 152 |
| 5 | [redacted]京东店 | 58个 |
| 6 | [redacted]自营官方旗舰店 | 39 |
| 7 | [redacted]产品全球购 | 76 |
| 8 | [redacted]产品京东 | 48 |
| 9 | [redacted]京东自营旗舰店 | 83 |

图 6-2-30　京东网店产品数量数据

## 二、操作步骤

步骤 1　选中 B 列，在“开始”选项卡中点击“查找”下拉列表中的“替换”选项，如图 6-2-31 所示。

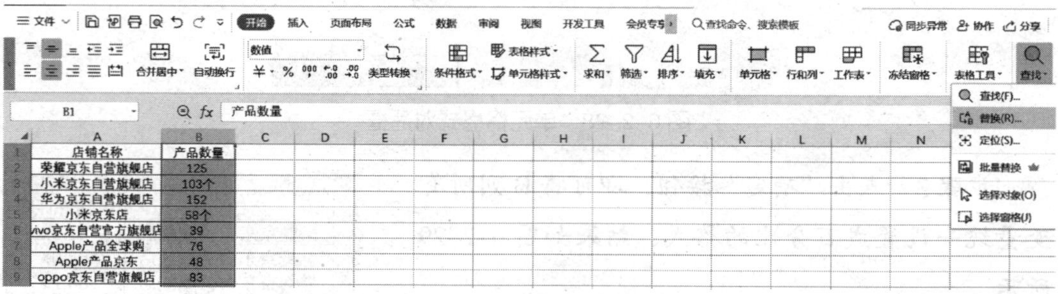


图 6-2-31　选择“替换”选项

步骤 2　在弹出的“替换”对话框中的“查找内容”中输入“个”，“替换为”中不输入内容，点击“全部替换”按钮，如图 6-2-32 所示，即可完成替换。

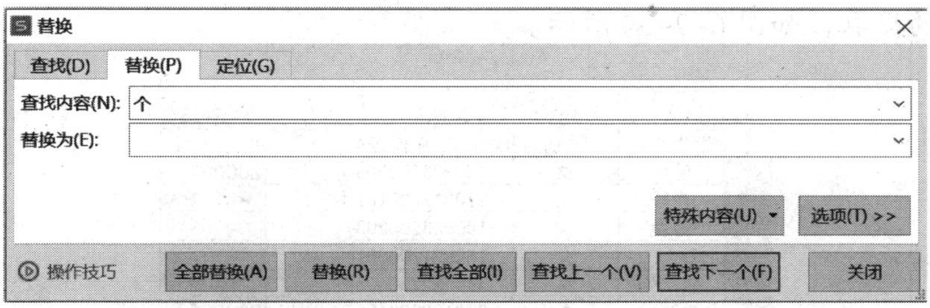


图 6-2-32 “替换”对话框

## 操作技能 3

# 数据格式不满足计算要求的问题处理方法

## 一、操作情景

以从学生的身份证信息中提取身份证号中的出生年月为例，如图 6-2-33 所示，可以使用 MID 函数进行提取。

| | A | B | C | D |
|---|---|---|---|---|
| 1 | 学生姓名 | 性别 | 身份证号 | 出生年月 |
| 2 | 徐如 | 女 | 150123200009 | |
| 3 | 肖晓 | 女 | 210311200101 | |
| 4 | 曹雷 | 女 | 150923200203 | |
| 5 | 闫一一 | 女 | 152921200001 | |
| 6 | 燕文娟 | 女 | 440582200005 | |
| 7 | 徐红瑞 | 女 | 370102200105 | |
| 8 | 于童 | 女 | 371102200012 | |
| 9 | 臧天丽 | 女 | 370214200005 | |
| 10 | 江锴 | 男 | 370281200011 | |
| 11 | 徐浩 | 男 | 370281200109 | |
| 12 | 王鑫 | 男 | 370283200107 | |
| 13 | 赵峰 | 男 | 370284200011 | |
| 14 | 李丽 | 女 | 370304200103 | |

图 6-2-33 学生身份证信息

## 二、操作步骤

步骤 1 在 D2 单元格中输入“=MID(C2,7,6)”，其中“C2”表示需要提取的字符串，“7”表示从字符串第 7 个字符开始，“6”表示提取 6 个字符串长度。

步骤 2 双击 D2 单元格右下角的填充柄复制公式，即可完成对身份证号码中出生年月的提取，如图 6–2–34 所示。

| | A | B | C | D |
|---|---|---|---|---|
| 1 | 学生姓名 | 性别 | 身份证号 | 出生年月 |
| 2 | 徐如 | 女 | 150123200009[redacted] | 200009 |
| 3 | 肖晓 | 女 | 210311200101[redacted] | 200101 |
| 4 | 曹雷 | 女 | 150923200203[redacted] | 200203 |
| 5 | 闫一一 | 女 | 152921200001[redacted] | 200001 |
| 6 | 燕文娟 | 女 | 440582200005[redacted] | 200005 |
| 7 | 徐红瑞 | 女 | 370102200105[redacted] | 200105 |
| 8 | 于童 | 女 | 371102200012[redacted] | 200012 |
| 9 | 臧天丽 | 女 | 370214200005[redacted] | 200005 |
| 10 | 江锴 | 男 | 370281200011[redacted] | 200011 |
| 11 | 徐浩 | 男 | 370281200109[redacted] | 200109 |
| 12 | 王鑫 | 男 | 370283200107[redacted] | 200107 |
| 13 | 赵峰 | 男 | 370284200011[redacted] | 200011 |
| 14 | 李丽 | 女 | 370304200103[redacted] | 200103 |

图 6–2–34　出生年月提取结果